兰州财经大学科研专项经费资助

张鲜华◎著

# 企业社会责任的
# 变迁、挑战与践行

A Story of CSR

中国财经出版传媒集团

经济科学出版社
Economic Science Press

图书在版编目（CIP）数据

企业社会责任的变迁、挑战与践行 / 张鲜华著.
—北京：经济科学出版社，2021.10
ISBN 978 - 7 - 5218 - 2945 - 7

Ⅰ.①企…　Ⅱ.①张…　Ⅲ.①企业责任 - 社会责任 -
研究 - 中国　Ⅳ.①F279.23

中国版本图书馆 CIP 数据核字（2021）第 201902 号

责任编辑：杜　鹏　郭　威
责任校对：刘　娅
责任印制：邱　天

**企业社会责任的变迁、挑战与践行**

张鲜华　著

经济科学出版社出版、发行　新华书店经销
社址：北京市海淀区阜成路甲 28 号　邮编：100142
编辑部电话：010 - 88191441　发行部电话：010 - 88191522
网址：www.esp.com.cn
电子邮件：esp_bj@163.com
天猫网店：经济科学出版社旗舰店
网址：http://jjkxcbs.tmall.com
固安华明印业有限公司印装
710 × 1000　16 开　14.75 印张　250000 字
2021 年 12 月第 1 版　2021 年 12 月第 1 次印刷
ISBN 978 - 7 - 5218 - 2945 - 7　定价：79.00 元
（图书出现印装问题，本社负责调换。电话：010 - 88191510）
（版权所有　侵权必究　打击盗版　举报热线：010 - 88191661
QQ：2242791300　营销中心电话：010 - 88191537
电子邮箱：dbts@esp.com.cn）

企业不应只对股东负责，还应对地球负责。

——《达沃斯宣言》（2020）

# 序

企业，为什么而存在？股东至上，这似乎是各国公司法长期以来给出的唯一答案。然而，自 20 世纪 80 年代以来，特别是 2008 年金融危机以来，一度顺理成章的股东至上逻辑及其所依托的委托代理理论开始受到各方质疑。2020 年初，新冠肺炎疫情暴发并迅速在全球蔓延，大多数的经济活动被按下了暂停键。面对此次非周期性的突发冲击，全球企业迎来一次"责任大考"，企业家们不得不开始深度思考：在疫情将不可避免地改变人们的消费方式、企业的生产方式以及未来技术进步的前提下，企业的明天在哪里？企业的目的究竟是什么？

企业社会责任（corporate social responsibility，CSR），这个已不温不火发展了近百年的理念，重新赢得了各界的重视。曾有学者预言，由于缺乏普遍认可的定义，不同的背景又得不到差异性区分，这个由英国学者奥利弗·谢尔登（Oliver Sheldon）早在 1924 年提出的责任理念，到了 2015 年却不复存在。[①] 然而，近半个世纪以来，这个以企业应肩负经济、社会以及环境等责任为前提的理念，从最初仅被视为讨巧的空洞概念发展至今，已越来越被各界所接受，并逐渐成为助力企业实现可持续发展的管理创新。[②] 此次疫情充分表明，企业存在的目的在企业之外，在社会之中。

然而，诚如联合国工业发展组织（2011）所持的观点，企业社会责任并非一个放之四海皆准的统一概念，不同的文化、政治、行业、经济和地理背景及环境，都会对其认知和履行形成不同程度的影响。时至 2020 年，中国虽已取得了举世瞩目的成就，中国企业也经历了飞速发展，从 1978 年没有一家

---

① JONES P, COMFORT D & HILLIER D. Corporate social responsibility and marketing communications within stores: a case study of U. K. food retailers [J]. Journal of Food Products Marketing, 2008, 14 (4): 109 – 119.

② MICHAEL B, JEDRZEJ F G. Setting new agendas: critical perspectives on corporate social responsibility in the developing world [J]. International Affairs, 2005, 81 (3): 499 – 513.

私营企业，到 2020 年《财富》世界 500 强中有 124 家来自中国，但中国企业"频频荣登国际财富排行榜，却屡屡失利可持续排行榜"① 的尴尬境地却还无实质性改变。而且，当前的中国企业，面临着更加错综复杂的国内外市场环境，并将在更加严格的国内外企业监管规则下经营和竞争。中国企业要想可持续发展，必须形成全方位的社会责任治理机制，得到社会公众各方的认可。基于成熟市场经济的西方经验，可以借鉴，但不能照搬。

基于以上种种，笔者力图博采来自中外理论界、实务界以及基于资本市场的代表观点、著名案例和实证数据，特别强调日益强大的互联网和社交媒体在其中所扮演的角色，将本书分为"理念变迁篇""现实挑战篇""持续践行篇"三大部分。第一部分"理念变迁篇"，偏重于回顾企业社会责任理念从源起到发展至今的变迁历程；第二部分"现实挑战篇"，则试图回答企业在高新技术改变了传统商业范式的背景下，该如何提升社会责任信息透明度、如何进行全球供应链的责任治理，以及如何应对负面事件中的社会责任拷问等新老命题；第三部分"持续践行篇"，将重点探讨企业，特别是中小企业和中国企业，该如何在当前种种挑战和困难之际，将企业社会责任从一个抽象概念真正发展成为一类最常见的商业实践。

现如今，每年以企业社会责任为主题面世的学术论文、著作以及最佳实践案例数以万计，且新议题和新方向还在源源涌现。此次疫情发生之后，已涌现出"企业抗疫中的责任践行背后呈现出哪些值得关注的问题""该如何科学评判企业抗疫履责成效""企业的未来责任践行实践又将延伸出哪些潜在路径"等企业社会责任领域新的风向标。笔者虽已关注此领域近十年，但受自身能力和视野所限，只能"弱水三千，只取一瓢饮"，希望能够以此书抛砖引玉：一方面，引发读者向后回望，辨别误区，助力中国企业摆脱负面形象标签；另一方面，引发大家向前看，锁定值得坚持的路径，使中国企业将可持续性理念融入企业商业实践中，成为真善美的社会化表达。

**笔者**

2021 年 1 月

于兰州

---

① ［荷兰］罗布·范图尔德. 动荡时代的企业责任 ［M］. 刘雪涛，曹萋萋，姜静，译. 北京：中国经济出版社，2010.

# 目　　录

## 理念变迁篇

第一章　什么是 CSR？ …………………………………………………… 3
  第一节　CSR，是什么？ ……………………………………………… 3
  第二节　利益相关者理论 ……………………………………………… 10
  第三节　CSR 与利益相关者理论 ……………………………………… 16

第二章　从 $CSR_1$ 到 $CSR_5$ ……………………………………………… 21
  第一节　CSR 的变迁简史 ……………………………………………… 21
  第二节　CSP 与 CFP ……………………………………………………… 23
  第三节　CSR 践行，是在做正确的事吗？ ………………………… 30
  第四节　CSR 践行，可在战略层面实现吗？ ……………………… 35
  第五节　CSR = 慈善公益？ …………………………………………… 40

第三章　CSR，ESG 与 SRI ……………………………………………… 43
  第一节　从 CSR 到 ESG ………………………………………………… 43
  第二节　ESG 计量、评级及指数 …………………………………… 45
  第三节　从 ESG 到 SRI ………………………………………………… 52

## 现实挑战篇

第四章　CSR 信息透明度，该如何提高？ …………………………… 63
  第一节　CSR 信息披露现状 ………………………………………… 64
  第二节　CSR 信息的透明度 ………………………………………… 66

第三节　CSR 信息披露动机与策略 ┈┈┈┈┈┈┈┈┈┈┈┈┈┈┈┈┈ 68

第四节　硬性监管，还是自我监管? ┈┈┈┈┈┈┈┈┈┈┈┈┈┈┈┈ 72

第五节　CSR 信息的鉴证 ┈┈┈┈┈┈┈┈┈┈┈┈┈┈┈┈┈┈┈┈┈┈ 75

第五章　供应链 CSR 治理，何去何从? ┈┈┈┈┈┈┈┈┈┈┈┈┈┈┈ 82

第一节　供应链，何以成为问题? ┈┈┈┈┈┈┈┈┈┈┈┈┈┈┈┈┈ 83

第二节　供应链，需要责任治理吗? ┈┈┈┈┈┈┈┈┈┈┈┈┈┈┈┈ 85

第三节　供应链 CSR 治理，障碍在哪里? ┈┈┈┈┈┈┈┈┈┈┈┈┈ 89

第四节　供应链 CSR 治理，从何入手? ┈┈┈┈┈┈┈┈┈┈┈┈┈┈ 96

第六章　CSR "类保险" 效应，存在吗? ┈┈┈┈┈┈┈┈┈┈┈┈┈┈ 104

第一节　负面事件，是什么? ┈┈┈┈┈┈┈┈┈┈┈┈┈┈┈┈┈┈┈ 104

第二节　不同的负面事件，相同的 "类保险" 效应? ┈┈┈┈┈┈ 107

第三节　"类保险" 效应会在社交媒体中失灵吗? ┈┈┈┈┈┈┈ 110

第四节　负面事件后的 CSR 沟通，会发挥 "类保险" 效应吗? ┈┈┈┈ 114

## 持续践行篇

第七章　CSR 的践行：策略与模式 ┈┈┈┈┈┈┈┈┈┈┈┈┈┈┈┈┈ 123

第一节　CSR 践行简史 ┈┈┈┈┈┈┈┈┈┈┈┈┈┈┈┈┈┈┈┈┈┈┈ 123

第二节　CSR 践行策略与模型 ┈┈┈┈┈┈┈┈┈┈┈┈┈┈┈┈┈┈┈ 126

第三节　CSR 践行的影响因素 ┈┈┈┈┈┈┈┈┈┈┈┈┈┈┈┈┈┈┈ 131

第四节　CSR 最佳践行模式
　　　　——来自全球 IT 业 20 强的经验 ┈┈┈┈┈┈┈┈┈┈┈┈┈ 136

第八章　中小企业 CSR 践行：挑战与机遇 ┈┈┈┈┈┈┈┈┈┈┈┈┈ 140

第一节　什么是 SMEs? ┈┈┈┈┈┈┈┈┈┈┈┈┈┈┈┈┈┈┈┈┈┈┈ 140

第二节　SMEs 责任践行现状 ┈┈┈┈┈┈┈┈┈┈┈┈┈┈┈┈┈┈┈┈ 142

第三节　SMEs 责任践行动机 ┈┈┈┈┈┈┈┈┈┈┈┈┈┈┈┈┈┈┈┈ 145

第四节　SMEs 责任践行中的挑战 ┈┈┈┈┈┈┈┈┈┈┈┈┈┈┈┈┈ 147

第五节　SMEs 责任践行解决方案 ┈┈┈┈┈┈┈┈┈┈┈┈┈┈┈┈┈ 150

第九章　中国企业 CSR 践行：小步疾行与稳中求进 ┈┈┈┈┈┈┈┈ 155

第一节　ESG 绩效与责任投资：小步疾行 ┈┈┈┈┈┈┈┈┈┈┈┈ 157

第二节　从精准扶贫到乡村振兴：稳中求进 ┄┄┄┄┄┄ 170

第三节　中国企业责任践行面临的困境 ┄┄┄┄┄┄┄ 182

第四节　中国企业责任践行的未来方向 ┄┄┄┄┄┄┄ 188

**参考文献** ┄┄┄┄┄┄┄┄┄┄┄┄┄┄┄┄┄┄ 195

**后记** ┄┄┄┄┄┄┄┄┄┄┄┄┄┄┄┄┄┄┄┄ 225

# 理念变迁篇 →

混沌理论（chaos theory）表明，在当前的商业环境下，发生在世界某个区域的最微小变化，都可能会引发千里之外另一区域的巨大变化。对于发展至今的企业社会责任（CSR），因为涉及经济活动的方方面面，形成的影响很难估量，极易引发蝴蝶效应。因此，有关 CSR 的学术研究不但热度不减，而且规模和范围还在不断扩大，动力绝不仅仅来源于学界个别学者的个人兴趣，更是关乎来自实务界的真实需求。

要讲好关于 CSR 的故事，了解其前世今生至关重要。"理念变迁篇"粗线条地回顾了 CSR 如何从一个略显空洞的理念，逐步发展成为企业战略中不可或缺的组成部分。CSR 理念是在什么背景下出现的？该如何定义它？支撑它的理论基础又是什么？一路走来，经历了怎样的曲折与变化？近些年来突然火爆的环境、社会和治理（ESG）及社会责任投资（SRI）又是什么？与 CSR 的关系何在？"理念变迁篇"里并没有所谓的"标准答案"，但其中的故事却是现实中真实发生过的，有可能，在未来还将继续发生……

# 第一章　什么是 CSR?

"企业社会责任，是指企业以伦理价值为基础，坚持开放透明的经营原则，尊重员工、社区和自然环境，致力于取得可持续的商业成功。"

——国际商业领袖论坛（2003）[1]

关于企业社会责任的研究，由来已久。早在 1953 年被称为"企业社会责任之父"的博文（H. R. Bowen）就在其著作《商人的社会责任》中提出了关于企业和商人应当承担并践行社会责任的观点。与此同时，随着企业社会责任被越来越多地提及，经常与之同时出现的是利益相关者（理论）。甚至，有一种观点不无夸张地认为，企业社会责任理念就是从利益相关者（理论）发展而来的。[2] 由此，在探讨什么是企业社会责任的同时，非常有必要对利益相关者理论也进行系统性的回顾，厘清两者间的联系与区别，以及未来各自（或，共同）的发展方向。

## 第一节　CSR，是什么？

企业社会责任，这个词儿从来没有像今天这样随处可见：无论使用哪一种搜索引擎，哪一种语言，都会得到上亿条的搜索结果。它似乎是近几十年来才出现的流行语，但商业活动中的伦理道德受到关注却由来已久。早在公

---

① 国际商业领袖论坛（International Business Leaders Forum, IBLF），是一家位于英国的国际非营利性商业与发展组织，鼓励企业通过商业经营和社区活动履行社会责任，已得到近 100 家国际和各国大型企业及非营利组织的支持。

② PIRSCH J, GUPTA S, GRAU S L. A framework for understanding corporate social responsibility programs as a continuum: an exploratory study [J]. Journal of Business Ethics, 2007, 70 (2): 125-140.

元初年，各国的大思想家们，如古罗马的马库斯·图留斯·西塞罗（Marcus Tullius Cicero）、古印度的考底利耶（Chanakya）等，就高瞻远瞩地倡导商业实践应基于"被克制的贪欲"之上。中国传统文化也崇尚"君子爱财，取之有道"，伊斯兰教义和中世纪基督教教会更是公开谴责高利贷等不道德的商业行为。

如果追溯现代企业社会责任理念的起源，大概不得不提 19 世纪那场抵制运动，抵制的对象是依靠压榨奴隶劳动进行生产的不良商人。其后，经过 20 世纪两次世界大战的洗礼、劳资间既对立又妥协的斗争，使该理念得到了进一步发展。① 在此进程中，"二战"后的"纽伦堡审判"具有里程碑般的意义：1943 年 10 月，盟军外长会议确定，所谓"战犯"不仅涵盖传统意义上的战争罪犯，还应包括那些虽没有直接参与战争却大发其财的人员，两年后的波茨坦会议将其书面化为"处理德国问题的政治原则"。以德国法本化工公司（I. G. Farben）为例，在"二战"中，该公司为德军提供了 100% 的甲醇和润滑油、80% 的炸药、70% 的黑火药与 35% 的硫酸，其高层管理者们被控犯下"反和平""抢劫和掠夺""参与战争和大屠杀"等罪行。虽然审批结果令人失望：11 项指控中的 9 项落空，只有 13 名被告因其他指控被定罪，刑期最长的 8 年，最短的只有 1 年，但此次审判在企业社会责任发展历程中所形成的影响却是深远而悠长的。②

与 20 世纪早期相比，企业社会责任理念发展至今已增加了发展、环境和人权等维度的内容，即便与 20 世纪 60 年代比较，其视野也更趋全球化。③

目前，该理念几乎涵盖了所有国际社会关注的核心热点问题，成为一个涉及立法、非政府组织、文化和商业等方方面面的全球运动。特别是增加了新维度之后，企业社会责任理念在变得更为复杂的同时，自身也得到了进一步的推广。

然而，令人遗憾的是，企业社会责任至今还没有一个能被广泛接受和认可的定义，因而仍被各方以对自身最为有利的方式解读着。

---

① 朱文忠. 企业社会责任的主要类型及其内涵 [J]. 企业改革与管理，2009（05）：9 – 11.

② 孙文沛. 德国化学工业的重生——记战后 IG 法本公司的审判与拆解 [J]. 德国研究，2009，2（24）：71 – 77.

③ FABIG H, BOELE R. The changing nature of NGO activity in a globalizing world: pushing the corporate responsibility agenda [J]. IDS Bulletin, 1999, 30 (3): 58 – 67.

## 一、CSR，定义难定

虽然全球每年以企业社会责任为主题公开发表的学术论文数以万计，曾经或正在被使用的同义词或近义词有数十种之多，异常繁杂，但直至今日，依然没有一个被一致认可的定义。因此，有学者不无讽刺地指出："迄今为止，在企业社会责任领域内唯一能够取得的共识是，不知该如何定义它。"①

事实上，在近几十年中，学界一直为确定一个能被普遍接受的定义而努力。最常见的尝试莫过于采用文献回顾的研究方法，以期勾勒出企业社会责任定义演变的历史轨迹。其中，卡洛尔（A. B. Carroll）在 1999 年进行的研究最为著名：他回顾了所有在实施研究前出现在学术文献中的企业社会责任定义，最早追溯到了 1953 年由博文所著的《商人的社会责任》一书（就是在此研究中，卡洛尔将博文尊称为"企业社会责任之父"）。然而，此项研究得到的结果并不令人感到满意。② 此后，众多学者步其后尘，沿用了同样的研究方法，但均未能够为企业社会责任找到一个既贴切且全面的定义。

第二类有益的尝试是针对企业家、专家或公众开展面对面的调查或访谈。然而，进行此类研究的众多学者最终都无功而返，得出的结论是：请受访者提炼出他们认为恰当的企业社会责任定义，是一项不可能完成的任务。与此同时，此种调查访谈法经常被批评存在选择访谈对象范围不确定、访谈对象极易受到情境干扰等弊端，导致访谈结果的普适性常常受到质疑。

还有一类尝试是通过哲学式思辨来构建企业社会责任的定义。例如，从语言学角度来看，"企业社会责任"被认为应改为"公司责任"（corporate accountability），从而绕开该理念是否应当基于自愿性而引发的争论③……然而，进行此类研究的学者也表现出了力不从心，最终无功而返。

在为企业社会责任寻求定义的众多努力中，有一项有别于他人但意义非凡的实证研究：研究者从主要学术期刊和网站中搜集了学者们在 1980～2003 年期间提出的企业社会责任定义，并用"谷歌学术"确定了拥有最高引用率

---

① 张宪初. 全球视角下的企业社会责任及对中国的启示［J］. 中外法学，2008（1）：18－29.

② CARROLL A. B. Corporate social responsibility-evolution of a definitional construction［J］. Business and Society，1999，38（3）：268－295.

③ GÖBBELS M. reframing corporate social responsibility：the contemporary conception of a fuzzy notion［J］. Journal of Business Ethics，2002：53.

的 37 种（由 27 位学者提出）。随后，生成编码方案，对这 37 种定义进行内容分析，共提炼出了包括环境、社会、经济、利益相关者及自愿性在内的 5 个维度。分析结果表明，这些具有代表性的定义之间，实际分歧并不大：88% 的定义至少涉及了利益相关者和社会两个维度，86% 涉及了经济维度，80% 涉及了自愿性维度；虽然涉及环境维度的只有 59%，但这主要受限于当时的时代背景，早期的企业社会责任定义大多忽略了此维度。如果在 37 种定义中随机选择任意 1 种，其内容涉及 3 个维度的可能性就达到了 97%，其中有 8 种甚至覆盖了全部维度，28 种覆盖了 4 个维度，31 种覆盖了 3 个维度。根据这个分析结果，研究者认为，虽然看似存在很多版本的企业社会责任定义，但细究起来，差异并不大，只是采用了不同的措辞而已，因此，完全没有必要将它们分成不同的流派。最后，研究者指出，那种认为"我们一直在寻找的定义，其实并不存在"的观点，太过偏颇。[①]

与西方学界相比，我国学者在企业社会责任领域的研究起步较晚，但进步飞快。对于企业社会责任定义的构建，国内学者更多是吸收和借鉴西方同行的观点，且因所处学科背景不同而分歧较大。[②] 但与国际学界状况相同的是，国内学界同样只在"企业应该承担社会责任"这一问题上达成了共识。

值得庆幸的是，自 20 世纪 80 年代以来，致力于该领域研究的中外学者们不再纠结于定义企业社会责任，而是将更多与社会责任相关的研究关注点从宏观层面的社会影响转向微观层面的企业影响、从商业伦理转向与企业绩效间的关系、从规范思辨转向更多的实证研究。与此同时，将相关研究扩展到了与可持续发展以及与利益相关者理论相交叉的领域之中。

## 二、利益相关各方，解读各异

如前所述，企业社会责任定义发展得过于繁杂，且没有一个被各方一致认可的定义，因此，不难理解，不同的组织机构和群体正在以各自偏爱的方式解读着企业社会责任理念。其中，具有代表性的有以下几种。

---

① DAHLSRUD A. how corporate social responsibility is defined: an analysis of 37 definitions [J]. Corporate Social Responsibility and Environmental Management, 2008, 15 (1): 1 – 13.

② 黎友焕，龚成威. 国内企业社会责任理论研究新进展 [J]. 西安电子科技大学学报（社会科学版），2009 (1): 5 – 19.

## （一）CSR，是一种文化

有一派学者认为，企业社会责任具有深厚的文化根基，对资本主义（制度）形成了较为深远的影响。在他们看来，企业社会责任并未最早出现在欧洲大陆、亚洲或非洲等区域的语汇之中，原因是这些区域内早已形成了某些不成文的社会契约。例如，以终身雇佣制和集体主义闻名的日本企业文化。与这些区域不同的是，盎格鲁—撒克逊国家更强调个人主义的价值，且会严格区分"社会事件"与"经济事件"，因此，企业社会责任自出现之初就具有浓厚的盎格鲁—撒克逊色彩。

尽管起源于盎格鲁—撒克逊国家，但并不妨碍其他区域的公众以自己独有的方式对企业社会责任进行解读。在 2000 年世界可持续发展工商理事会（World Business Council for Sustainable Development，WBCSD）[1] 发起的全球调研中，对于"如何理解企业社会责任?"这一问题，来自不同地域的人们给出了截然不同的回答：美国人认为，企业社会责任是指企业应当提高自身的透明度；泰国人觉得，企业社会责任应主要与环境议题相关；加纳人则强调企业社会责任是增强当地社区的自主权；巴西人则把企业社会责任看作企业应当遵循的较高伦理标准……在实务界，这种差异体现在企业在不同文化背景下的国度内运营，需要面对有可能完全不同的伦理问题，这往往令跨国公司的高管们，在面对公司总部和当地分公司之间发生伦理冲突时无所适从。

由此，可预见的是，随着企业社会责任的内容和形式不断推陈出新，不同文化背景下的人们仍将继续以自己独有的方式对企业社会责任进行解读。

## （二）CSR，是一种治理模式

企业应当守法经营，对自身行为负责，这本毋庸置疑，然而，资源日渐稀缺、商业环境日益复杂、监管长期维持低效率……迫使政府不得不改变其传统的监管和执法模式。企业履行社会责任（包括披露履责信息）具有强烈的自愿性特征[2]，无疑会扩大企业的责任范围，同时也并不需要政府频繁出

---

[1]　世界可持续发展工商理事会（World Business Council for Sustainable Development，WBCSD）是一个与联合国联系紧密的国际组织，于 1995 年由致力于可持续发展和环境保护事业的两家国际组织——可持续发展工商理事会和世界工业环境理事会合并而成，总部位于日内瓦。

[2]　WETTSTEIN F. beyond voluntariness, beyond CSR: making a case for human rights and justice [J]. Business and Society Review, 2009, 114 (1): 125–152.

台新法规，将所有的遵从细节以法律条文的形式确定下来，政府监管和执法成本因此得以有效降低，监管效率也因此提高。特别是在全球化背景下，哪怕东道国监管体系不够有力，但此种自愿性会激发跨国公司将更高和更严格的遵从标准引入东道国。因此，各国政府及政府间国际组织都充分肯定了企业通过履行社会责任而自愿规范自身经营行为的治理模式，并逐步尝试将企业视为政府实现监管目标的合作者，而非纯粹的被监管方。

然而，全球范围内的一系列重大丑闻曝光后，企业通过履行社会责任自我治理的模式的可靠性遭到质疑。同时，有效履行企业社会责任，需要一个好政府的支持，毕竟企业社会责任已成为立法的必经之路。

因此，企业社会责任的自愿性属性虽不容轻视，但将其视为一种有效的治理模式，需要承担相当程度的风险。

### （三）CSR，是一个概括性术语

企业社会责任还远不是一个内涵和外延都足够明晰的概念，因此，无论是作为分析工具还是决策指南，其有效性还尚待实践考验。不过，毫无疑问的是，它已成为当今国际化企业商业模式的重要组成部分，其战略意义不容小觑。

因此，有一种观点认为，与其费力地为企业社会责任寻找一个包罗广泛的定义，倒不如将其视为一个伞概念（umbrella term），即同一类事物概念的总称，其存在的目的就是为了研究企业与其运营环境之间的关系。此处的运营环境，既包括企业运营其中的社区、地区和所在国，甚至还包括全球环境。[①] 无论企业社会责任的适用范围如何被无限放大，但至少需要包含以下三方面的内容：首先，企业有责任尽可能地降低自身运营对所在环境造成的负面影响；其次，除了确保自身的运营符合商业伦理之外，企业还有责任确保自身所处的整个供应链运营也符合社会和环境标准，信守自身商业行为的责任承诺；最后，无论是迫于商业上的生存压力，还是要为全社会创造更多的价值，企业在构建自身发展战略时，还应考虑到企业内部和外部利益相关者的诉求。

---

① CARROLL A B, SHABANA K M. The business case for corporate social responsibility: a review of concepts, research and practice [J]. International Journal of Management Reviews, 2010, 12 (1): 85 - 105.

### （四）CSR，是创造共享价值的途径

自进入 21 世纪以来，随着互联网革命以及全球市场的形成，企业的经营环境日益复杂，来自内、外部各方的压力与日俱增，企业只有更多更主动地承担社会责任，才能确保自身运营的可持续性和基业长青。因此，有学者提出，无论是在日常经营中，还是在战略制定或商业模式创新时，企业社会责任理念都将有助于企业实现将自身价值与其利益相关各方价值合二为一的目标。[①] 企业需要寻找到在规模上能够满足社会需求的创新性商业模式，利用核心商业进程与实践来创造共享价值，在增强企业竞争力的同时，也改善了社会和环境条件。在创造共享价值时，首先，企业需要确定商业是否能够解决社会需求；其次，能否充分利用企业的商业资产、专长和知识来解决特殊的社会需求；最后，企业需要借助可靠的商业手段来利用好隐藏在社会问题背后的商业机会。

通过回顾企业社会责任的定义演变过程，可以看出，从概念内容层面上来说，企业社会责任并不是一个全新的理念，甚至可将其视为"企业在社会中到底该扮演什么角色"这一老生常谈的翻版。即便至今缺乏统一的定义，但能够达成共识的是：企业社会责任具有由企业自愿发起（非法律法规强制要求）和自由量度（企业确定预算并选择具体形式）等特征，而且，正逐步发展成为管理利益相关者关系和相关风险的有效形式和工具。此外，现有的企业社会责任相关研究，还未能系统描述出此领域的最佳实践，或者向企业提供如何平衡利益相关各方诉求的指南。因此，对于特定企业来说，如何定义企业社会责任，也许意义并不大。只有结合自身所处的特定情境，"量身定做"符合自身特点的企业社会责任践行策略，才是企业的终极诉求。

综上所述，本书不严格界定什么是企业社会责任，但遵循国际商业领袖论坛（International Business Leaders Forum，IBLF）所倡导的："企业社会责任，是指企业以伦理价值为基础，坚持开放透明的经营原则，尊重员工、社区和自然环境，致力于取得可持续的商业成功。"

---

① SAEED M, ARSHAD F. Corporate social responsibility as a source of competitive advantage: the mediating role of social capital and reputational capital [J]. Database Marketing & Customer Strategy Management, 2012, 19 (4): 219-232.

# 第二节　利益相关者理论

只要谈到企业社会责任，就不可能不提及利益相关者。① 英国学者彭罗斯（E. T. Penrose）在 1959 年出版的专著《企业成长理论》中提出的"企业是人力资产和人际关系的集合"，是利益相关者理论的最初起源。② 不过，"利益相关者"（stakeholder）这一确切术语，最早却是由美国学者安索夫（H. I. Ansoff）在 1965 年提出。他认为："要制定一个理想的企业目标，需均衡考虑企业诸多利益相关者间相互冲突的诉求，包括管理层、员工、股东、供应商及分销商。"③ 至此，利益相关者正式出现在经管学界，并逐渐成为该领域理论研究中最常见的术语之一。

## 一、理论的发展

利益相关者理论的框架得以首次完整构建，是在美国学者弗里曼（R. E. Freeman）于 1984 年出版的《战略管理：利益相关者方式》中④，此书的出版为该理论快速发展奠定了基础。正是在这部著作中，他提出了时至今日依然经典的利益相关者定义："利益相关者，是能够影响一个组织目标的实现，或者受到一个组织实现其目标过程影响的所有个体和群体。"他认为，战略管理理论发展至彼时，并未能够全面反映出商业环境正在发生的变化，例如，日益激烈的外部竞争、新的产业关系、全球资源市场的配置、政府的改革措施、新兴的消费者行为、高速发展的通信技术等。然而，这些变化却在深刻地影响着企业和企业的利益相关者。

利益相关者理论在走向成熟时，逐渐开始超越单一理论的范围，成为一个被多元诠释并被多方应用，且兼收并蓄了商业伦理、企业社会责任、战略

---

① ESTHER TEH，高丹丹. 创造共享价值的四项基本原则 [J]. WTO 经济导刊，2016（3）：34.

② PENROSE E T. the theory of the growth of the firm [M]. Oxford：Oxford University Press, 1959.

③ ANSOFF H I. corporate strategy：an analytic approach to business policy for growth and expansion [M]. New York：McGraw-Hill, 1965.

④ FREEMAN R E. strategic management：a stakeholder approach [M]. Boston, MA：Pitman Publishing, 1984.

管理、公司治理等各领域精华的集大成者。为了厘清该理论大致的发展脉络，下面将基于拉普鲁姆等（Laplume et al.，2008）西方学者和我国学者齐宝鑫和武亚军（2018）的研究，将自 1984 年（弗里曼出版了那部影响深远的专著）之后的利益相关者理论发展时期，划分为 1984～2007 年和 2008～2016 年两个重要阶段，分别加以详尽回顾和评述。

**（一）1984～2007 年**

2008 年，来自加拿大曼尼托巴大学（University of Manitoba）的三位学者共同在《管理学报》（*Journal of Management*）上发表了一篇综述性论文，题为《利益相关者理论：回顾这个推动我们不断进步的理论》。① 他们对 1984～2007 年发表于全球管理学领域权威期刊上的以利益相关者理论为主题的 179 篇文献进行了内容分析，提炼出了在此期间最受该领域理论界重视的五大主题：利益相关者的定义与特点、利益相关者的行为和反应、企业的行为和反应、企业业绩和相关理论争鸣。

在此期间，该理论经历了孵化期、成长期以及成熟期三个发展阶段。按照发展阶段，可将相应的特点归纳为：

• 孵化期（1984～1990 年），是利益相关者理论刚刚兴起的时期。1991 年之前，关于利益相关者理论的研究，只零星散见于一些会议论文、学位论文、专业期刊和学术专著中，但一本由卡罗尔（A. Carroll）编著的教科书《企业与社会：伦理与利益相关者管理》引发了各界的关注。②

• 成长期（1991～1998 年），是利益相关者理论稳步发展的时期。在此期间，特别是自 1995 年起，利益相关者理论因质疑"企业的基本目标是股东财富最大化吗？"而受到更为广泛的关注，并涌现出了几篇对该理论未来发展形成了重大影响的论文。其中以唐纳森和普雷斯顿（Donaldson T. & Preston L. E.）在 1995 年发表于《管理学会评论》中"利益相关者理论特刊"的《利益相关者理论和企业：概念、证据和内涵》最为著名。③ 该论文将利

① LAPLUME A O, SONPAR K, LITZ R A. Stakeholder theory：reviewing a theory that moves us ［J］. Journal of Management, 2008, 34（6）：1152 – 1189.

② CARROLL A B. Business & society：ethics and stakeholder management ［M］. Cincinnati, OH：South-Western Publishing, 1989.

③ DONALDSON L, DAVIS. J. Stewardship theory or agency theory：CEO governance and shareholder returns ［J］. Australian Journal of Management, 1991, 16（1）：49 – 64.

益相关者领域的理论研究分为三类：描述型（企业如何行为）、规范型（企业应当如何行为）和工具型（企业行为如何影响企业业绩）。在此期间召开的三次国际学术会议也推动了实务界和全社会对利益相关者理论的普遍认可和接受。不过，会议报告也指出，要使利益相关者理论成为一个科学而明晰的理论体系，理论界还有太多的工作要做。

● 成熟期（1999～2007 年），是利益相关者理论受到前所未有关注的时期。在此期间，一系列重量级的综述性论文在大量相关文献中脱颖而出：首先是斯托尼和温斯坦利（Stoney C. & Winstanley D.，2001）针对英国相关研究进行分析的结果：学者们多聚焦于利益相关者的理念、应用和竞争议题。其次是沃尔什（Walsh J.，2004）对三本以利益相关者理论为主题的学术专著的分析。在结论中，他指出，对于寻求社会投资的商业领袖们来说，利益相关者理论未能给出太多的建设性意见。最后是卡勒（Kaler J.）在 2003～2006 年期间从商业伦理角度对利益相关者理论进行的持续性多阶段回顾。[1][2][3] 然而，此期间风头过盛的利益相关者理论引发了学者们的猛烈抨击："被玩弄于一些特殊利益代言人的股掌之间，妄想耗用企业资源满足自身的私欲，是对有着 200 多年历史的经济理论的亵渎。"[4] 2007 年 7 月，《管理学会评论》专设特别论坛，一次性发表了 5 篇论文，对此类攻击给予针锋相对的驳斥。

在此阶段，利益相关者理论领域的学者们在对前期成果进行充分回顾与分析之后，能够达成共识的是：开展更多针对上市公司的实证研究，同时，针对管理层应对利益相关者期待展开定性研究。而且，无论是定量还是定性研究，最终还是要回归到利益相关者理论的核心，即从更广义的绩效角度来审视利益相关者管理可能为组织机构带来的战略优势。

## （二）2008～2016 年

两位来自北京大学的中国学者齐宝鑫和武亚军，针对利益相关者理论在

---

① KALER J. Morality and strategy in stakeholder identification [J]. Journal of Business Ethics, 2002, 39 (1-2): 91-100.

② KALER J. Differentiating stakeholder theories [J]. Journal of Business Ethics, 2003, 46 (1): 71-83.

③ KALER J. Evaluating stakeholder theory [J]. Journal of Business Ethics, 2006, 69 (3): 249-268.

④ JENSEN M C, MECKLING W H. Theory of the firm: managerial behavior, agency costs and ownership structure [J]. Journal of Financial Economics, 1976 (4): 305-360.

2008～2016 年的发展也展开了类似的文献回顾类研究，以此向拉普鲁姆等学者的早期研究致敬。① 他们筛选出 2008～2016 年发表在国内外权威管理学期刊上的文献共 162 篇（英文文献 124 篇，中文文献 38 篇）。在遵循拉普鲁姆等学者的分类依据基础之上，他们增加了一个"一般问题"主题类别，将应用于不同规模企业、家族企业、国有或私营企业以及非营利组织中的利益相关者研究皆纳入此类别之中。

此外，2008～2016 年，正是利益相关者理论在战略管理领域得到广泛应用的重要时期，两位中国学者还将侧重点聚焦于该理论在战略管理视角下的发展。他们赞同弗里曼的观点，即利益相关者概念，好比一把旨在确保企业战略有效执行的大伞，要在不断变化的外部环境中，保证企业与利益相关各方保持长期而有效的互动。他们在分析文献时发现，在此期间，战略管理视角下的利益相关者理论研究涉及最多的主题词为"管理""企业社会责任""战略规划""企业行为""财务绩效""价值创造""组织绩效"等。需要强调的是，在此期间，利益相关者理论开始与企业社会责任理念密切交集，与企业社会责任相关的研究也开始大篇幅占据战略管理领域的出版物页面。

在展望未来研究方向时，他们指出，随着企业经营环境发生显著变化，国内外学界需重点关注股东和非股东相关者之间的关系、利益相关者政策的形成，以及企业社会责任战略的选择等现实问题。值得赞赏的是，利益相关者理论发展的制度背景因素得到了两位中国学者的特别关注，特别是中国企业所处的、明显有别于西方发达国家的特殊背景。

## 二、存在的问题

进入 21 世纪以来，利益相关者理论再次引发了全球学界的广泛关注。然而，利益相关者理论早已不是单一理论，正是因为它过于"丰富"，反而阻碍了自身进一步的发展以及在实践中的应用。甚至，在公司治理、商业伦理、经济理论等多个领域中，利益相关者理论开始逐渐丧失权威性。细究起来，该理论所面临的问题主要体现在以下几个方面。

---

① 齐宝鑫，武亚军. 战略管理视角下利益相关者理论的回顾与发展前瞻 [J]. 工业技术经济，2018（2）：3－12.

### （一）定义极具争议

说到某个定义极具争议，一般会有两个层面的意思：第一个层面是指，说到某个术语，无论人们对它持有多么不同的观点，但因存在一个被公认的概念内核，大家会心照不宣，明白它指的是什么。第二个层面，则会涉及该概念的细节规范，或者在实践中如何解读。形成这个层面的争议，往往是由于解读定义的人所持观念和立场差别太大，以至于对组成定义的各部分内容所赋予的权重完全不同。就利益相关者和利益相关者理论的定义来说，无疑是极具争议的，即便各方对于其概念内核，即组织机构与利益相关者之间的关系，早已取得共识，但在第二个层面存在的争议依然较大。

那么，到底谁是"利益相关者"？英国牛津布鲁克斯大学商学院的迈尔斯博士（Miles S.，2017）对此开展了一项颇有意义的文献回顾研究。首先，设定了文献筛选条件：题目必须包含"利益相关者"字眼，发表于 2012 年之前，并入选 2013 年的安妮·威尔·哈尔钦（Anne-Wil Harzing）经济类学术期刊名录[①]（包括会计、商业伦理、企业环境管理、公司治理、金融、营销、人力资源管理、战略、运营和信息系统等学科）。其次，从初步筛选出的 5 434 篇文献中再精选出 667 篇，进行系统分析，从中析出 885 个利益相关者定义，再依据主题、议题、特征和因素进行人工编码，形成 205 个变量和 9 201 个数据点。这一系列的筛选步骤本身就足以说明利益相关者定义的复杂程度，争议较大自然也在所难免。

在众多定义中，有两种极端的观点：一种是比一般的商业伦理观点要宽泛，将凡是组织机构对其负有道义责任的皆视为利益相关者，即任何实际存在的、怀有改变组织机构经营环境意图的主体，都是利益相关者;[②] 另一种则是从企业战略角度出发，认为利益相关者是指企业一旦失去了其支持，自身也将不复存在的那些个人或群体。在两种极端观点之间，存在着不计其数的中间观点。试想，如果需要在某种契约背景下严格遵循利益相关者定义，那么，这个定义本身可能带来的风险或诉求、利益或道义，将会差之毫厘，

---

① 安妮·威尔·哈尔钦（ANNE-WILL HARZING），英国密德萨斯大学国际管理学教授，从 2000 年 7 月起编制期刊质量清单，并不断更新。这是主要为管理学专业服务的期刊清单，涵盖多学科，基于专家评审和文献计量学指标，或两者结合，主要以 17 种不同机构推出的期刊名单为参考。

② STARIK M. Should trees have managerial standing? towards stakeholder status for nonhuman nature [J]. Journal of Business Ethics, 1995, 14 (3)：207 –217.

谬以千里。

众多学者一致期望，尽快解决利益相关者理论中基本定义极具争议的问题。不过，承认定义存在争议性，是推动利益相关者理论优化发展的第一步。目前，学界仍在做着种种努力，但还需要来自学界更多的实证检验，以及管理层和监管方在实务中汇集更多的最佳实践案例。

### （二）分类极度繁杂

学者们承认，如此众多的利益相关者定义，在能够充分说明利益相关者理论的丰富、适用于多种情境的同时，也因为含糊其词和流于表面，从而限制了该理论在实践中的运用。

为降低定义的争议性，学者们尝试了各种分类、筛选和排序的方法，以期能够为利益相关者提供必要的解释和说明。其中，简单的二项分组最为常见，例如，将利益相关者分为"广义的和狭义的""主要的和次要的""主动的和被动的""核心—边缘的和外围的""自愿的和非自愿的""道义的和策略的""名义的和派生的""主要的和公众的""必须的和偶然的""可比的和非可比的"。

当然，也有三种分类的。例如，将利益相关者分为"内部的、外部的和末端的""利益相关者、利益观察者和利益保有者""机构的、组织的和社会的"以及"基于资源的、基于行业结构的和基于社会政治的"。更有提出四类分类法的，如"机构的、社区的、监管的和媒体的"。然而，简单类型学所能做的，往往只是一种粗略的分类，并不能对接近度、联系性、协同依赖性，或排他性做出评价，更不可能清晰表明各变量之间的微妙组合。

还有一些研究尝试构建更为成熟的体系。其中，最为著名的是米歇尔等（Mitchell R. et al.，1997）构建的利益相关者特征模型。他们通过分析 27 个利益相关者定义，根据利益相关各方的实力、合法性和紧迫性，将其分为"明确的""从属的""危险的""主导的""苛求的""潜在的"六大类别。随后，里贝罗等（Ribeiro S. D. et al.，2012）在此基础上，用因素分析法对实证数据进行分析，以相关性、双向影响和参与度作为核心变量，开发出了另一个由六类利益相关者组成的分类方法，它们分别是监管方、控制者、合伙人、被动的相关者、从属的相关者，以及非利益相关者。

基于利益相关者理论定义构建的分类模型，具有代表性的主要有两个：一是卡勒（Kaler J.，2002）将所有利益相关者分为"提要求者"（要求企业提供特定类别服务的诉求）、"影响者"（有能力影响到企业的运营）和"要求与影响者"（具有以上双重特征）三类。二是前面所提到迈尔斯（Miles S.，2017）的研究，提出了一个系统的、多维度的利益相关者理论定义分类，通过分析 27 个利益相关者定义得到 3 个类型的分类模型，延伸为通过分析 885 个定义得到 16 个类型的分类模型。

由于利益相关者理论中的基本问题"谁是利益相关者？"极具争议，因此，运用分类体系能够超出概念本身的描述，从而降低争议性。然而，如何将分类系统中的密度、集中度、相互影响、诉求实质、风险承担、合法性基础等因素联系在一起，还有待于进一步的分析和研究。只有降低了争议性、搞清楚了各因素之间的联系，才有可能说明一系列相关的问题。例如，为什么考量利益相关者的需求如此重要？应当如何形成利益相关者管理策略？应当如何管理利益相关各方之间相互冲突的诉求？等等。

鉴于利益相关者理论领域内的争议性，短时间内不可能得到解决，本书对于利益相关者的界定将采用美国学者弗里曼在其论著《战略管理：利益相关者方式》中提出的经典定义，"利益相关者，是能够影响一个组织目标的实现，或者受到一个组织实现其目标过程影响的所有个体和群体"。对于利益相关者的分类，则依据戈弗雷（Godfrey P.）等学者在论述"良好企业社会责任表现的保险效应说"时的选择，将利益相关者分为"主要利益相关者"和"次要利益相关者"的分类。其中，"主要利益相关者是指因拥有权力和手段，其行为会对企业运营产生重要影响的利益相关各方；同时，次要利益相关者是指那些可能影响到主要利益相关者的想法和态度的个体或群体，但却没有能力直接影响到企业运营的利益相关各方"。不过，利益相关各方对于企业运营的重要性会随着企业运营所处的阶段、市场和环境等方面特征的不断变化而发生变化。①

## 第三节　CSR 与利益相关者理论

前面曾提到，2008～2016 年，企业社会责任开始与利益相关者理论密切

---

① JAWAHAR I M, MCLAUGHLIN G L. Toward a descriptive stakeholder theory: an organization life cycle approach [J]. Academy of Management Review, 2001, 26 (3): 397 - 414.

交集，关于企业社会责任的研究也开始大篇幅地出现在战略管理领域的研究中。那么，企业社会责任理念与利益相关者理论是一回事吗？

## 一、差异与关联

无论何时，只要谈到商业伦理——无论是在商学院的课程中，抑或是企业制定的行为准则里，企业社会责任和利益相关者几乎都会出现。然而，两者之间的差异与关联至今仍不明朗。一部分学者认为，一个是另一个的子概念；另一部分学者认为，它们是同一领域中相互矛盾的两种观点；还有一部分学者认为，两者相互补充。不过，好在此领域内的大多数学者似乎并未受到此问题的困扰，他们在研究中往往只偏重于其中的某一个，并未纠结于两者间的关系。随着有关企业社会责任和利益相关者理论的研究成果快速增长，在过去的几十年间，两个研究领域开始密切交集，同时，也引发了一些不必要的困惑，澄清两者的差异及关联开始变得必要而迫切。

虽有交集，但企业社会责任和利益相关者理论无疑仍是两个不同的概念。它们的相似之处在于，两者都反对新古典经济学理论，更强调将社会利益融入企业运营的重要性。同时，两者又有所区别，利益相关者理论强调企业作为整体所需要承担的主要责任，即所谓的企业责任，企业只是肩负对于社会（特别是对于企业运营环境）的一部分重要责任，而企业社会责任强调的是企业面向全社会的责任，优先于企业应当承担的其他责任。

2017 年，弗里曼与赛格（Freeman R. E. & Sergiy D. ）发表了《企业社会责任与利益相关者理论：彼此学习》一文，重点描述了两者之间的关系（见图 1-1）。从图 1-1 中可以看出，两者虽然都强调企业对运营其中的社区和社会负有责任，但利益相关者理论倾向于将责任中心凝聚在企业活动的一个合理范围内，与所有利益相关者建立联系，并为各方创造价值，因此，更关注运营于其中的当地社区（即图 1-1 中的内圈，包括员工、消费者、所在社区、供应商、所有者和投资人等主要利益相关者）和一个以当地社区为中心更大范围的区域（即图 1-1 中的外圈，包括政府、媒体、竞争对手等次要利益相关者）。对于企业来说，所有利益相关各方都是同等重要的，应当竭力避免任何形式的权衡，并有义务将不同利益者的利益引导至共同的方向。当然，企业利益相关者的构成，会因企业所处行业和所采取的商业模式不同而有所区别。

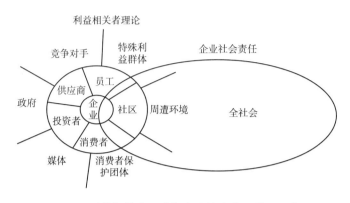

**图 1 - 1    利益相关者理论与企业社会责任关系示意图**

资料来源：FREEMAN R E, DMYTRIYEV S. Corporate social responsibility and stakeholder theory：Learning from each other ［J］. Symphonya. Emerging Issues in Management，2017 (1)：7 - 15.

与利益相关者理论中的企业责任不同，企业社会责任更似一个概括性术语，试图将企业的社会属性尽可能地扩展到更远，包含慈善、志愿者活动、环境保护和符合伦理的劳工实践等面向社会的所有行为。它聚焦于企业责任中针对所在社区以及全社会的责任，社会导向责任优先于其他责任。例如，常常可以听到某企业的企业社会责任活动，发生在地理距离很远的某地，帮助当地居民或对抗疾病，或战胜贫困，即便企业在当地并没有经营活动，甚至也不具备相应的技术或专长。

在两位作者看来，还有一种方式可以区分利益相关者理论和企业社会责任的不同：前者主要是从企业自身以及最直接的利益相关者角度来看待企业，倡导企业应负责任地为所有利益相关各方运营，而各方之间相互依存，为一方利益相关者创造价值就是为其他利益相关者创造价值；后者则是从全社会的角度看待企业，将企业对社会所负有的责任优先于自身对其他利益相关者所负有的责任。

## 二、统一与融合

企业社会责任和利益相关者理论有着相同的构成：目标、价值创造和利益相关者之间的相互依存关系，这使得企业的总体责任和企业社会责任高度统一。

首先，企业的最初起点是企业的目标，即企业的愿景、使命和战略。企业受自身目标驱动，只有肩负着责任，朝着符合商业伦理道德的目标努力时，才不会时常陷入矛盾与纠结中。

其次，要为利益相关者创造价值的理想催生了企业，也不断激励着企业用实际行动实现这个理想。牢记要为消费者、员工、投资者、供应商和所在社区创造价值，会有助于企业抵制住各种可能伤害到利益相关者的诱惑。

最后，利益相关各方是相互依存的。企业要在资源有限的世界里运营，注定面临种种妥协与权衡。过去很多似乎顺理成章的逻辑，其实并没有考虑到利益相关者是相互依存的。例如，企业做出有益于社区的举措，过去被认为会降低股东回报。事实上，企业因此举获得了更有工作热情的员工、更佳的企业声誉、更多的销售收入和更高的企业信用排名，而股东最终会因此受益。

不过，什么情境下运用哪一种语言体系，还要取决于需要解决什么样的问题。如果从全局角度通盘考虑企业的总体目标、使命、价值观、效率、生产能力，以及对所有利益相关者的影响，那么，利益相关者理论因确定了企业对所有利益相关者的责任（统称为企业责任），将是一个强有力的工具，能够为企业整体运营提供指导。然而，如果需要特别关注企业对所在社区或全社会所肩负的责任时，企业社会责任将会更为适用。事实上，企业社会责任处理的主要是社会议题，但并未超出企业责任中的社会责任范围。

## 三、未来发展方向

鉴于企业社会责任与利益相关者理论之间既有所区别又相互联系的关系，可能最需要首先摒弃过去的习惯性思维。例如，"履行企业社会责任会有回报吗"可能要改为"企业责任，特别是企业社会责任，与企业目标一致吗"，如果答案是肯定的，下一步才应该探讨履行社会责任是否有所回报。更恰当的提问应当是，"履行企业社会责任能够为所有的利益相关者创造价值吗""怎样才能为利益相关者创造价值"。这种价值应当可以通过财务和市场价值或者其他综合评价性指标来衡量，而且应当是企业为股东、投资者、顾客、员工、社会以及其他利益相关者创造的总价值。

此外，还需要深入思考太多的相关问题。例如，在以利益相关者为起源的企业责任、共享价值以及基于利益相关者的战略管理等新概念之间，到底存在着怎样的联系与区别？在什么样的语境下，企业责任要优先于企业社会责任？或是相反，在什么样的语境下，企业社会责任要优先于企业责任？以及，到底该如何界定企业的责任和企业的社会责任？

综上所述，历经几十年发展的企业社会责任和利益相关者理论，毫无疑问是本书的理论起点。那场持续了 20 多年之久的"哈佛论战"，其意义不仅是使最初反对企业社会责任的一方——伯利（Berle A.）教授成为企业社会责任的忠实拥趸，更重要的是，这场论战还彻底转变了学界的主流观点，"企业应当承担社会责任"已毋庸置疑。

由此，企业社会责任理念开启了自身从一世代（$CSR_1$）到五世代（$CSR_5$）的漫漫发展历程，"企业践行社会责任能否提升企业绩效"开始成为学界及实务界的重要议题。

# 第二章 从 $CSR_1$ 到 $CSR_5$

企业社会责任理念已历经了从社会义务观、社会回应观、社会绩效观、社会营销观到社会创新观的演变过程,反映着企业与社会共生共创关系的变迁和企业社会责任实践模式从义务向战略的根本转变。

——徐强（2016）

## 第一节 CSR 的变迁简史

自博文（H. R. Bowen, 1953）在其著作《商人的社会责任》一书中首次提出"企业在决策中除了考虑经济结果,还应该考虑其行为的社会后果"观点以来,企业社会责任理念已经历了从社会义务观、社会回应观、社会绩效观、社会营销观到社会创新观的演变过程,反映着企业与社会共生共创关系的变迁和企业社会责任实践模式从义务向战略的根本转变。

从 20 世纪 50 年代始,企业社会责任发展进入初世代即 $CSR_1$。在此阶段,对于企业是否应当履行社会责任尚存较大争议。以诺贝尔经济学奖得主米尔顿·弗里德曼（Milton Friedman）为代表的反对派认为,"生意就是生意",企业只有一种社会责任,即在遵守"游戏规则"的前提下,最大化股东价值。理由有二:其一,企业经理人不一定具备处理社会问题的能力;其二,企业的高管有可能假借履责之名,提升个人而非企业的声誉。[1]

在此阶段,企业社会责任发展的原动力是维护正面的企业形象和积极的经理人道德观。同时,随着历经 20 多年的"哈佛论战"结束,最初作为反对派的代表人物伯利（Berle A.）教授也成为"企业应当承担社会责任"观

---

[1] FRIEDMAN M. Capitalism and freedom [M]. Chicago：University of Chicago Press, 1962.

点的积极推动者，学界和实务界初步达成共识：作为广义上的公共经济利益受托代理人，企业管理者的一部分职责就是在相互矛盾的利益相关各方诉求间取得平衡，同时，还需兼顾为社会事业提供慈善性援助。

进入20世纪60年代末直至整个70年代，企业社会责任发展进入二世代（$CSR_2$）。在此阶段，各方关注点不再是企业的伦理道德，而是开始强调企业应该积极履行社会责任，以应对来自社会各方的压力，与此同时，各方开始对履行社会责任能否收获有形结果怀有迫切期待，[①]"履行社会责任是否有助于提升企业绩效"开始成为争论焦点。新的理论依据不断涌现，所谓的"开明利己主义"模式也被开发出来。不少学者通过研究发现，履行社会责任可通过改善社会环境，最终有利于企业实现自身发展的长期目标。

发展至20世纪80~90年代的三世代（$CSR_3$），企业社会责任理念开始超越慈善和社会活动的范畴，侧重于通过制定和遵守企业道德准则、使命宣言以及企业和员工行为准则规范，满足公众对企业的期望，进而形成符合伦理道德的企业文化。尽管还是不能确定履责是否会提升企业的绩效，但管理学界开始提出，履行社会责任更多是企业在"做正确的事"，[②]政策制定者和企业经理人需要通过将社会责任感融入商业模式中造福于全社会。从这个角度来说，投资者也更愿意投资于选择"做正确的事"并具有社会责任感的企业。

自20世纪90年代末到21世纪初，互联网与社交媒体的高速发展推动了企业社会责任的变革，使之成为过去十年中全球企业最令人瞩目的发展趋势，即使在经济发展放缓背景下，这一趋势也没有改变。这标志着企业社会责任四世代（$CSR_4$）的到来。在此阶段，企业社会责任的影响已在全球范围内扩散开来，但企业应当如何寻求社会责任与社交媒体交融背景下的责任践行策略？如何采用战略管理方法履行社会责任，最大限度地提高履责有效性？这成为全球经济面临的现实课题。

事实上，早在1973年德鲁克（P. F. Drucker）就反对米尔顿·弗里德曼提出的"企业单纯追求利润最大化就是在履行社会责任"观点，但对"扔钱走人"的慈善捐助方式给企业发展带来的消极作用也开始进行反思。有学者

---

① LEE MIN-DONG PAUL. A review of the theories of corporate social responsibility: Its evolutionary path and the road ahead [J]. International Journal of Management Reviews, 2008, 10 (1): 53 –73.

② DONALDSON L, DAVIS J. Stewardship theory or agency theory: CEO governance and shareholder returns [J]. Australian Journal of Management, 1991, 16 (1): 49 –64.

提出，企业应将"解决社会问题和满足社会需求的途径，看作是企业创造利润的机遇"，① 这表明企业社会责任已进入倡导企业社会创新（corporate social innovation）的五世代（CSR₅）。具体来说，企业一方面需充分利用自身在组织机构、专业技能以及人才管理等方面的优势，将经营创新与解决社会问题整合起来；另一方面还需通过与政府及非营利部门建立伙伴关系，将慈善性质的履责模式转变为共创社会价值，即企业通过与利益相关者各方合作，共同创造和分享社会价值。②

综上所述，从 CSR₁ 到 CSR₅ 的历程表明了企业社会责任理念的发展与演进轨迹，既是企业与社会之间互动关系的变迁，同时也是企业对社会责任从被动选择到自觉行动、从社会义务到经营战略的态度转变。在企业应当履行社会责任早已成为共识之后，下面将分别对 CSR₂、CSR₃、CSR₄ 和 CSR₅ 这几个发展阶段涌现的核心议题作更为详尽的说明。

## 第二节　CSP 与 CFP

学界一直认为，一方面，企业社会责任是企业对利益相关者各方所抱有的一种积极或"负责任"的态度；另一方面，"负责任"企业也会受益于与内外部各方建立起的良性关系。然而，企业在社会责任领域的表现，即企业社会绩效（CSP），能否提升企业的财务绩效（CFP）？此类研究从未间断。

### 一、什么是 CSP？

关于企业社会绩效的学术研究，源起于开放系统理论，旨在研究组织机构在社会、文化、法律、政治和经济大环境中的复杂性。1979 年，阿奇·卡罗尔（A. B. Carroll）在国际管理学顶尖刊物《管理评论》（*Academy of Management Review*）上发表了《企业社会绩效的三维模型》一文，引发了各界对企业社会绩效的关注。在整合了关于企业社会责任的各种观点后，他提出了

① DRUCKER P F. The Daily Drucker [M]. New York: Harper Collins, 2009.
② KANTER R M. Global competitiveness revisited [J]. Washington Quarterly, 1999, 22 (2): 37 - 58.

关注组织机构对其所运营环境形成正负面影响的社会绩效模型。在该模型中，卡罗尔为回避"责任"一词而选用"绩效"来替代，既避免了"责任"一词所暗含的道德动机，也表明模型中的变量需要准确计量。

企业社会绩效三维模型由企业社会责任、社会议题和企业社会回应三个维度构成。其中，企业社会责任维度可分为经济、法律、道德和慈善四个领域，分别代表企业应肩负的盈利、守法、维护道德标准以及慈善等方面的义务；社会议题维度将企业应关注的领域分为消费、环境、歧视、产品安全、职业安全以及股东六个方面；企业社会回应维度则包括了企业的反应、防御、调节和行动四种社会回应类型。若将以上三个维度矩阵化后，可形成 96 个单元（见图 2-1）。

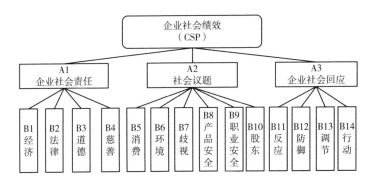

**图 2-1 卡罗尔构建的企业社会绩效三维模型**

资料来源：CARROLL A B. A three-dimensional model of corporate performance [J]. Management Review, 1979, 4 (4)：497-505.

这个企业社会绩效三维模型的提出，其初衷涉及两个方面：一是可据此指导企业的责任践行实践；二是用来对践行结果进行量化与评价。然而，该模型虽然从管理者视角将社会责任的各方面整合在一起，却仍未能全面反映出企业这一社会角色的复杂性，而且缺失了最为关键的结果变量。企业与社会不能截然分离，两者由企业的社会责任紧密联系在一起。利益相关各方都期望企业能够主动参与到社会议题中来，并提供资源助力社会难题的解决。因此，企业社会绩效是由企业社会责任原则、社会回应过程、政策及具体实施项目，以及可计量结果等一系列相关元素所构成的组合。① 为了使社会绩

---

① WOOD D J. Social issues in management：theory and research in corporate social performance [J]. Journal of Management, 1991, 17 (2)：383-406.

效模型更具实践性，还可将组织机构、利益相关者和社会议题等方面的管理理论融入其中。

经学者们多次的修订和补充，最终得到广泛认可的社会绩效模型框架由三部分构成：社会责任原则、社会回应过程、绩效结果及影响。其中，社会责任原则被描述为合法性、公共责任，以及经理人自由裁量权；社会回应过程由环境评估、利益相关者和公共事务管理构成；绩效结果及影响则包括了对人群和组织机构、对自然环境，以及对社会体系和组织机构自身的影响（见图 2-2）。不过，学者们构建的社会绩效模型，虽有助于澄清与说明企业在社会议题方面的投入及其影响和结果，但终因未经广泛的实证检验而在实践中存在着不接地气的问题。此外，企业社会责任倡导者们试图证明企业社会绩效能够提升财务绩效的努力，一直未能得到确切结果，可能也在某种程度上与所依托的企业社会绩效模型适用性不强有关。

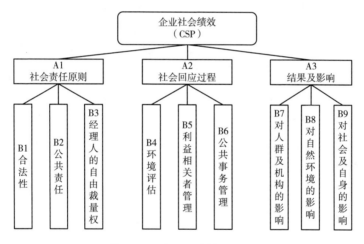

**图 2-2　企业社会绩效模型**

资料来源：WOOD D J. Business & society [M]. New York：Harper Collins, 1994.

基于以上分析，企业社会绩效可定义为，"是企业关注于对社会、利益相关各方以及自身形成影响和后果的一类业务活动"。

## 二、CSP 和 CFP

毋庸讳言，财务绩效始终是企业最基本的目标，也是企业产生、存在和发展的基本理由。① 虽然企业社会责任的拥趸们坚持认为，履责行为会为企业带来丰厚的经济回报，但从管理、营销、金融等学科在此领域展开的研究结果来看，尚需要更多的论据证实。

### （一）两种绩效正向关联

在过往研究中，以利益相关者、合法性以及核心竞争力等理论作为依托的大部分研究结果都表明，企业的社会绩效与财务绩效之间存在着互为促进的正向关联。其中，依托利益相关者理论的研究认为，企业通过平衡利益相关各方间的需求来提高各方满意度，从而提高了财务绩效；反之，如果企业没有满足股东以外其他利益相关各方的期望，风险溢价会提高，被抵制和官司缠身等负面事件发生的概率也会增加，其后果将是运营成本的上升或盈利机会的丧失，最终会消极影响到财务绩效。

2018 年，三位意大利学者联合发表的一项研究成果引发关注：他们采用 998 家美国公司 2003～2015 年的数据，形成了由 12 844 个观察样本组成的平衡数据面板和一个由企业多项履责指标形成的标准化绝对指数（将时间和行业包括在内，并考虑到了滞后及非线性关联等可能性），且兼顾了市场和会计两套指标体系。② 结果表明，若基于市场价值指标，所有社会责任领域的履责行为无一例外地显著提升了股东总回报，并降低了财务风险，且适用于所有行业；若基于会计指标，此种正向关联也存在，只是显著性略低，且行业间也呈现出了一定程度上的显著差异。例如，对于石油与天然气行业来说，两种绩效间的相关性更为显著，这可能是因为该行业一直以来都是政府和非政府组织最为关注的目标。

即便在"两种绩效间存在着正向关联"的观点中，也存在着微小分歧，因为研究者们还希望能够进一步确定：两种绩效，孰因孰果。例如，孔龙和张鲜华（2012）基于中国资本市场的数据，对样本公司当年的财务绩效与其前一年和后一年的社会绩效分别进行了检验。结果表明，中国企业的社会绩效和财务绩效之间，存在着正向的交互影响关系，类似于报酬递增的正向协

---

① 龚天平，窦有菊. 西方企业伦理与经济绩效关系的研究进展 [J]. 国外社会科学（京），2007（6）：36 – 42.

② BLASI S, CAPORIN M, FONTINI F. A multidimensional analysis of the relationship between corporate social responsibility and firms' economic performance [J]. Ecological Economics, 2018, 147 （5）：218 – 229.

同效应，即企业良好的社会绩效与其未来的财务绩效之间存在着超前—滞后的关联性；与此同时，企业财务绩效状况足够良好，才可能有富余资源用来改善自身的社会绩效。

综上所述，从学者们在该领域长达半个多世纪的研究来看，大多数结论还是比较乐观的，即无论社会绩效与财务绩效之间存在着多少种调节变量，两种绩效是正向关联的。而且，并没有令人信服的证据表明，良好的社会绩效必将成本过高，但的确有证据表明，企业一旦发生对社会不负责任的行为，代价必然高昂。

### （二）两种绩效负向关联

也有相当一部分学者基于权衡假说和管理机会主义假说，认为企业的社会绩效与财务绩效之间存在着负向相关。其中，权衡假说，就是著名的"生意就是生意"观点，认为履行社会责任会使企业处于竞争劣势，因为为提升社会绩效而增加的支出会显著降低企业的财务绩效，进而导致社会绩效与财务绩效之间呈现负的关联性，特别是在与不履责的竞争对手相比较时，这一点尤为明显。另外一种假说即管理机会主义则认为，当财务绩效良好时，经理人往往会减少履责支出以求变现，从而增加自身的短期收益；与此相反，当财务绩效不理想时，管理层反而更有可能高调参与社会活动，以此证明财务绩效不理想是由高昂履责成本造成的。

有学者认为，导致此种负向关联的结果还可能源于相关研究所覆盖的时间跨度还不够长：短期内，两种绩效间确实可能存在着负向相关，但如果将样本公司放在更长的时间区间内观察，最终结果可能会由负转正。①

### （三）两种绩效间的关联微不足道

除了正相关与负相关，还有一种观点认为，两种绩效间有可能根本无关联可言，因为在两种绩效关联性的相关研究中，两种绩效间的变量太多，而一旦增删某个变量，本来存在的相关性便会消失。在已有的研究中，行业性质及风险、企业规模、资产年限、研发投入，甚至管理水平、市场营销密度等诸多因素，都曾被不同频次地使用过。据马戈利斯等（Margolis et al.，

---

① LI D. LIN H, YANG Y W. Does the stakeholders-corporate social responsibility（CSR）relationship exist in emerging countries? Evidence from China [J]. Social Responsibility Journal, 2016（1）: 147 – 166.

2007）的统计可知，在 61 项相关研究中，曾经出现过的解释变量竟达 30 余种。

持此种观点的学者们认为，尽管过往研究所依托理论、采取的视角或研究方法不尽相同，但都基于相同的研究假设，即"两种绩效间存在着正向关联"，对其加以验证，从而得到假设通过或不通过验证的结果。然而，此种相关性假设，并不是基于理论推导而来，更像是相当一部分学者和企业社会责任理念拥趸们一厢情愿想当然的结果。①

以李等（Lee J，Graves S. B. & Waddock S，2017）的研究为例。他们认为，履责可能带来的好处会与履责成本相抵消，最终使履责企业在财务绩效方面的表现，并不会比不履责企业更好，或更糟。他们通过梳理先行学者的研究成果，提出了一个大胆的假设：在企业的社会绩效与财务绩效之间存在着的关联微不足道（或称为"中性"）。采用葛天娜和福尔杰（Cortina & Folger，1998）构建的零关联验证法，几位学者以跨度长达 15 年（1991～2005年）的 12 294 个美国公司作为观察样本，经过时间序列—横断面回归分析，最终证实了这个假设。而且，无论是从特定单个企业来看，还是从不同行业来看，企业的社会绩效和财务绩效之间的关联性在两个层面上都是微不足道的。

当然，三位学者也指出，两种绩效间存在着的关联微不足道，并不意味着企业履责徒劳无益。相反，他们认为，此结果恰恰印证了利益相关者理论，即"至少从可预测到的长期来看，企业绝不会因为自身符合伦理道德的行为而受到惩罚"。此外，他们通过研究还发现，虽然履行社会责任并不一定能够提升财务绩效，但也没有证据显示，履行社会责任会产生额外的成本。由此，他们建议企业经理人，在面对社会责任决策时，不要犹豫选择做或不做，而是应好好思考，该如何去做。而且，履责的最佳方式是将责任践行与自身的商业模式结合起来。

### （四）两种绩效呈"倒 U"型关联

企业在不同的行业和环境中运营，因组织结构和管理方式的不同而造成性质各异。针对两种绩效间是否存在关联的研究，得出了正向、负向甚至中

---

① ZHAO X, MURRELL A J. Revisiting the corporate social performance-financial performance link: A replication of Waddock and Graves [J]. Strategic Management Journal, 2016, 37 (11): 2378-2388.

性的结论，并不值得大惊小怪。但这种不确定的结果也可能说明，两种绩效间存在着更为复杂的机制，并非简单的线性关联。

学者们通过详尽梳理相关文献后发现，大多数研究都是在两种绩效之间存在着线性关联假设的基础之上实施的。① 换句话说，所有履行社会责任的行为都被假设为会对企业绩效产生相同方向，甚至相同强度的影响。他们对这种假设的合理性提出了质疑，认为其中的很多问题并未得到解答，并用股东价值作为财务绩效的代理变量，以企业核心特征和营销能力作为调节变量，最终得到两者间存在"倒 U"型关系的结论。也就是说，企业良好的社会绩效确实能够正面驱动股东价值的提升，但此种履责投资一旦超过某个平衡点，就会对股东价值产生截然相反的负面效应。不过，市场营销能力强的企业，可能是例外。

此研究的意义在于，它从另一个侧面验证了资源基础理论，即企业拥有的有形和无形的异质性资源是企业持续竞争优势的源泉。但因资源有限，对于企业经理人来说，责任践行投资并非越多越好，在达到某个转折点后，再多的投资非但不利于财务绩效的提升，反而有损于股东价值。只是，若企业市场营销能力足够强大，履责会大幅度提升企业的形象和声誉，进而有利于企业的日常运转和市场营销，最终使企业免于此种负面效应的影响。

基于以上分析可以看出，从企业的异质性和外部影响因素去理解企业社会绩效对自身财务绩效所形成的影响，是一项异常艰难的任务。因此，哪怕学界经过多年来的不懈探究，两者间的关系到底怎样似乎仍是一个悬而未决的问题。学界对于两种绩效间是否存在关联一直无法确定的原因，给出的解释是：过往的研究或多或少存在着理论或方法论上的缺陷，也存在着样本量不足、未能兼顾制度性差异变化所产生的深刻影响等诸多问题。② 具体来说，首先，学界对于如何评价企业财务绩效尚未达成共识。市场指标和会计指标虽有关联，但关注焦点不同，前者代表的是市场对企业经济潜质以及管理水平的评价，侧重于未来预期；后者则是对企业经济生命的量化，更多是对企业过往表现的回顾。其次，对于如何计量社会绩效则存在着更多的争议，特别是在多维结构中，对社会绩效（或履责结果）的系统计量至今缺位。如前

① SUN W, YAO S, GOVIND R. Reexamining corporate social responsibility and shareholder value: the inverted-u-shaped relationship and the moderation of marketing capability [J]. Journal of Business Ethics, 2019, 160 (4): 1001-1017.

② 李纪明. 资源观视角下企业社会责任与企业绩效研究 [D]. 杭州：浙江工商大学, 2009.

所述，若代理变量不能准确描述企业社会绩效的内涵，最终不可能充分解释命题。此外，企业社会责任发展至今，如何定义尚且观点各异，更不用说在其理论基础和概念框架方面存在着多少分歧了。由此，要搞清两种绩效之间的关联，依然任重而道远。

## 第三节　CSR 践行，是在做正确的事吗？

在企业社会绩效与财务绩效之间的关联一直难以确定的背景下，为克服以往研究在样本选择和计量误差等方面的不足，自 20 世纪末起，学者们开始尝试运用元分析展开相关研究。于是乎，在企业社会绩效与财务绩效之间存在着的一个调节变量，即企业声誉逐渐显现出来。截至目前，可以确定的是，只要企业在做正确的事，就可能通过提升企业的形象与声誉，提升企业的财务绩效。

### 一、动机归因与利他信号

可以说，企业社会绩效涵盖的每一个维度都代表着企业履责的某一种动机。由此，越来越多的企业社会责任研究开始依托归因理论，探讨公众究竟如何对企业的履责行为进行归因，进而推断企业履责行为背后的动机，这将决定着公众如何感知企业的履责行为、对企业的信任程度如何，以及对企业履责行为的评价，这都关系到企业的声誉，而声誉对于企业的重要性，毋庸置疑。[①]

归因理论（attribution theory），首次出现于弗里茨·海德（Fritz Heider）于 1958 年出版的《人际关系心理学》一书中。[②] 海德认为，每个社会人都拥有两种强烈的动机需求：一是理解环境，即对周遭环境形成自己相对稳定的看法；二是控制环境，即在形成稳定看法后，对周遭环境拥有一定的控制。为满足这两种需求，人们会对他人的行为进行归因，通过归因预测他人的行为，以此来满足自身"理解环境和控制环境"的需求。然而，与心理学家不

---

① 李延喜，吴笛，肖峰雷. 声誉理论研究述评 [J]. 管理评论，2010，22（10）：3-11.

② HEIDER F. The Psychology of Interpersonal Relations [M]. New York：Wiley，1958.

同的是，普通人虽试图解释他人行为中的因果关系，但却因缺乏相对科学的方法，更多依赖的是主观臆断和内心自省。

随后，海德的归因理论经琼斯（Jones E. E.）和戴维斯（Davis K. E.）两位学者的扩充与发展，在 1965 年发展成为对应推论理论（correspondent inference）。此理论主张，从行为及行为后果中可以大致推测出行为人的意图和动机。若能够知道其行为的真正目的，就有把握推断其人格。1967 年，凯利（Kelley H. H.）提出了一个更为全面而严密的逻辑分析模型——三维理论（cube theory），对人们的归因过程做出了更为细致和合理的解释。需要指出的是，三维理论中的若干归因原则（共变分析、因果关系图解、折扣原则、扩大原则、复杂必要原因和补偿原因等）均被有效地应用于理解公众对企业履责实践的归因之中。以折扣原则为例：负面事件发生后，企业的任何履责行为，其动机往往会被视为修复企业受损的形象，造福社会的善意初衷则会被大打折扣。事实上，人们在归因时并非总是保持理性，很可能会为了"节省体力"而抄近路。① 因此，个体的认知很可能会受到有限理性、过程理性和适应性理性等特征的限制。

那么，常见的公众对企业履责动机归因有哪几种呢？有归为以自我为中心（利己）和以他人为中心（利他）两大类的；也有将其分为经济责任、积极责任和消极责任三大类的；还有归为完全利己、主要利己而部分利他、主要利他而部分利己以及完全利他四大类的。

在探寻公众对企业履责动机归因的研究中，有几项研究结果格外耐人寻味：1998 年，韦伯和莫尔（Webb D. J. & Mohr L. A.）两位教授针对当时方兴未艾的事业关联营销（cause-related marketing）展开了研究。事业关联营销，是企业在履行社会责任（如慈善捐款、保护环境和救济扶贫）的同时，试图借助舆论影响进行广告宣传，以期改善企业形象，提升品牌知名度，增强顾客忠诚度，最终提高销售额的营销形式。他们在对 48 人次进行了深度访谈后发现，有 1/2 的受访者将企业履责归因于提高自身的销售额或利润，但另外 1/2 则归因于利他动机。

在时隔近十年之后的 2006 年，埃伦等（Ellen P. S. et al.，2006）发起了另一项更为开放的问询式调查。对于企业履责的动机问题，受访者共给出了

① BAE J, CAMERON G T. Conditioning effect of prior reputation on perception of corporate giving [J]. Public Relations Review, 2006, 32（2）：144 – 150.

17 种不同的回答，最终可归纳为以他人为中心（利他）、以自我为中心（利己）和双赢（既利他又利己）三大类。通过因素分析，学者们将这些回答进一步归纳为以自我为中心的战略动机、利己主义动机和利益相关者驱动下以价值为中心的其他动机。与以往的研究结论不同，受访者们一致认为企业履责的动机比较复杂，而且，当被归因为战略动机和价值驱动时，公众对企业的履责行为评价最为正面和积极。因为在他们看来，只有这样，企业才可能同时为自身生存和社会需求两个主旨服务。随后的研究也证实了这一点：公众更愿意相信，企业的履责行为是其道德观的体现。即便是价值驱动，也是一种积极的履责动机，是从为自我服务到为社会服务、从为企业自身服务到为公众服务的一种自然延续。

越来越多的研究表明，当消费者对企业履责表现的评价为积极且良好时，会直接正面影响到消费者对于产品价格的敏感程度、对竞争对手产品的反应，以及企业投放的广告效果，并最终影响到消费者的购买决策。除了此类交易益处之外，学者们还发现，在品牌管理领域里，履行社会责任活动也有助于品牌权益（brand equity）的形成，塑造差异化品牌形象，从而在品牌与消费者之间形成宝贵的无形纽带和情感，还会形成积极的口碑传播（word-of-mouth，WOM）效应。① 消费者在向他人宣传企业的履责行为时，还会帮助企业抵制一些负面信息。此外，企业履责行为还能够增加公众对企业的组织认同感，进而形成一种关系益处（relational benefits）。当企业为提升社区和全社会的福祉而有所行动时，消费者在赞赏此种行为的同时，也觉得自身与企业形成了一种密切联系，甚至还能够达成自我的完善与提升。不过，也有实证研究结果表明，无论是何种形式的社会责任活动，公众一旦对企业履责动机形成怀疑，就会对企业价值产生负面影响，特别是当负面事件发生之后。

## 二、责任践行与企业声誉

什么是企业声誉？克莉丝汀（Christine K.）在其 2013 年发表的《金融危机对社会责任的影响及对声誉风险管理的启示》一文中写道："声誉是利

---

① HONG S Y. RIM H. The influence of customer use of corporate websites：corporate social responsibility，trust，and word-of-mouth communication［J］. Public Relations Review，2010，（36）4：389 – 391.

益相关者在一段时期内对企业的总体评价。此评价源于该利益相关者对企业行为的感知，包括在与企业沟通过程中以及在与企业同行竞争者进行比较后形成的印象。"根据声誉研究所[①]的研究可知，在企业声誉的七个维度（公司治理、工作环境、企业公民实践、财务绩效、领导力、产品及服务以及创新精神）里，至少有三个与社会责任理念相重合。因此，从这个角度来说，声誉是企业不得不关注社会责任的重要动因之一。

企业声誉是如何得到维护和提升的？企业的各种责任践行行为会向不同的利益相关者传递出不同的信号：一方面，企业要依赖主要利益相关者（包括员工、供应商、股东和消费者）得以持续经营下去，因此，一般针对主要利益相关者的履责行为往往是实质性的；因主要利益相关者也愿意在未来与企业进行更多的优势交换，因此形成交换资本。另一方面，因次要利益相关者（包括运营其中的社区、自然环境和监管机构）的影响力有限，企业往往更可能采取象征性的履责行为。然而，只有被次要利益相关者解读为利他的履责行为，才可能形成道德资本。至此，企业获得的交换资本与道德资本共同构成了社会资本。因社会资本兼具公信力和合法性，已有的企业声誉水平借此而得到进一步的提升。当然，随着时间的流逝与周遭环境的变化，企业还需持续调整自身的履责行为与策略，使声誉能够得以循环往复地螺旋上升。图 2-3 中的"基于利益相关者的企业声誉模型"将有助于理解此过程。

那么，作为企业声誉评价主体的利益相关各方，在信息不对称的情况下解读企业的履责行为时，会对哪些因素着重加以考量呢？学界对此的研究结果表明，"个性"、规范遵从、技术效率与关联地位是最重要的考量因素。首先，利益相关者相信，只有保持一贯良好履责记录的企业，其"个性"才是诚实、可靠和值得信赖的。[②] 其次，利益相关者会在同一行业中对不同企业进行规范遵从（包括象征性遵从）比较，根据不同的遵从程度赋予相应的企业声誉。再其次，利益相关各方还会综合考虑企业的财务绩效以及产品或服务质量，对企业包括在社会责任方面的投资进行评价，这也是声誉形成的重要基础要素，即技术效率。最后，关联地位也是一个不容忽视的因素，特别是

---

① 声誉研究所，是由查尔斯·法布朗（Charles Fombrun）和赛斯纳·瑞尔（Cessvan Riel）于 1997 年共同创建的全球声誉咨询机构。

② LOVE E G, KRAATZ M. Character, conformity, or the bottom line? how and why downsizing affected corporate reputation [J]. Academy of Management Journal, 2009, 52（2）：314-335.

当利益相关者对企业特性或经营内容不甚了解时，会依据其合作伙伴、顾客或供应商的"口碑"，对企业声誉做出推测性的判断。

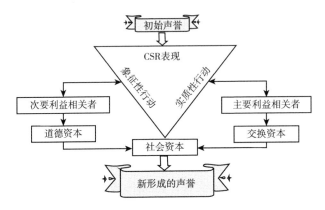

**图 2 - 3　基于利益相关者视角的企业声誉模型**

资料来源：张鲜华. 社会责任表现对企业声誉的影响研究——来自 A 股上市公司的经验数据 [J]. 兰州学刊，2012（12）：99 - 102.

## 三、责任践行与声誉管理

　　从声誉管理的角度来看，企业的履责行为要能够提升企业声誉，需具备以下四个特征（见图 2 - 4）：首先，此类行为要有价值，体现在能够为企业创造商机或规避企业可能面临的风险；其次，履责方式是独特而不常见的，不是同行业中其他竞争对手都在实践的；再其次，履责的形式具有不可仿效性，其他企业很难简单照搬模仿；最后，是不可替代性，即很难找到能够取得同等效果的履责行为。[①]

　　值得欣慰的是，由于更多的情境元素被融入社会责任和声誉管理的研究中，使该领域的相关研究成果也更加深入与细化。其中，有一种观点认为，企业的履责行为本身就需要策略化以便于"识别"，使利益相关者能够感受到自身价值观与企业价值观的契合，进而提升企业声誉。[②] 与此同时，也有

---

　　① BARNEY J. Firm Resources and Sustained Competitive Advantage [J]. Journal of Management, 1991, 17（1）：3 - 10.

　　② 刘凤军，李敬强，李辉. 企业社会责任与品牌影响力关系的实证研究 [J]. 中国软科学, 2012（1）：116 - 132.

研究表明，良好的履责表现和企业声誉之间，存在着复杂的双向协同演进关系。当负面事件发生时，企业维护的良好形象更容易成为利益相关各方（特别是媒体）的"靶子"，企业声誉也更容易受损。

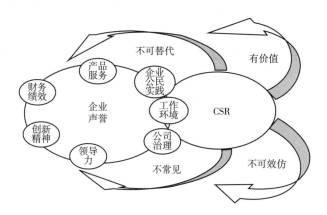

**图 2 - 4　提升企业声誉的履行社会责任行为特征**

资料来源：孔龙．基于声誉视角的企业社会责任实施策略研究［J］．技术经济与管理研究，2014（9）：42 - 47.

当然，在企业社会责任和声誉管理领域还有诸多尚需解决的问题。例如，多个利益相关者的叠加反应还需进一步细分，毕竟单个利益相关者对某一类履责行为的反应，并不能够简单等同于其他利益相关各方对不同类型履责行为的反应。又如，需运用创新的研究方法，较好地解决变量不匹配（对于企业声誉，至今还没有被普遍接受的代理变量）、解释命题不充分等问题，真正突破声誉及履责数据信息可得性的限制。再如，还需要对社交媒体投以更密切的关注，特别是网络意见领袖在推动企业履行社会责任和提升（补救）企业声誉过程中的作用。

## 第四节　CSR 践行，可在战略层面实现吗？

如果说，早期的企业社会责任领域研究已为企业履责找寻到了动因，那么，发展至今，该领域迫切需要解决的是企业应当如何有效履责。对企业履责的早期实践检验结果表明，首席执行官（CEO）所热衷的履责行为往往与企业战略毫无关联。以该领域内最常见的三种"招牌动作"为例：制定职业道德准则，侧重于规范员工的个人行为；披露社会责任报告，侧重于提高信息披露的透明度；参与慈善捐赠，则难免有自我粉饰之嫌。① 针对企业虽付出大量努力却不能取得预期效果的情况，其原因在于未能从企业战略角度考量履责实践，只有战略性履责才能促进企业成功与社会进步的相辅相成。

## 一、社会契约与信息披露

如前所述，企业良好的履责表现有助于正面提升自身声誉，但需要具备两个前提条件：其一，企业自身在社会责任领域所付出的努力，要与其取得的良好声誉相匹配；② 其二，利益相关各方能够便利地获取企业履责方面的信息。③

企业为什么会自愿披露履责信息？合法性理论对此已做出了充分的解释。自 1995 年萨奇曼（Suchman M. C.）将该理论引入组织与企业行为研究中，学界普遍认为，企业与其所处的社会环境之间存在着不成文的"社会契约"，包括强制执行的法律体系和基于道义的社会判断，只有依照契约运营的企业，其经营活动才被利益相关各方视为"合法"。当企业行为与社会价值体系之间存在着实际或潜在的不一致时，便会出现合法性缺口。缺口一旦出现，企业需要采取积极的补救措施④，定期公开披露信息就是一种重要措施。尤其是当企业处于公众和媒体的关注之下时，或是当企业面临诉讼、罚款以及主要利益相关者的压力时，企业更会增加以正面信息为主的信息披露数量，尤以社会责任信息为甚。当企业通过披露社会责任信息与利益相关者进行交流时，声誉良好的企业所发布的履责信息，往往会与公众对企业的感知相一致，履责行为的动机也不容易被质疑；与此相反的是，声誉不佳的企业对外披露的信息和行为背后的真实意图，则可能招致更多的怀疑和不信任。

---

① DAVIS K. Five Propositions for Social Responsibility [J]. Business Horizon, 1975, 18 (3)：19 – 24.

② GRAAFLAND J J, EIJFFINGER S C W, SMID H. Benchmarking of corporate social responsibility：methodological problems and robustness [J]. Journal of Business Ethics, 2004, 53 (1/2)：137 – 152.

③ 沈洪涛，王立彦，万拓. 社会责任报告及鉴证能否传递有效信号？—基于企业声誉理论的分析 [J]. 审计研究，2011 (4)：89 – 95.

④ CUGANESAN S, GUTHRIE J, WARD L. Examining CSR disclosure strategies within the Australian food and beverage industry [J]. Accounting Forum, 2010, 34 (3)：169 – 183.

在全球范围内，社会责任信息披露领域已呈现出了显著的变化趋势①，特别是在新冠肺炎疫情发生后，全球 CEO 们面临的风险和首要关注因素发生了明显变化，已将人才风险视为对增长威胁性最大的风险之一，防止关键职员流失并吸纳专业人才对未来企业绩效具有举足轻重的影响。同时，疫情也让 CEO 们进一步审视企业的社会贡献和企业宗旨。随着对环境、社会、治理（ESG）愈发重视，灵活工作安排和数字化转型等趋势的加速发展，其关注点已发生了显著变化。

此次调查显示，1/3 的 CEO 对未来三年全球增长前景的乐观态度降低，但中国 CEO 们对本国经济和企业发展前景的看法相对稳定。3/4 的中国 CEO 表示将重新思考全球供应链布局，更敏捷地响应不断变化的客户需求、提高供应链应对自然灾害的能力、靠近客户是企业布局供应链的首要考量因素。此外，疫情推动了 CEO 对于企业宗旨与 ESG 相关议题的关注：90% 的中国 CEO 表示将进一步满足员工、社区、合作伙伴、投资人等各利益相关者的需求，显著高于 77% 的全球平均水平。

## 二、合法性与信息披露策略

依据合法性理论可知，企业披露社会责任信息的动机可分为获得合法性、维护合法性以及修补合法性缺口三种。不同的披露动机会导致企业在披露信息程度上的差异，所采用的披露策略也相应地有所不同。② 从毕马威每三年进行一次的全球社会责任信息披露调查结果来看，对环境和社会影响较大或公众关注度相对较高的行业，往往也会披露相对多的履责信息。这可能是因为不同行业对公众的合法性预期有着不同的理解，同时，各行业对利益相关各方的依赖度、与终端消费者的接近度、对社会或自然环境潜在破坏度以及产品或服务的差异度也有所不同。这导致了各行业在公众关注度上的不同，也进一步导致了企业在披露社会责任信息的动机、程度与策略等方面存在着

---

① 自 1993 年以来，毕马威每三年在全球范围进行一次企业社会责任信息披露调查。2017 年的调查，是 10 次调查以来范围最广的一次，涉及了 49 个国家的前 100 强，共计 4 900 家上市公司。2020 年新冠肺炎疫情对全球经济带来了巨大影响，毕马威对全球 CEO 先后开展了两次调查，一次在疫情刚开始的 1~2 月份，另一次在 7~8 月份。

② O'DONOVAN G. Environmental disclosures in the annual report: extending the applicability and predictive power of legitimacy theory [J]. Accounting, Auditing and Accountability Journal, 2002, 15 (3): 344 – 371.

显著差异。

从企业社会责任角度对行业进行分类的方法有两种：一种是罗伯茨（Roberts R. W., 1992）依据"在消费者中的知名度""政治风险""行业竞争激烈程度"等原则对行业进行的分类；另一种是坎贝尔等（Campbell D. et al. 2003）依据主营产品或服务可能对消费者造成的健康损害或消极社会影响程度，将企业细分为社会责任公众关注度高、中和低三大类。哪怕在同一行业中，由于各子行业最终产品或服务的不同，其社会责任公众关注度也存在着差异，面临的合法性担忧也不尽相同，最终导致企业可能采取的应对措施也大相径庭。例如，基于我国食品饮料业 A 股上市公司的样本与数据进行的实证检验结果表明，社会公众关注度高的子行业的确披露了相对多的履责信息，而且，此类子行业更愿意采用"不良"披露策略的"动机"已初露端倪。①

1994 年，林德布鲁姆（Lindblom C. K.）实施了迄今为止最为著名的企业社会责任信息披露策略研究。他将企业采用的相关信息披露策略分为四种：第一种是实质性改变策略，即为遵从主流社会的合法性预期，企业实质性地改变了自身的目标和经营活动，并将此种改变"昭告天下"；第二种是企业自身并未发生实质性改变，但会竭尽全力尝试改变利益相关各方对企业的看法；第三种是企业非但没有实质性地改变自身，还试图通过转移外界各方的注意力，以期操纵利益相关各方对企业的看法；第四种是企业怀有改变主流合法性预期的"野心"试图将自身的价值取向上升为合法性象征。② 研究结果表明，社会责任公众关注度高的行业，往往更倾向于采用四种披露策略中除第一种之外的其他三种策略，供应链相对较长的行业更会如此。

## 三、犬儒主义与践行策略选择

公众并非一开始就对企业履行社会责任的行为表现出负面态度，但企业毕竟是以盈利为目的的组织机构，不可能纯粹利他。即便有少数企业宣扬其高尚的道德标准，并将创造社会价值作为企业的优先选项，但公众依然会将

---

① 张鲜华. 食品安全关键 CSR 议题的信息披露研究——基于食品行业上市公司网站的内容分析 [J]. 兰州商学院学报，2012（1）：76-82.

② LINDBLOM C K. The implications of organizational legitimacy for corporate social performance and disclosure [C]. Critical Perspectives on Accounting Conference, New York, 1994.

其履行社会责任的举措解读为营销手段，并不一定认可其社会责任投资的价值。特别是，当公众通过媒体了解到一些企业的会计舞弊、"漂绿"做法、商业丑闻、苛刻裁员和高得离谱的高管薪酬等负面信息后，难免会对商业环境形成负面看法，对企业行为产生普遍的不信任情绪，进而会对企业履行社会责任行为的动机产生怀疑。而且，当人们对某一特定企业产生消极态度后，这种情绪还容易附加给所有的企业，且会在更广泛的人群中传播。

此种负面情绪迅速蔓延的另一个重要原因是，随着技术进步，公众获取信息的技术手段、方式和方法越来越多样。面对良莠不齐的广告宣传和市场信息，公众开始保持警惕，并开始持有越来越深的怀疑态度，尤其是当消费者得知企业的广告费用已远远超过了企业在履行社会责任方面的花销时，他们对企业履责的诚意更容易产生怀疑和否定。

不过，通过回望企业社会责任的发展历程可以发现，不信任、不满、怀疑主义，以及各种悲观论伴随着该理念的发展，尤其是自 2006 年以来，"社会责任是否已死"的争论，在媒体、国际组织和学界中却有呼声渐高的趋势。① 然而，已引发普遍关注的犬儒主义最具破坏性。对企业社会责任抱有犬儒主义的公众，心态会更消极，其负面效应也更强大。他们对个人、群体、意识形态、社会习俗或制度产生蔑视和不信任，对他人的意图抱有深深的怀疑，最终导致沮丧和幻灭，进而会影响到社会的其他成员使其不再参与组织公民活动（organizational citizenship behavior）。犬儒主义的态度，往往在公众注意到企业试图以利他意图掩盖其利己目的时出现，并会通过参与抵制行动或进行负面口碑传播来满足其惩罚企业的意图。因此，在意识到公众中普遍存在着悲观论甚至犬儒主义时，企业管理者在进行社会责任信息披露时，还需抱有真诚态度参与到沟通过程中去，在倾听利益相关者所关注话题的同时，让利益相关者真正了解企业的经营理念、价值观和文化。公众更愿意相信，企业最终是因为自身的社会投资而得到经济回报。

那么，该如何将社会责任从理念上升至策略性践行层面呢？澳大利亚学者加尔布雷斯（Galbreath J.，2006）曾提出以股东为中心、纯粹利他、互利互惠以及全球企业公民四种可供企业选择的践行策略。此外，企业选择社会责任践行策略是一个持续动态的过程，即便在全球化背景下，处于不同地域的企业，所面对的文化背景、监管环境、非政府组织和适用的全球标准等也

---

① 肖红军，张哲. 企业社会责任悲观论的反思［J］. 管理学报，2017（5）：720 – 729.

千差万别，成为影响社会责任实施策略选择的宏观因素，而影响到社会责任践行策略选择的微观背景条件主要来自企业内外部的利益相关各方。各方相互关联，共同构成了影响企业社会责任践行策略选择的微观背景条件（更详细的内容将在"持续践行篇"中展开）。

# 第五节　CSR = 慈善公益？

迈克尔·波特（Porter M. E. & K' ramer M. R.，2006）认为，企业的社会责任必须与企业战略及企业创新紧密结合起来。最理想的做法是"把社会需求转化成有利于企业盈利的各种机会"，通过参与社会创新来实现社会责任与经营业绩的双赢，绝非"捐钱走人"。

## 一、从"赚钱行善"到"行善赚钱"

正如有学者指出的，如果要保留企业社会责任理念中宝贵的道义成分，而非纯粹的法律遵从，还需要改变人们对企业社会责任的通常理解，对企业社会责任重新定义。[①] 企业履行社会责任，并非摒弃自身使命和主体任务，改"盈利"属性为"公益"或"慈善"，而是秉持"开明自利"原则，通过提供新的产品（或服务），或对生产流程和营销手段进行显著改良参与营造包容稳定的社会、生态和经济环境，从而改善自身的经营方式、现场的组织管理以及对外的各种关系，获得可持续发展的外部优势。例如，当前我国的扶贫攻坚和乡村振兴需要包括企业在内的多个领域主体参与，以应对社会、经济和环境三个维度的发展议题和挑战。在此契机下，具有前瞻性的企业需要实现从"赚钱行善"向"行善赚钱"的价值路径转变，以期促进所在区域的发展，同时，也对社会资本发挥杠杆作用。

从国内该领域的现有研究成果来看，相关的宏观层面阐述已相当充分，但尚需结合中国社会转型发展和公民社会成长的实际，综合运用行政学、管理学、经济学、社会学等多学科成果，探索形成能够释放企业群体能量的实

---

① BERGER-WALLISER G，SCOTT I. Redefining Corporate Social Responsibility in an Era of Globalization and Regulatory Hardening [J]. American Business Law Journal，2018，55（1）：167 –218.

践模式。① 如此一来，对于企业自身发展具有重要意义，也对突破与解决相关的社会问题大有裨益。②

## 二、从"社会责任"到"社会创新"

事实上，直至 20 世纪 90 年代，企业社会责任已开始向企业社会创新发展。不过，目前的成果主要是来自实践者的反思，还缺乏持续的理论争论，以事实来检验理论的重大研究项目更是极度缺乏。不过，企业社会创新领域的理论研究虽远落后于实践的发展，但已得到了全球范围内的广泛接受，甚至被视为一个可能解决金融危机、气候变化、生态过冲、人口爆炸、贫富差距等众多世界性难题的方法。

斯坦福社会创新中心（2014）对何谓"企业社会创新"给出了一个相对权威的定义："社会创新是指，将地球和人类置于首位的新概念和新实践的形成、发展、采纳和整合……致力于解决社会、文化、经济和环境等领域的问题，并通过改变人们的想法、行为以及社会结构，对已出现了问题的系统实施变革……社会创新是由个人、群体或组织机构，在营利、非营利以及公共部门中完成的。"目前，该领域的研究大致集中在三个子方向：期望通过概念、模型和案例，阐明社会创新理论的研究；将社会创新等同于社会责任或社会企业家精神，对其加以补充说明的研究；将社会创新看作组织机构间（营利与非营利组织）建立伙伴关系的研究。此领域的未来研究方向，除了需要尽快在"社会创新"的概念与特征方面取得共识之外，还需要关注来自政治、社会和经济等方面的影响因素，因为社会创新往往与极度贫困、教育、健康和就业等社会问题息息相关。

至此，从以上企业社会责任理念已走过的从 $CSR_1$ 到 $CSR_5$ 的变迁中可以看出，经过众多学者和行业领袖的不懈努力，各界对企业社会责任的定义（或者说基本性质）依然未能达成共识。同时，也未能证明履行社会责任能够提升企业的经济绩效，进而提升企业价值。即便如此，基于对企业声誉、"类保险效应"以及透明度的考量，企业家们对企业社会责任的看点确实已

---

① 纪光欣，刘小靖. 社会创新国内研究述评 [J]. 中国石油大学学报（社会科学版），2014（30）：41－46.

② 周荣庭，解歆韵. "蜜蜂型企业"社会创新维度与模式研究 [J]. 科技进步与对策，2015，32（18）：93－97.

从过去的"可有可无,只是值得拥有"向"企业战略中的优先事项"转变,且加以认真对待,严肃考量。同时,各国政府也在加大监管力度,使履行社会责任从最初企业自愿性的自我约束向政府强制以至立法方向快速转变。

随着企业社会责任理念逐渐成为以负责任方式促进企业可持续发展的战略要素,其过于庞杂且难以量化的弊端日益突出。在联合国责任投资原则组织的推动下,一个更侧重于企业在环境、社会和公司治理等非财务维度方面量化表现的 ESG(由 environmental 环境、social 社会和 governance 治理三个单词的首字母构成)日渐成为 CSR 的可量化代理变量,同时,社会责任投资(SRI)也开始渐入主流。

# 第三章　CSR，ESG 与 SRI

2020 年 5 月 21 日，MSCI 明晟①指数宣布向公众开放近 36 000 只全球共同基金和交易型开放式指数证券投资基金（ETF）的环境、社会和公司治理（ESG）评级，所有人均可登录 MSCI 网站查询基金的 ESG 指标。

——MSCI 明晟指数②

自 20 世纪 70 年代以来，企业社会责任已逐渐成为以负责任方式促进企业可持续发展的战略要素之一。然而，可持续发展进程需要一系列指标来计量，在全球最具影响力的责任投资者网络"负责任投资原则"组织（PRI）③的推动下，ESG 正日渐成为被认可的企业社会责任的代理变量，ESG 因素也日渐被纳入主流投资决策中。那么，什么是 ESG？它与企业社会责任的关系就是简单的代理和被代理吗？渐入主流的社会责任投资（SRI）又是什么，未来发展的前景又如何？

## 第一节　从 CSR 到 ESG

ESG，由三个英文单词 environmental（环境）、social（社会）和 governance（治理）的首字母构成，首次出现在 2004 年 6 月联合国发布的"全球

---

① 明晟（MSCI），是一家关键投资决策支持工具提供商，产品包括指数、投资组合的构建和风险管理产品与服务、ESG（环境、社会、治理）研究和评级、房地产研究、报告和基准。

② 明晟 ESG 评级查询网站地址：https：//www.msci.com/esg-fund-ratings。

③ 负责任投资原则组织（Principles for Responsible Investment Association，PRI），是联合国环境署金融倡议组织及联合国全球契约组织共同发起的一家由联合国背书的国际非营利机构，旨在帮助投资者理解 ESG 各因素对投资价值的影响，支持成员机构将 ESG 因素纳入自身的投资决策，并维护成员机构和成员机构所处经济体的长期利益。

契约"中。现如今，ESG 已常见于各种语境中，但遗憾的是，与企业社会责任理念一样，至今尚未形成各方一致认同的定义。① 不过，虽无普遍认可的定义，但多种定义均聚焦于企业在环境、社会和公司治理三个非财务维度方面的量化表现。具体来说，在环境维度，企业需通过控制污染、投资于提高生态效率的技术、制定环境责任政策等措施，将自身经营活动对气候变化、生物多样性、能源效率、水资源短缺、污染、森林砍伐和废物管理等环境因素的影响降至最低；在社会维度，企业有责任保护自身运营其中的社会生态系统，通过关注劳动标准、性别平等和多样性、员工福利及社区关系，实现政治、道德、文化和生态的全面发展；公司治理维度因与投资者利益密切相关，与前两个维度相比，引发关注较早，已成为解决管理层与股东间冲突的重要手段，涉及企业在内部控制、风险管理、信息对称和透明、商业道德和股东权益等方面的作为。简而言之，ESG 是指环境、社会和治理三方面的要素，常与传统经济/财务指标相整合，用以评价投资的可持续性。②

若将 ESG 与企业社会责任联系起来，正如马可波罗斯等（Markopoulos E. et al.，2020）描述的那样，两者间存在着协同并互动的关系（见图 3-1）。在此协同关系中，"企业"（corporate，C）是指任何正在实践战略、管理、领导和运营的企业，当然还涵盖该企业所崇尚的价值和文化维度；"责任"（responsibility，R）是指企业在其内外部建立的管理层与雇员、经理人与董事会、董事会与股东，以及自身与顾客等之间的关系；"治理"（governance，G）则包括所有与权利的行使、决策的达成、利益的冲突和战略的管理等方面相关的实践和流程；"环境"（environment，E）可以被理解为企业运营其中的整体商业环境，或在 ESG 理念下的生态、经济和对地球友好视角的集合；"社会"（social，S）维度是 ESG 和 CSR 的各维度均可运行其中的系统枢纽，是企业得以取得附加价值、实现长期获利和获取同行与市场认可的共同出发点。虽然其中难免也涉及雇员与经理人之间的关系、自身与社会之间成文或不成文的契约，以及对政府目标的法律遵从，但更多是为了获得全社会认可，进而成为企业创新的标杆。

---

① BASSEN A, KOVACS M. Environmental, social and governance key performance-indicators from a capital market perspective [J]. Journal of Business Ethics, 2008, 9 (2)：182-192.

② VAN WIJK R, JUSTIN JP, MARJORIE A. Inter-and intra-organizational knowledge transfer：a meta-analytic review and assessment of its antecedents and consequences [J]. Journal of Management Studies, 2008, 45 (4)：830-853.

同时，如图 3 - 1 中的圆环所示，基于各组成部分相加之和大于整体的原则，从 ESG 和企业社会责任协同创造价值的角度来看，以企业为代表的组织机构通过整合长期价值创造要素，全面提升自身的盈利能力、收益和产出，最终形成价值协同效应。

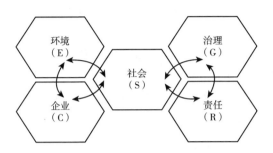

**图 3 - 1　CSR 与 ESG 的协同关系示意图**

资料来源：MARKOPOULOS E, KIRANE I S, GANN E L, VANHARANTA H. A democratic, green ocean management framework for Environmental, Social and Governance（ESG）compliance［C］. In International Conference on Human Interaction and Emerging Technologies. Springer, Cham: 2020.

# 第二节　ESG 计量、评级及指数

由于可持续发展和企业社会责任等理念所涉及的语境过于宽泛，如何对其绩效进行计量可谓挑战性十足。不过，学界的探索和尝试一直没有停止过，并一直努力跟上责任投资实践的演化步伐，遵循以 ESG 为中心的投资价值链（见图 3 - 2），做出了理论研究方面的有益尝试。

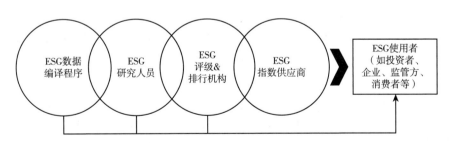

**图 3 - 2　以 ESG 为中心的投资价值链**

资料来源：ESCRIG-OLMEDO, Elena, et al. Rating the Raters: Evaluating How ESG Rating Agencies Integrate Sustainability Principles［J］. Sustainability, 2019, 11（3）: 915.

## 一、ESG 计量

自 20 世纪 90 年代初期开始，责任投资一般采取负面筛选的方法，即淘汰不道德或不负责任的企业，ESG 计量指标则在其中起着过滤器的作用。形成于彼时的第一代 ESG 指标一般为二进制代码（如初级版的 KLD[①] 评分），只能粗线条地判断企业运营是否符合相应的可持续标准。毫无疑问，这一代 ESG 指标存在着高度主观、缺乏一致性，且披露方法不尽完善等问题。[②] 此外，虽然负面筛选作为一种排除性责任投资策略，可视为对非道德企业的惩罚，但此种做法距离投资者希望实现自身的可持续发展愿望还很遥远。[③] 随后，ESG 指标进入了正向筛选（或推选最佳实践）阶段的发展。不过，基于二进制的 ESG 指标，在责任投资实践中"惩恶扬善"，总是显得捉襟见肘。于是，经过演化的第二代 ESG 指标体系，由二进制代码扩展成为一个能够划分绩效所属区间的评分模型。该模型除了评定总得分之外，还给每个维度均设定了得分标准及相应的权重。

责任投资领域的理论研究，往往会同时采纳第一代和第二代 ESG 指标作为可持续发展绩效的代理变量：有的会直接选取 ESG "原始"指标，即每个 ESG 维度的得分或多个维度的总得分；有的则会间接采纳已被某个责任投资指数深度加工过，或已用于责任投资共同基金分析中的 ESG 指标。不过，即便是运用第二代 ESG 指标，或者两代共用，仍存在着不尽如人意的缺陷。首先，核心问题依然是存在缺乏透明度，主要源于信息收集者只披露了部分信息处理方法，特别是，核心信息是如何解读、如何比较的，相关方法虽意义深远，却未能加以详细说明。随着更多的 ESG 数据提供商加入竞争行列，透明度问题还有可能进一步恶化，由此引发更多的混乱。其次，目前通行的 ESG 计量标准缺位。尽管 ESG 指标体系基本构成维度相似，但具体指标并没有显现出趋同的趋势。这意味着由于收集方法不同、数据格式不兼容以及质

---

① KLD 研究与分析公司（KLD Research & Analytics, Inc.）于 1990 年 5 月发布全球首只以企业社会责任表现为主要评估与筛选依据的基准指数，标志着社会责任投资理念开始在主流投资活动中产生影响。

② MICHELSON G, WAILES N, VAN DER LAAN S, FROST G. Ethical investment processes and outcomes [J]. Journal of Business Ethics, 2004, 52 (1): 1–10.

③ DE COLLE S, YORK J. Why wine is not glue? The unresolved problem of negative screening in socially responsible investing [J]. Journal of Business Ethics, 2009, 85 (suppl.): 83–95.

量控制水平参差不齐，最终导致相关数据的碎片化和可比性的缺失。最后，相关研究还发现了计量方面存在的一些其他问题，如对大公司的固有偏见和预测性的缺乏。ESG 指标存在的不足将可能导致相关信息无法精确描述企业的 ESG 表现，其终极后果为可能误导投资者的投资决策。

若要使 ESG 指标可靠且有效，目前普遍采纳的 ESG 计量实践需得到极大改善。学界已提出替代性方案，应该会有助于解决以上问题。① 不过，这些替代方案需留待投资分析师和投资者在投资实践中加以考察。

## 二、ESG 评级

随着商界丑闻的不断发生，投资者对 ESG 数据的需求愈加强劲，推动 ESG 评级市场在 20 年间从快速增长期过渡到了成熟期。ESG 评级，意指一个评分框架，通过该框架可以系统地评估和计量某上市公司（或非上市公司）、某行业，甚至某国家在 ESG 方面的表现，为其打出一个 ESG 综合得分。ESG 评级机构，就是基于（或部分基于）企业公开披露的非财务信息，依照 ESG 评级框架对企业的 ESG 表现进行评估的组织机构。它们已由最初的小型非政府组织（NGOs），或专注于人权和环境等某单一议题的小型咨询公司，发展成为拥有自己的研究团队、高层次发布平台、超强研究能力、多样化客户类型和收入来源，以及几乎可以针对所有组织机构开展 ESG 评级业务的行业集群。

ESG 评级机构大多起源于欧美。自 20 世纪 60 ~ 70 年代起，公众开始关注企业运营可能对社会造成的影响，波士顿一家名为阿伯特协会（Abt Associates）的咨询机构为满足公众的需求，率先推出了将少数族裔和慈善捐赠等内容包含在内的企业履责评级系统，对相关指标进行了量化，而且还向企业推荐可能实践的最佳做法。至 20 世纪 80 ~ 90 年代，《财富》杂志推出了第一个"美国最受赞赏公司"排行榜（1983）；随后，著名的伊里斯（EIRIS）基金会②成立，标志着旨在帮助资本市场和消费者区分"好"公司和"坏"公

---

① KOCMANOVÁ A, ŠIMBEROVÁ I. Determination of environmental, social and corporate governance indicators: framework in the measurement of sustainable performance [J]. Journal of Business Economics and Management, 2014, 15 (5): 1017 – 1033.

② 伊里斯（EIRIS）基金会，成立于 20 世纪 80 年代，起初是为教会和慈善团体提供相关投资信息的慈善机构，目前，主要从事于为社会责任投资领域提供研究、分析和影响力信息。

司的评级行业的出现。相关的评级工具也开始陆续面世。其中，KLD 于 1990
年 5 月发布了世界上首只社会责任投资指数——多米尼 400 社会指数（2009
年更名为 KLD400 社会指数，2011 年更名 MSCI KLD 400 社会指数），成为自
1991 年以来唯一基于 ESG 元素为投资者筛选投资组合的先驱，时至今日仍是
被各界最为广泛使用的数据库。

1999 ~ 2002 年，为了满足市场日益增长的需求，也为了降低数据收集和
分析的成本，ESG 数据库收购和并购事件频发。与此同时，相关产品更趋专
业化，覆盖范围也更为广泛，涌现出了以联合国全球契约 100 强（UN Global
Compact 100）和国际治理指标（Governance Metrics International）为代表的、
具有更强大影响力的评级机构。发展至今，全球范围内的主要 ESG 评级和/
或指数公司（按来源国和/或市场渗透率）详见表 3 - 1。

表 3 - 1　　　　　　　　世界主要 ESG 评级（指数）机构

| 机构名称 | 来源国 | 创始年份 |
| --- | --- | --- |
| Sustainalytics | 荷兰 | 1992 |
| Oekom Research AG | 德国 | 1993 |
| Inrate AG | 瑞士 | 1990 |
| RepRisk | | 1998 |
| FTSE | 英国 | 2000 |
| Trucost | | 2000 |
| MSCI ESG | 美国 | 1968 |
| S & P Dow Jones | | 1999 |
| Thomson Reuters | | 2008 |

资料来源：ESCRIG-OLMEDO E., MUÑOZ-TORRES M. J., & FERNANDEZ-IZQUIERDO M A. So-
cially Responsible Investing: Sustainability Indices, ESG Rating and Information Provider Agencies [J]. Inter-
national Journal of Sustainable Economy, 2010, 2 (4): 442 - 461.

如今，ESG 评级市场仍在源源不断地推出各种高技术含量的 ESG 评级产
品，旨在为机构投资者提供碳排放筛选和其他投资组合的分析。然而，尽管
评级产品的形式发生了巨大变化，但评级体系所关注的议题与 20 世纪 60 ~
70 年代相比，并没有发生太大的变化。如果说还是发生了些许变化的话，那
就是开始讨论如何将特定议题提上议程，同时加强监管，而不是等待企业为
保持自身竞争优势而自愿做出改变。

根据可持续性协会（SustainAbility）的预测可知，ESG 评级市场在未来

将会出现几个主要的发展趋势：首先，ESG 评级机构的数量还将继续增加，并呈现出多样化发展，议题也将更为精细和复杂；其次，ESG 评级将日趋主流化和全球化，投资者将习惯于通过了解企业的 ESG 评级对其行为和经营进行预测。从企业的变化趋势来看，将会有越来越多的企业希望通过提升 ESG 评级来改善自身形象，企业也将凭借良好的 ESG 评级结果在全球范围内获得竞争优势。

### 三、ESG 指数

伴随着社会责任投资渐入人心，众多 ESG 指数、排行榜和标准开始涌现。根据品牌研究所（Branding Institute）的统计可知，截至 2016 年，全球范围内就已有约 500 个以 ESG 为主题的排行榜、170 个与 ESG 相关的指数、100 多个奖项和至少 120 个自愿采纳的标准，其宗旨都是依据企业的 ESG 表现对其进行评价，顶级机构还配有自己的顾问团、研究所或相关部门，对评价结果进行解读。[①]

ESG 指数是 ESG 评级机构开发出的增值产品，可以理解成一种可投资的市值加权指数，即资本市场需要为包含 ESG 因素的投资组合可能产生的财务影响设定基准、加以量化、对其特征进行描述，并预测此类投资组合可能面临的风险。根据投资者的偏好，依据 ESG 某一方面的属性（如碳排放强度）对指数成分股进行加权，改变某家企业在指数中的占比。全球最早且运行时间最长的 ESG 指数为 1990 年发布的多米尼 400 社会指数（Domini 400），当初推出的目的就是汇集一批 ESG 绩效好的美国上市公司，将其作为基准（其中只有一部分来自标准普尔 500 指数）。从那时起，随着社会责任投资的逐渐普及，ESG 指数开始显著增长。发展至今，ESG 指数提供商和 ESG 评级机构之间的竞争也异常激烈，金融服务公司（如 MSCI 和 FTSE）、可持续投资公司（如 Calvert）、ESG 研究机构（如 Sustainalytics）和证券交易所（如纳斯达克、约翰内斯堡证券交易所和南美的 BM & F Bovespa 交易所）也纷纷加入其中。这意味着，各种机构可单独或与其他机构联合推出 ESG 指数，以期作为可能替代标准普尔 500 指数的备选方案。

为了满足投资者对指数产品的多样性需求（如针对不同资产类别、不同

---

① Branding Institute. Ranking of the Rankings［R］. Wollerau，2016.

地区或不同企业规模的基准），指数提供商通常采用不同的方法构建指数。当然，这同样适用于投资者追踪社会责任投资组合的绩效，以期使之有可能成为普通投资基准指数的补充或替代。

如果对全球范围内最具影响力的 ESG 指数加以观察和比较，可以发现，它们具有相当多的共性，例如，相对客观、具有一定的透明度、质量基本能够保证，且在独特性与透明度之间取得了平衡，能够为用户建立一定程度上的信心。具体来说，首先，几乎所有 ESG 评级模型以及基于评级模型所构建的 ESG 指数，都有特定规则需要遵循。而且，与企业政策之类的定性信息相比，ESG 指数提供商会更偏爱定量（可量化的）指标。其次，尽管世界交易所联合会（World Federation of Exchanges）倡导所有的上市公司公开披露 33 个与 ESG 相关的关键绩效指标（KPI），但 ESG 评级机构致力于构建的往往是与企业运行其中的环境更相关的指数。例如，绝不可能采用完全相同的方式去评估银行和矿业公司的二氧化碳排放。ESG 评级机构将企业所处地区、国家和行业的背景因素纳入其 ESG 评级模型中，并根据这些因素对 ESG 绩效的影响分配不同的权重。再其次，为了增强投资者对于 ESG 评级及指数产品的信任，ESG 评级机构会向公众披露其评级方法、指数构成、信息来源、冲突管理等信息，确保了一定的透明度。当然，"黑匣子"里特定的产品属性依然会有所保留。最后，为尽可能地保证数据的可信度，大多数 ESG 评级机构仅采纳能够满足第三方披露标准的公开信息，即便有时也会部分采纳被评级企业自己提供的信息，但评级机构往往会依据特定步骤反复核实，哪怕这样的核实流程会大大增加相关成本。

在采取以上步骤与措施的基础上，鉴于 ESG 的复杂性和动态性，ESG 评级机构还要不断修正其 ESG 评级模型，以确保其精准度和相关性。同时，持续保持更新，并基于特定的情境进行纵向比较，使用户真正受益。

此外，在 ESG 指数构建过程中，负面筛查和同类最佳代表着完全相反的过滤筛选方法：前者是将与投资者价值观、宗教或道德原则不符的公司或行业排除在可投资领域之外，后者则是聚焦于 ESG 表现优异的部门、企业或行业。负面筛查的不足在于可能导致投资组合数量锐减，使投资者直接选择"用脚投票"；同类最佳的特点则是哪怕需要承担一定的潜在风险，也要给投资经理提供更多的投资机会，从而有可能获得更优厚的投资回报，客观上促使经理人们助力 ESG 投资成为主流。

综上可知，ESG 评级机构是企业与投资经理人之间的重要中介。尽管不同的 ESG 指数之间存在着某种程度上的共性，但鉴于投资者的投资需求和标准不同，ESG 评级机构所提供的研究、评级、排名和指数等方面的产品依然存在着较大的差异。但无论怎样，ESG 评级和指数对于推动社会责任投资日渐融入主流资本市场功不可没，这是不争的事实。

### 四、ESG 评级及指数的影响

越来越多 ESG 评级和指数的出现，一方面使投资者所面临的投资现实变得越发复杂；另一方面需要通过各种渠道为企业募集资金的经理人，其所面临的市场同样也因 ESG 因素而越发复杂起来。当然，ESG 评级和指数在为投资者和经理人带来挑战的同时，也带来了机遇。从理论上来讲，如果投资者能够了解企业经理人是如何实施和调整其 ESG 策略的，那么，他们会受益于 ESG 评级和指数，因为他们可以通过维权投资、主题投资、影响力投资等方式，将 ESG 因素整合到其估值分析和投资组合管理中。

对于投资方来说，投资者往往通过 ESG 评级和指数，将 ESG 因素与自身的投资活动结合起来。在估值和投资分析中，若能够将 ESG 评级和分析与企业其他绩效指标结合起来，那么，就能够对企业价值做出较为完备的解释了。根据投资者的投资理念，或 ESG 评级机构所特有的分析方式可知，ESG 所能带来的超常回报会有所不同。一项卡尔弗特投资（Calvert Investments）的研究结果表明，在投资分析中融入与 ESG 相关的因素（如环境诉讼）可以带来意想不到的投资利好。[1] 此外，有实证研究结果表明，企业通过履行社会责任所建立起的客户忠诚度，因相关绩效得分较高，从而降低了企业所面对的系统性风险，并提升了市场估值。此研究还构建了一个资产定价理论模型，明确将企业履责行为所形成的影响（即 ESG 因素）纳入其中。这些发现均表明，将 ESG 分析与常规估值技术结合在一起，可以为机构投资者提供额外的有用信息。然而，也有研究发现，在美国和亚太地区，选择 ESG 评级高的股票并不一定会获得风险调整后的超常收益，在欧洲，情况也许会更为糟糕。[2]

鉴于各种 ESG 评级方法仍在不断升级演化，社会责任投资获得不尽相同

---

[1]　KIRON D, UNRUH G, REEVES M, et al. corporate sustainability at a crossroads [J]. MIT Sloan Management Review, 2017, 58（4）.

[2]　AUER R, SCHUHMACHER F. Do socially（ir）responsible investments pay? new evidence from international ESG data [J]. The Quarterly Review of Economics and Finance, 2016, 59（Feb）：51−62.

的结果应当也不值得大惊小怪。有一种观点认为，要使投资组合绩效充分受益于 ESG 因素的整合，还需要对 ESG 评级和指数进行更为精细化的研究。

从企业角度来看，重视 ESG 的经理人可根据 ESG 评级调整企业的相关策略。企业重视 ESG 因素的行为，若能够使社会和股东受益，将有助于提高消费者对企业产品和服务的品牌忠诚度。此外，针对美国上市公司在 1999 ~ 2009 年履责活动的分析结果表明，成功的履责行为可以为企业带来风险调整后的超常回报，并极大地改善企业的财务绩效。①

此外，一项荟萃分析（Meta-Analysis）显示，绝大多数研究（占88%）发现，ESG 评级高的企业会有更好的经营业绩，且有 80% 的研究表明，ESG 评级高对投资业绩也会产生积极影响。② 此项分析结果也表明，若企业的 ESG 评级高，那么，机构投资者、监管机构和消费者也将对企业的 ESG 相关行为进行严格审验。学者们最终得出的结论是，可持续性和获利能力并非不相容，实际上，它们可能互为补充。当投资者和资产所有者不再询问"收益是多少？"，取而代之的是"可持续的回报是多少？"时，他们已经从单纯的股东华丽蜕变为利益相关者了。

从历史的角度来看，企业原来只会与小部分利益相关者发生互动。随着 ESG 理念的日益普及，企业与利益相关各方之间的反馈循环圈必将大大缩小，利益相关各方也将对企业具有各自的影响力。越来越多的上市公司经理人们在制定与环境、社会和治理相关的策略时，也会开始听取利益相关者的意见，将注意力更多地投注在 ESG 议题上，以期制定出能够使社会和股东双赢的目标。因此，将企业存在的目的是否还是"股东价值最大化"的争论搁置一边，ESG 终将成为一个与投资密切相关的议题。

## 第三节　从 ESG 到 SRI

投资需基准。近年来，无论是在覆盖范围、严苛性还是可靠性方面，

① DIMSON E, KARAKAŞ O, LI X. Active ownership [J]. Review of Financial Studies, 2015, forcoming (12): 3225 –3268.

② SINHA R, DATTA M, ZIOLO M. Inclusion of ESG Factors in Investments and Value Addition: A Meta-Analysis of the Relationship [C]. In: TARCZYŃSKI W., NERMEND K. (eds) Effective Investments on Capital Markets. Springer Proceedings in Business and Economics. Springer, Cham, 2019.

ESG 评级和指数都取得了长足的进步，而将 ESG 评级与指数整合进传统投资分析过程的社会责任投资（socially responsible investment，SRI），开始受到越来越多的关注和支持。

传统观点认为，所谓的有效资本市场，就是理性投资者能够在第一时间内将可获得的信息纳入其资产价格评估中，从而使多样化的投资组合能够抵御化解非系统性风险。按照此逻辑，投资者需要承受的仅为系统性风险。那么，如果将 ESG 信息披露给投资者，但并不标注为重要信息，会有什么样的后果呢？如果市场将 ESG 视为特殊的非系统性风险进行定价，消息不灵通的那一部分投资者，很可能会遭受损失；同时，知情的另一部分投资者，则可能获得超常收益。

## 一、SRI 的发展

社会责任投资，也被称为道德投资（ethical investments）或可持续投资（sustainable investments），源于久远的宗教传统。不过，现代社会责任投资的兴起主要源于投资者社会意识的日益增强。自 20 世纪 60 年代以来，反战和反种族主义等一系列社会运动风起云涌，使投资者开始担心自身投资的社会后果。第一个现代意义上的社会责任投资基金，是 1971 年在美国成立的和平女神世界基金（the Pax World Fund）。该基金为反对越南战争而设立，目的在于拒绝给武器承包商提供资金。至 20 世纪 80 年代，南非种族隔离制度成为关注热点，社会责任投资拒绝将南非或西方在南非拥有的子公司纳入其投资组合中，从而迫使大公司纷纷将业务转移出南非。此次抗议行动取得了相当程度上的成功，致使加州在 1986 年通过了一项法律修正案，要求该州退休金基金必须从在南非开展业务的公司中剥离出来，金额超过 60 亿美元。① 至 20 世纪 80 年代后期特别是自 90 年代以来，一系列的环境灾难使投资者意识到工业发展对环境形成的负面影响，社会责任投资在美国、欧洲各国和其他地区开始经历强劲的增长。此时，引发此种增长的另一个重要因素是道德消费主义（ethical consumerism），即消费者情愿为符合其自身价值观的产品支付高价。在社会责任投资筛选过程中，环境保护、人权和劳资关系等议题在

---

① SPARKES R. Socially responsible investment: a global revolution [M]. London: John Wiley & Sons, 2002.

当时已稀松平常，透明度、公司治理和可持续性等议题，受一系列企业丑闻的影响正成为新一波热点。

在21世纪刚刚过去的20年间，社会责任投资在全球范围内发展迅速，已成为价值数万亿美元的市场。据国际可持续投资联盟（Global Sustainable Investment Alliance，GSIA）的统计可知，2014~2018年，发达国家或地区资本市场融入ESG理念的资产管理规模几乎以每年两位数的速度在增长。即便是在ESG领域一直处于领先地位的欧洲，在此期间也取得了6%的年复合增长率。从资产总量来看，欧洲融入ESG理念的资产管理规模达到了12.3万亿欧元，美国也逼近了12万亿美元（见表3-2）。

表3-2　　　　发达国家资本市场可持续投资及增长概况
（2014~2018年）　　　　　　　　　　　单位：10亿

| 国家或地区 | 2014年 | 2016年 | 2018年 | 期间增长率 | | 年复合增长率 |
| | | | | 2014~2016年 | 2016~2018年 | （CAGR）2014~2018年 |
| --- | --- | --- | --- | --- | --- | --- |
| 欧洲（欧元） | 9 885 | 11 045 | 12 306 | 12% | 11% | 6% |
| 美国（美元） | 6 572 | 8 723 | 11 995 | 33% | 38% | 16% |
| 加拿大（加元） | 1 011 | 1 505 | 2 132 | 49% | 42% | 21% |
| 澳大利亚/新西兰（澳元） | 203 | 707 | 1 033 | 248% | 46% | 50% |
| 日本（日元） | 840 | 57 056 | 231.952 | 6 692% | 307% | 308% |

注：除日本数据截至2018年3月31日之外，其他国家或地区的数据均截至2017年12月31日。
资料来源：Global Sustainable Investment Alliance（GSIA）. The Global Sustainable Investment Review [R]. 2018.

自2018年6月起，全球指数供应商明晟（MSCI）将我国A股纳入其新兴市场指数和全球基准指数（ACWI）中。至此，占全球总市值10%的中国股市开始向全球投资者开放，也标志着中国经济开始融入全球发展进程中。[1]

在社会责任投资快速增长的背景下，ESG指标体系已成为重要基础之一，这源于ESG扮演着两个关键角色：一是作为可持续发展绩效的代理变量；二是社会责任投资市场的推动者。因此，ESG绩效对于投资者和企业而言都越

[1]　李侠. 中国资本市场发展又一里程碑：A股纳入MSCI新兴市场指数 [J]. 中国金融家, 2017 (7)：121-123.

来越重要。为将社会责任投资与其他投资区别开来，本书采纳我国学者刘波和郭文娜（2009）对社会责任投资的定义，即"社会责任投资（SRI）是通过投资获取金钱回报，同时满足投资者的道德要求，实现环境、社会或公司治理的改善，进而推动可持续发展的金融投资方式"。

## 二、SRI 的筛选

由于社会责任投资是将利润最大化与对社会有所作为结合起来的一种投资理念，因此，需要通过将 ESG 因素整合进投资组合中，从而使具有社会责任感的投资者将其财务目标与各种形式的社会变革结合起来，使同时追求经济和社会的价值最大化成为可能。

社会责任投资是基于对企业经济绩效和社会责任的"双重底线分析"。具体来说，具有社会责任感的投资者将会把企业在社会责任领域内的表现纳入其财务决策中，并根据被分析对象的社会影响分配自身的财务资源。筛选时，不但会评估企业的经济基本面，而且还会对企业对内对外的社会行为进行定性评估。在此过程中，会跟踪观察企业的社会影响、环境绩效、人权归属、工作场所等方面的策略，并评估这些策略是否公平，是否达到了健康和安全的标准。社会责任投资主要采纳积极和负面两种筛查方法：积极筛查时，会选择在社会和环境方面记录良好的企业，例如，注重人权和劳工标准、机会均等、保护了环境和消费者的安全，以及关注了所在社区和与利益相关者的关系。负面筛查时，则是剔除为社会提供不负责任产品或服务的行业和企业，例如，令人上瘾的酒精、烟草和赌博；武器、枪支、地雷等防卫物；对环境有害的生产活动以及缺乏人道主义的歧视及侵犯人权等行为。负面筛查时还包含专项负面筛查，例如，是否涉及高管过高薪酬和动物试验，等等。[①]此外，还有事后的负面筛查，即从市场中撤出有碍于实现全球治理目标的投资资本。[②]

如何将 ESG 因素整合到投资组合中，常见的方法主要有三种：ESG 排除法、ESG 倾斜法和 ESG 趋势法。在 ESG 排除法下，以 ESG 因素为视角对投

---

① BROADHURST D, WATSON J, MARSHALL J. Ethical and socially responsible investment［M］. A Reference Guide for Researchers. München：Saur, 2003.

② LEVY H. Equilibrium in an imperfect market：a constraint on the number of securities in the portfolio ［J］. American Economic Review, 1978, 68（4）：643 – 658.

资组合中的证券进行评级，排除评级最差的候选项；在 ESG 倾斜策略中，依据投资组合中的 ESG 评级分配权重，但不会将任何证券排除在外；在 ESG 趋势法下，投资组合将基于 ESG 评级发生变化的权重，而不是基于绝对的 ESG 得分。例如，一家公司的 ESG 得分在连续 12 个月内持续提升，那么，其在投资组合中所占权重也随之提高；同时，若另一家公司的 ESG 得分持续走低，其所占权重也随之下降。在 MSCI 约为四年的观察期里，ESG 趋势法被证明是最为有效的整合策略。尽管观察期不够长，而且历史表现并不能够完全说明未来的表现，但这项观察至少说明，ESG 因素要更好地融入投资组合的考量中，还需要更为细致的分析。

发展至今，社会责任投资开始涉及多方利益相关者的利益，包括来自经济方面的机构或个体投资者，组织机构方面的工会成员、银行高管和信托人，以及来自社会组织方面的国际组织和非政府组织的代表、政府官员、公共政策专家、非营利组织、媒体发言人与学术界人士。这难免导致某一方的不满。特别是，有质疑者提出，经过负面筛查得到的投资组合，对于希望能够表达自身伦理、宗教或道德价值的投资机构来说，的确意义深远。但对于更多的机构投资者而言，可能过多的限制导致了投资绩效的整体恶化，与投资机构应最大限度地提高投资回报率的金融义务不符。此种被限制的感觉，特别是对于没有制定严格投资指导准则的投资机构而言，社会责任投资开始遭受非议。那么，从投资者视角来审视社会责任投资，其投资回报到底如何？

### 三、SRI 的回报

社会责任投资是否优于传统投资，需要从理论和实证两方面加以验证。

从早期的理论研究来看，将 ESG 因素纳入基本投资分析程序可以改善投资绩效的观点，一直被认为结论下得为时尚早。ESG 怀疑论者指出了有效市场假说：当存在潜在投资可用信息时，此类信息会迅速被吸收并反映在证券价格中。他们认为，如果 ESG 问题确实具有实质性意义，那么它们早已被纳入大多数投资者的基本评估流程中了。不过，ESG 的支持者们认为，如果有效市场假说真的如此有效，那么，选择 ESG 绩效优秀的企业就丧失了实质性优势。然而，正是因为 ESG 因素尚未被完全纳入主流投资分析流程中，因此，此种优势仍然存在。

具体来看，按照传统的有效市场假说，社会责任投资采取的负面筛选，实际上是给投资组合增添了约束条件，导致投资组合多元化程度降低，由此可能造成的后果是收益表现差于其他投资组合。事实上，总体而言，社会责任投资似乎的确差于传统的投资组合，因为与后者相比，社会责任投资往往会在有利可图的投资机会上表现出投资不足，而在财务上并无吸引力的投资机会上投资过多。不过，从长远来看，如果 ESG 信息意义足够重大，以至于影响到未来的现金流量，或未反映在当前市场价格中的风险，那么，基于此类重大信息进行投资的知情投资者应当会得到超常收益。由于增长机会和未来现金流量的定价偏低，或者特定和系统性风险的定价错误，投资者可能会受益于较高的风险溢价。特别是，如果社会责任投资与无形价值的增加相关联，但无形价值的增加并没有立即反映在财务报表中，而是随着时间的推移逐渐实现，那么投资者可能很难评估与此类投资相关的净现值。① 类似地，投资者还有可能低估大趋势的影响，如气候变化和人口增长，以及由于水、能源、土地和熟练劳动力等稀缺而引发的未来系统性风险的增长。

如果投资者之间对于 ESG 信息的相关性看法存在分歧，那么，重大的 ESG 信息很可能会为知情的投资者带来更高的投资回报，而另一群根本未能关注此类信息的投资者，因未将独特风险也置于均衡的定价状态之下而蒙受损失。② 还有一种观点认为，如果投资于 ESG 绩效好的企业，就像是在繁荣时期为抵御下行风险或尾部风险而支付了的保险，可在不利时期享受保险所带来的好处。③ 因此，从理论层面上来说，社会责任投资优于传统投资，要么源于较高的超常收益，要么是在长期风险或尾部风险中享受到较高的风险溢价。

另外，对于验证社会责任投资是否优于传统投资的实证研究，主要采纳了两种验证方式：一种是将社会责任投资与传统基金进行收益比较；另一种是重点考察由 ESG 绩效高的企业所组成的投资组合的绩效。在前一类研究中，鲍尔等（Bauer et al.，2005）对来自德国、英国和美国的社会责任投资基金与未经筛查的基金进行比较，结果表明，两种基金的收益，在 1990 ～

① Flamholtz E G. On the use of the economic concept of human capital in financial statements: a comment [J]. The Accounting Review, 1972, 47 (1): 148 –152.

② PENG L, W XIONG. Investor attention, overconfidence and category learning [J]. Journal of Financial Economics 2006, 80 (3): 563 –602.

③ CAMPBELL J. Asset pricing at the millennium [J]. Journal of Finance, 2000, 55 (4): 1515 – 1567.

2001 年并没有呈现出统计学意义上的明显差异。与此相类似的是，斯特曼（Statman，2000）和贝罗（Bello，2005）的研究也发现，尽管社会责任投资基金的收益表现比标准普尔 500 指数或多米尼社会指数差，但差别也不大，而且，在多样化程度上也没有表现出显著的差异。瑞尼布克等（Renneboog et al.，2008）针对北美、欧洲和亚洲的社会责任基金大样本的研究结果也证实了这一点。

不过，还有几项实证研究证实社会责任投资优于传统投资组合。一项是巴奈特和所罗门（Barnett & Salomon，2006）在 ESG 筛查的数量和绩效之间建立了一种非单调"U"型关系后发现，风险调整后的社会责任基金回报率会先下降，随着筛选强度的增加，回报率会随之上升。另一项实证研究是针对特定 CSR/ESG 高评级而组成的投资组合，结果表明，采取了一系列可持续发展策略的企业组合，1993～2010 年，其收益胜过了未采用持续性发展策略的企业组合。[①] 针对反映特定行业重要 ESG 议题来优化的投资策略，分析发现，与在重大 ESG 问题评级较低的投资组合相比，表现出色的组合收益会较高，但在非重要 ESG 问题上排名较高的组合，其收益表现没有表现出明显的差异。[②] 还有几项研究是针对单个 ESG 因素对投资回报影响展开的。例如，德沃等（Derwall et al.，2005）的研究表明，ESG 绩效对股票收益具有积极影响，特别是具有更高"生态效率"的企业，其参与的投资组合要优于那些"生态效率"较低的企业。埃德曼（Edmans A.，2011）的研究也表明，以"美国最佳 100 家工作场所"为基础的投资组合在 1984～2009 年的表现优于行业基准；博格斯等（Bogers et al.，2013）的研究结果表明，在利益相关者关系指数中得分较高的企业，其长期收益较好，而分析师的收益预测误差也较高。不过，此项研究还指出了迄今为止在众多社会责任投资研究中经常被讨论到的关键问题：长期，是多长时间？对此，不同的分析师有不同的看法，时间范围也根据 ESG 风险类型而有所不同。正因如此，即便是长期投资者（如慈善基金会）也对社会责任投资心存疑虑。

综上所述，正如联合国在 2006 年正式颁布的《负责任投资原则》（PRI）中指出的，PRI 并不是要求投资者仅仅将 ESG 记录不良的企业排除在投资组

---

① ECCLES R G, I IOANNOU, G SERAFEIM. The impact of corporate sustainability on organizational processes and performance [J]. Management Science, 2014, 60 (11): 2835 – 2857.

② KHAN M, G SERAFEIM, A YOON. Corporate sustainability: first evidence on materiality [J]. The Accounting Review, 2016, 91 (6): 1697 – 1724.

合之外，而是鼓励投资者在进行投资分析时，将 ESG 因素与传统的风险和机会指标整合在一起，以便让企业经理人了解重大的 ESG 风险和机会。PRI 进一步指出，ESG 因素对投资过程的影响是动态的，主张将 ESG 因素充分纳入基本投资流程分析中。

## 四、SRI 的未来

越来越多的企业将可持续性发展视为一种战略工具，视环境和社会责任为与其他企业差异化的机会，并最终将其视为创造和发展社会资本的潜力，投资者也从"只想知道企业是否盈利"转变为"还想知道企业如何盈利"。这一点可以通过依据社会责任投资策略进行投资的资产管理数量在逐步增长，以及签署了《负责任投资原则》的组织机构数量也在逐年增加中体现出来。

然而，现有的研究结论仍旧并未能解答社会责任投资是否影响股东价值和投资回报的问题，尤其是，企业 ESG 绩效与股东价值之间是否存在正向联系，也没有得到确凿的实证证据得以验证。实际上，企业的 ESG 绩效和财务绩效都可能具有内生性，即受其他外在因素所驱动，因此，可能对已观察到的相关性无法进行解释。然而，随着学界拥有越来越多的数据，越来越高明的研究设计，企业在 ESG 绩效方面的外在变化会为未来的研究提供更多更为可靠的论据，证明企业履行社会责任对其经济效益也是有益的。

因此，下一步的挑战，将是确定企业社会责任通过何种机制为股东创造价值。尽管对企业社会责任绩效和财务绩效之间的联系进行了广泛的实证检验，但大样本研究仍面临着企业在责任践行过程中涉及的理论动机困境。特别是在进行跨行业实证研究时，这更是一项艰巨的任务。未来的研究需要能够在实证检验中识别和隔离各种可能（见图 3-3）：左侧是根据已有文献开发出的关于企业社会责任的三种不同假设，即代理成本、行善得福和参与慈善，并特别强调行善得福假设会影响到的产品策略、运营管理、人力资本和风险管理四个方面。在这四个影响领域中，能够确定一些会对股东价值形成影响的机制（如产品战略中的客户需求）。未来的研究可以针对一种或多种渠道展开实证检验。关于主要影响机制的进一步证据（有可能因行业而异），也将使企业在向投资者披露信息时，把重点放在财务可持续议题和战略上，从而使资本市场能够有效反映企业资产在社会责任方面的定价。

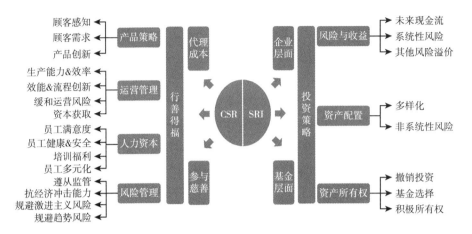

**图 3-3    企业社会责任和社会责任投资的文献回顾框架**

资料来源：根据阿米尔（Amir Amel-Zade）的《资本市场种的社会责任：理论框架与实证经验的回顾》（2018）。

在未来，另一个挑战是，要了解投资者如何将 ESG 信息整合到投资实践过程中，以及不同的投资方式对投资回报有何影响。在评估单个企业或对社会责任投资组合的回报时，现有研究对于可持续性和投资回报之间的联系是相对认可的，但提出了几个悬而未决的问题。例如，社会责任投资该如何构成？如何将可持续性转化为投资策略？以及不同的投资方式将对收益产生什么样的影响？迄今为止，已有文献将所有社会负责投资一视同仁，但不同的策略和动机有可能会催生不同的风险和收益状况，也留下来太多未解的问题。例如，企业社会责任会通过未来现金流量或风险影响投资收益吗？它是超额收益的来源还是系统性风险的来源？不同的责任践行方式是否会影响社会责任投资的特征？资产经理与资产所有者的动机是否会有所不同，从而会偏爱不同的投资策略？

由此，虽然是在联合国 PRI 倡议的推动下，ESG 因素开始被纳入主流投资决策中，但分析师们也逐渐认识到，ESG 因素在风险管理和收益预测中发挥着重要而积极的作用。不过，责任投资格局正在发生着变化：只限于以负面筛查为特征的社会责任投资流程，现在越来越开始重视积极的 ESG 因素分析。一些评论者甚至提出，ESG 作为一个独立投资流程进行分析的日子，也许将会一去不复返了，它最终会成为主流分析流程的一部分。

# 现实挑战篇 →

　　无论企业的性质、规模，以及所处行业如何，皆需践行社会责任。对于这一点，已然十分明朗。然而，当企业面对种种令人不安的现实挑战，又该如何权衡取舍呢？若选择视而不见，那么，践行社会责任，只能沦为没有实际行动相伴的话术。

　　"现实挑战篇"选择了近年来在企业社会责任研究领域内备受瞩目，同时也备受质疑的三个议题：CSR信息，如何提高透明度？供应链的CSR治理，该何去何从？良好的社会责任表现在负面事件中的"类保险"效应，真实存在吗？做出这样的选择，并不说明其他挑战无足轻重，而恰恰是在此领域中，有太多的挑战议题值得讨论和探索。十分遗憾的是，对于如何解决这些挑战，还没有确切而万全的答案，尚待学界和实务界为此贡献出更多可依托的理论、历经检验的实证经验，以及或成功或失败的真实案例。

# 第四章　CSR 信息透明度，该如何提高？

　　"尽管信息透明度所能带来的好处被各界所公认，但太多的企业还在将发布社会责任报告作为一种象征性策略，一种印象管理工具，普遍未能让利益相关方接收到透明度信号。可以说，正面信息的透明度，可能还好；但负面信息，还差得太远。"

——卡罗尔 & 塞宾①

　　自壳牌公司（加拿大）在 1991 年发布具有先锋意义的环境报告以来，以联合国全球契约（United Nations Global Compact）和全球报告倡议组织（Global Reporting Initiatives）为代表的非政府组织纷纷推出各自的企业社会责任信息披露标准，以期推进企业披露社会责任信息的制度化。企业对此类倡议积极响应，也开始发布独立的社会责任报告。毕马威每三年一次在全球范围所进行的企业社会责任信息披露调查结果显示（截至 2020 年末，最近一次调查结果发布于 2017 年），全球范围内的企业披露社会责任信息情况总体向好：各国 100 强企业披露比例已达 75%，全球 250 强所保持的记录更是高达 95%，且头部企业间的差距也在逐渐缩小。②

　　目前，已得到各方一致认可的观点是，对外披露社会责任信息有利于企业与利益相关者之间建立良好关系，③ 独立的企业社会责任报告也被视为正式而可控的披露手段。不过，若将独立披露的社会责任报告与过去在年报中

---

　　① CARROLL C E, SABINE A. E. Disclosure alignment and transparency signaling in CSR reports [C]. Communication and language analysis in the corporate world. ICI Global, 2014：249 –270.

　　② 毕马威国际. 前路：毕马威 2017 年企业社会责任报告调查 [R]. 瑞士，2017.

　　③ DU S, BHATTACHARYA C. B, SEN S. Maximizing business returns to corporate social responsibility (CSR)：the role of CSR communication [J]. International Journal of Management Reviews, 2010, 12 (1)：1 –7.

所披露的零星责任践行信息相比，信息质量并没有得到实质性改善，有一派学者对此悲观地指出，缺乏相关性和可信度的社会责任报告，至多只能视为一种具有象征意味的报告惯例，不可能对可持续发展形成良性影响。① 更有学者警告说，若此类信息交流不能转化为实际的履责绩效，发布独立的社会责任报告只能沦为企业用于"漂绿"（greenwashing）、形象管理、规避外部审查和寻求合法性的工具。② 那么，从全球范围来看，企业社会责任信息披露状况到底如何呢？

## 第一节　CSR 信息披露现状

2015 年 9 月，联合国推出了可持续发展目标框架（sustainable development goals，SDG），并随之推出了一整套涵盖经济发展、社会包容和环境可持续性三方面的指标体系和综合监督框架。截至目前，全球主要国家或地区均已强制要求所在地企业或整体或部分地执行该框架，其中，欧盟和英国已成为当之无愧的先行者。

2017 年 1 月，欧盟针对上市公司发布 2014/95/EU 法令，旨在帮助投资者、消费者、政策制定者和其他利益相关各方对大公司（员工超过 500 名）的非财务绩效进行评估，并鼓励具有一定规模的企业制定可持续经营战略。该法令自 2018 年起开始生效后，欧盟约有 6 000 家大型上市公司在其年报中披露了非财务信息，涉及的议题包括但不限于环保、社会责任、员工待遇、人权、反腐败和反贿赂及董事会多样性（如年龄、性别、教育程度和专业背景等）。欧盟还在 2017 年 6 月发布了披露指南，在允许企业自由选择遵从指南的前提下，指导企业披露环境和社会信息，同时，此举也推动机构投资者加强了对上市公司 ESG 表现的关注。在英国，财务报告理事会（FRC）于 2014 年发布了《战略报告》编制指南，要求企业遵循重要性原则，披露商业模式、战略、发展、绩效、行业地位和前景等方面的信息，并鼓励企业在披露形式上进行创新，提高所披露信息的清晰度和简洁性。其中，ESG 政策和

---

① MICHELON G. ANTONIO P. The effect of corporate governance on sustainability disclosure [J]. Journal of management & governance，2012，16（3）：477－509.

② DEVIN B. Half-Truths and dirty secrets：omissions in CSR communication [J]. Public Relations Review，2016，42（1）：226－228.

ESG 风险是《战略报告》要求企业优先披露的事项。

此外，《国际综合报告框架》（以下简称《框架》）于 2013 年 12 月正式发布。作为一项旨在全球范围内推动企业报告创新的有益尝试，该《框架》鼓励企业将自身财务绩效和可持续发展状况在同一份综合报告（integrated report，IR）中呈现出来，聚焦于企业在短期、中期和长期创造价值的能力，以吸引更多的长期投资者。同时，综合报告要以相对平衡的方式，尽可能广泛地涵盖重要议题，披露可能损害股东财富、引发企业可持续性风险的正负面信息。

然而，红红火火发展至今的企业社会责任信息披露实践，依然需要面对诸多现实挑战。例如，在 21 世纪初，当布什政府提出在阿拉斯加北极国家野生动物保护区开采石油和天然气的新能源政策时，曾引发全美范围内的大争论。在此期间，研究者们对美国两家知名石油天然气企业公开发表的言论及其作为进行了较为长期的观察和研究。他们发现，现行的经济体系以及利益相关各方相冲突的诉求，几乎没有给企业留下可能有所"腾挪"的空间。在此情境下，企业能做的无非是披露一些空洞的可持续发展信息，质量无从谈起。① 此外，从 74 家参加国际综合报告委员会试点计划的企业所编制的 148 份综合报告（历时 2013 年和 2014 年两年）来看，由采用综合报告的先行者们发布的报告更长了，语气也更乐观了，但面对不佳的企业绩效时，却难掩操纵信息披露数量和可读性的"不良企图"。特别是当社会绩效不佳时，试点企业更会倾向于披露一些似是而非的信息，且披露策略还会随着绩效的好坏而不断调整和变化。②

难怪当前的社会责任报告披露实践，因冗长而缺乏完整性、客观性、相关性和可信度，常被视为"主动管理利益相关者关系的规定动作"，远未能够达成与利益相关者之间的有效沟通，而各界对于社会责任信息透明度的质疑也从未消散。那么，什么是信息的透明度? 又该如何提升企业社会责任信息的透明度呢?

---

① CHO C H, MICHELON G, PATTEN D. M, et al. CSR disclosure: the more things change…? [J]. Accounting Auditing & Accountability Journal, 2015, 28 (1): 14 – 35.

② MICHELON G, PILONATO S, RICCERI F. CSR reporting practices and the quality of disclosure: an empirical analysis [J]. Critical Perspectives on Accounting, 2015 (33): 59 – 78.

# 第二节 CSR 信息的透明度

信息的透明度可定义为"以准确、及时、平衡和明确的方式，合法披露正面或负面信息，目的是帮助公众和利益相关者对披露者的行为、政策和方式做出合理推断"。[①] 理想的社会责任信息应释放出四方面的透明度信号：首先，利益相关者参与了沟通过程，从而保证了信息以及对信息反馈的真实可靠；其次，企业所披露的信息，具备了相关性、清晰性、完整性、准确性、可靠性和可验证性等实质性特征；再其次，披露的信息是经过各方平衡和沟通的结果，包含着正反两方面的信息；最后，避免使用模棱两可的语言披露不够完整的信息。尽管信息透明度所能带来的好处被各界所公认，但根据相关研究结果可知，在企业发布的社会责任报告中，普遍未能接收到透明度信号。

从实践角度来说，由于企业社会责任理念所覆盖的内容十分宽泛，确实很难保证披露了所有必要和有用的信息。同时，披露社会责任信息，不仅要考虑信息的数量，更要考虑到信息的质量。正如卡罗尔和爱因威勒（Carroll C. E. & Einwiller S.，2014）通过研究所发现的，企业将发布社会责任报告更多视为一种象征性策略，一种印象管理工具，且大多只保证了正面信息的透明度，对于负面信息却远未做到。

学界对于社会责任信息透明度不高的问题，尝试着从文化差异、企业规模、行业特点等因素进行考察，但结果并不确定。首先，企业履责的模式往往建立在特定社会治理规范基础之上，因此，欧美和新兴经济体之间，以及发达国家和发展中国家之间，企业社会责任制度化的状态和过程都不尽相同。[②] 例如，美国一些大公司是自 20 世纪 50 年代开始开展企业社会责任实践的，经过数十年的发展，总体上已经能够很好地践行企业社会责任理念所倡导的规范和期望，与一般欧洲国家相比，也更可能明确地表达自身在企业社

---

① RAWLINS B. Give the emperor a mirror: toward developing a stakeholder measurement of organizational transparency [J]. Journal of Public Relations Research 2008, 20 (1): 71 - 99.

② CHAPPLE W, JEREMY M. Corporate social responsibility (CSR) in Asia: a seven - country study of CSR web site reporting [J]. Business & society, 2005, 44 (4): 415 - 441.

会责任领域内的规划。① 当然，消费者对社会责任的强烈诉求，也是美国企业披露社会责任信息的主要推动力。与欧美国家相比，亚洲国家在履行社会责任方面起步较晚，证券交易所和政府是企业履责的主要推动力。② 以企业社会责任制度化程度相对较高的韩国为例：面对着全球和国内市场，经受着西方化商业价值和传统文化的双重压力，韩国的大企业集团大多拥有类似于欧洲企业的隐性社会责任遗产，如终身雇佣制、员工福利、社会服务和医疗保健，已成为其广义商业系统的组成部分。③ 瑞姆等（Rim et al.，2019）考察了 181 份来自美国、韩国和中国企业的社会责任报告，结果表明，从透明度的三个维度来看，美国和韩国企业在参与度和问责方面优于中国企业，而中国企业在实质性信息披露方面做得最好。

面对此种现状，有学者认为，导致企业社会责任信息透明度不够的最主要原因可能是全球化趋势，因为全球化使企业披露社会责任信息的行为变得日渐复杂。企业所处社会和商业环境不同，所需面对的制度环境、来自利益相关者的压力以及合法化的需求也会不同，由此，在其披露的社会责任信息中所释放的透明度信号也会有所不同。④ 例如，费尔南德斯·费霍等（Fernandez-Feijoo et al.，2014）分析了来自 10 个国家 38 个行业的企业社会责任报告，发现驱动透明度提升的外部压力最可能来自消费者、员工和投资者。特别是，对于环境敏感行业（如农业、汽车、航空、化工、建筑和物流）来说，因为面临着更高的政治风险、公众怀疑和市场竞争，因此会相对踊跃地披露履责信息，也更渴求因被社会各界认可而取得的合法性。

总之，企业因所披露的社会责任信息透明度明显不足而饱受诟病。那么，是否可能回到企业最初披露社会责任信息的动机，以及企业所惯常采取的披露策略，去寻求解决方案呢？

---

① FORTE A. Corporate social responsibility in the United States and Europe：how important is it? the Future of corporate social responsibility [J]. International Business & Economics Research Journal（IBER），2013，12（7）：815 – 824.

② NORONHA C, TOU S, CYNTHIA M I, GUAN J J. Corporate social responsibility reporting in China：an overview and comparison with major trends [J]. Corporate Social Responsibility and Environmental Management, 2013, 20（1）：29 – 42.

③ KIM C H, AMAESHI K, HARRIS S, SUH C J. CSR and the national institutional context：the case of South Korea [J]. Journal of business research, 2013, 66（12）：2581 – 2591.

④ KUO L, CHIN-CHEN Y, HUI-C Y. Disclosure of corporate social responsibility and environmental management：evidence from China [J]. Corporate Social Responsibility and Environmental Management, 2012, 19（5）：273 – 287.

# 第三节 CSR 信息披露动机与策略

## 一、CSR 信息披露动机

常用于解释企业披露社会责任信息动机的理论主要有合法性理论（legitimacy theory）、信号理论（signaling theory）、制度理论（institutional theory），以及在第一章中曾详述过的利益相关者理论（stakeholder theory）。

德国社会学家马克斯·韦伯（Max Weber）在 19 世纪末期提出的合法性理论，是最多用于解释企业为什么会选择自愿披露社会责任信息的理论。该理论认为，企业与其所处的社会环境之间存在着某种不成文的"社会契约"，包括强制执行的法律法规和基于道义的社会判断。企业只有依照契约运营，才可能确保自身的经营活动被利益相关各方视为"合法"。① 当企业行为与社会价值体系之间存在着实际或潜在的不一致时，便会出现合法性缺口，缺口一旦出现，企业就需要采取措施加以补救，而定期公开披露信息就是一种重要的补救措施。尤其是，当企业处于公众和媒体的密切关注之下，或是当企业面临诉讼、罚款以及承受着来自主要利益相关者施加的压力时，企业还会增加信息披露的数量，尤其会增加诸如企业如何践行社会责任方面的正面信息。

除了合法性理论，信号理论也经常被用来解释企业披露社会责任信息的动机。具体来说，企业经理人为获得差异化竞争优势，会有动力穷尽各种渠道及方式向利益相关者释放信号，让各方知晓自身在社会责任方面的作为，而且还希望企业的责任践行行为及释放信号的做法不被其他企业所模仿。② 只要主动披露的信息被外界认为是可信的，就能在一定程度上抵御来自各界的检查和抵制，最终带来经济方面的高回报。由此，近年来，社会和环境绩

---

① BROWN N, DEEGAN C. The public disclosure of environmental performance information: a dual test of media agenda setting theory and legitimacy theory [J]. Accounting and Business Research. 1998, 29 (1): 21 – 41.

② CLARKSON M B E. Defining, evaluating, and managing corporate social performance: the stakeholder management model [J]. Research in Corporate Social Performance and Policy, 1991, 12 (1): 331 – 358.

效好的企业会主动选择发布独立的社会责任报告，哪怕披露成本高昂，也在所不惜。

制度理论，也常常被用来解释企业披露社会责任信息的动机。该理论认为，企业所处环境中的社会和文化因素，会影响到企业对相关规范和标准的遵从及其程度。[1] 具体来说，置身于一个由社会、政治和商业等种种制约因素构成的复杂网络中，企业不仅要受到法律的强制规范，还需顾及社会的期望，因此，同时肩负着强制性（如法律）和自愿性（如慈善）两方面的义务。为了获得利益相关者的认可，至少要与同行业的其他企业保持一致，而且，遵从会受到奖励；反之，不遵从则要承受来自网络内各方所施加的压力。由此可以看出，企业披露社会责任信息的制度化，可以看作是企业满足利益相关者期望并寻求合法性的结果，当然，利益相关各方因自身权利的大小不同而对企业披露社会责任信息制度化的进程影响各异。对于上市公司而言，还需要在利益相关各方意见存在分歧甚至相互矛盾时，竭力达成各方的期望。此种"价值对应"和"沟通与反馈机制"符合利益相关者的利益，也合法化了企业的运营。

不过，也有相当数量的学者质疑基于以上理论所形成的观点。有的学者认为，责任践行方面表现不佳的企业格外需要缓解不得不面对的公众压力，所以也更有可能选择自愿披露相关信息，通过美化其在社会责任方面的不佳表现，以期逃脱利益相关者对其不负责任做法的惩罚。在此情境下，企业虽然自愿披露了自身运营所造成的社会和环境影响，但动机在于粉饰，甚至"漂绿"。从毕马威每三年进行一次的全球社会责任信息披露调查结果来看，对环境和社会影响较大或公众关注度较高的行业，例如，石油和天然气行业（81%）、采矿业（80%）的确披露了更多的履责信息，医疗和化工则是信息披露数量增长最快的行业。值得担忧的是，这些质疑观点得到了企业披露社会责任信息所采取策略倾向的证实。

## 二、CSR 信息披露策略

企业社会责任信息披露，被视为全面反映企业履行社会责任状况的一面

---

[1]　MEYER J W, ROWAN B. Institutionalized organizations: formal structure as myth and ceremony [J]. American Journal of Sociology, 1977, 83（2）: 340 – 363.

镜子,① 是企业与利益相关者交流的主要方式，也是外界对企业进行责任认知和评价的重要依据。如果将合法性理论引入企业行为研究中可以发现，当企业行为导致企业与更大范围的社会价值体系之间存在实际或潜在的不一致时，企业的合法性将受到威胁，会导致企业无法持续经营。因此，若依托合法性理论来解释企业披露社会责任信息的动机，还可将此动机进一步细分为获得合法性、维护合法性以及修补合法性缺口三种。不同的披露动机会导致企业在信息披露程度上的差异,② 相应地，所采用的披露策略也会有所不同。

作为一种重要的补救措施，当企业的合法性缺口出现时，企业会自愿而主动地披露相关信息，但所采用的披露策略会有较大差异：有的会为遵从主流合法预期而改变自身的经营目标及行为；有的则会尝试改变主流合法性预期，更有甚者，可能采取措施使自身价值取向成为合法性的象征或合法性的构成。

对于特定行业来说，行业特性也是影响企业披露社会责任信息的重要因素之一。由于对不同利益相关者的依赖程度、与终端消费者的接近程度、对社会或自然环境潜在的破坏程度，以及产品或服务差异化的程度有所不同，不同特性的行业对合法性社会预期会形成不同的理解。依据罗伯茨（Roberts，1992）的"在消费者中的知名度""政治风险""行业竞争激烈程度"的分类原则，以及坎贝尔等（Campbell et al.，2003）根据企业主营产品或服务可能造成的健康损害或消极社会影响程度的分类方法，所有的企业可归属于社会责任公众关注度高、中和低三组（见表4-1）。一般来说，属于对环境和社会影响较大或公众关注度较高行业的企业会披露相对多的履责信息。此逻辑也适用于同一行业内的不同子行业。因此，即便是在同一行业内，由于各子行业最终产品或服务的不同，也可能导致其社会责任公众关注度存在着差异，面临的合法担忧也不尽相同，最终导致子行业在公众关注度，企业社会责任信息的披露意图、披露程度与披露策略方面均存在差异。

① 苏醒. 透明度提升责任感 - CSR 报告能为中国企业带来什么？ ［EB/OL］. http：//www.21cbh. com/HTML/2011 - 6 - 30/zNMTM4XzM0NzkzNQ. html，2011 - 06 - 30/2012 - 06 - 28.
② ASHFORTH B E，GIBBS B W. The double-edge of organizational legitimating ［J］. Organization Science，1990，1（2）：177 - 194.

表 4 -1　　　　　　　　　企业社会责任公众关注度行业分类依据

| 分类依据 | 企业社会责任公众关注度 | | |
|---|---|---|---|
| | 高 | 中 | 低 |
| 主营产品或服务可能造成健康损害或消极的社会影响 | 高 | 中 | 中 |
| 在消费者中的知名度 | 高 | 高 | 低 |
| 政治风险 | 高 | 中 | 中 |
| 行业竞争激烈程度 | 高 | 高 | 低 |

资料来源：ROBERTS R W. Determinants of Corporate Social Responsibility Disclosure：An Application of Stakeholder Theory［J］. Accounting, Organizations and Society, 1992, 17（6）：595 - 612.

　　企业通常采用的社会责任信息披露策略大致有四种：第一种是实质性改变策略，即为遵从主流合法性预期，企业实质性地改变了自身的目标和经营活动，并将此种改变"昭告天下"；第二种是企业并未发生实质性的改变，但会竭力尝试改变利益相关各方对企业的看法；第三种是企业非但没有实质性地改变自身，还试图通过转移各方的注意力，以期操纵利益相关各方对企业的看法；第四种是企业怀有改变主流合法性预期的"野心"，试图将自身价值取向上升为合法性代表或象征。相关研究结果表明，社会责任公众关注度高的行业，往往更倾向于采用四种披露策略中除第一种之外的其他三种策略，对于供应链较长的行业更是如此。

　　一项基于我国食品饮料业 A 股上市公司样本与数据的实证检验结果证实，在食品饮料行业中，企业社会责任公众关注度高的子行业的确披露了相对多的履责信息，且披露的社会责任信息形式远重于实质，较多停留在为合法而不得不遵从相关规定的层面，远未形成履责与经济效益、核心竞争力之间会相互促进的认识。以该行业中的酒制造业为例，其产品可能带来的酗酒、过度饮酒引发疾病等负面社会效应，决定了该子行业的"本原性的非合法"。由于企业未能明确该如何创新性地倡导健康的饮酒方式，从而更好地传达对消费者的营养关爱，于是大多数酒制造企业选择了对"理性饮酒宣传与健康生活方式倡导"避而不谈，而试图通过大谈"酒文化"转移外界的注意力，显现出更愿意采用除第一种之外其他三种披露策略的"不良动机"。①

　　可以看出，在社会责任实践已发展近半个世纪之后，对于绝大多数企业

① 张鲜华，孔龙. 基于合规性的企业社会责任信息披露策略分析［J］. 中国海洋大学学报（社会科学版），2014（4）：68 - 73.

披露的社会责任信息，哪怕是一份优秀的社会责任报告，都可能遵循的是除第一种之外的其他披露策略。鉴于公众越来越对企业披露的社会责任信息透明度表示怀疑，那么，如何才能使企业披露的社会责任信息真正起到有效沟通的作用，是政府监管还是依靠企业自愿？这是一个还在讨论中的问题。

## 第四节　硬性监管，还是自我监管？

### 一、政府硬性监管

越来越多的学者开始针对政府监管在企业社会责任制度化进程中的作用展开研究。学者们总结出了政府在其中可能起到的作用：强制作用（如制定标准）、促进作用（如给予激励）、伙伴作用（如与行业建立协同关系），以及认可作用（如给予特殊奖励）。政府硬性规范企业的社会责任活动，一般会采用出台法律（如禁止雇佣童工），或经济手段（如税收调节），在企业违反相关政策时予以法律制裁或经济惩戒。此外，政府还可以通过间接制裁、授予奖项或称号（例如，德国设立了"国家可持续发展奖"，荷兰签署了《可持续服装和纺织品协议》）等软性监管方式来影响企业履行社会责任。

在政府严格监管的情境中，所有企业都处在强制监管范围之内。在监管内容方面，法律法规会为所有企业制定统一的要求，明确什么必须做或什么绝不能做，硬性规范企业的特定行为。企业履行社会责任的活动将被置于法律或行政法规的监督之下，遵循政府出于公众利益的考虑，且经过一定政治流程所创建的"游戏规则"。在政府监管下，自然会有更多的企业采纳政府所倡导的责任践行政策和做法，相应地，也会防止或减少企业不道德的行为。①

当然，"一刀切"的严苛监管很大程度上是以牺牲了灵活性为代价的。首先，再完备的规则也不可能契合所有企业的具体情况和不同利益相关者的利益布局。其次，政治进程通常赶不上商业环境的快速变化，会因此遭遇强

---

① BARTLEY T. EGELS-ZANDÉN, N. Beyond decoupling: unions and the leveraging of corporate social responsibility in Indonesia [J]. Socio-Economic Review, 2016, 14 (2): 231–255.

烈的反对和游说。由此造成的后果将是，企业社会责任领域在政府严格监管下会越来越僵化，一些企业为达到特定的监管要求不得不付出高昂的成本和代价。

## 二、企业自我监管

与政府硬性监管相比，企业自愿或自我监管，无论是在范围和内容维度还是在执行维度都具有较大的灵活性。在此情境中，指导企业参与社会责任活动的原则，往往是公认的企业行为规范。这些规范，有可能是源于企业去中心化后的惯常做法，也可能是同一行业协调后的结果，① 更可能是市场其他参与方，单方面行动或多方面协同作战的"成果"。例如，投资者将成为企业行为的监督方，通过下跌的股价制裁其不道德的行为；当然，也可能在特定情况下，将某种程度上的轻度违规视为可接受的行为，② 从而使遵从规范的成本和收益，皆由企业及其利益相关者自我内部消化。

企业自愿或自我监管的"隐秘"性质，意味着企业可以根据情境变化快速调整自身在企业社会责任领域内的作为，甚至可以调整相应的标准。这种灵活性有助于取得企业和社会的"双赢"：既有助于企业与利益相关者关系的改善，也可以为企业创造切实的利益，更是有利于行业"最佳实践"的培育。

然而，过于灵活可能意味着给予企业无限的调整空间。企业在自我监管之下获得的合法性缺乏相应的政治流程或制度化的利益相关者管理，使得监管缺乏最起码的严苛性，最终可能导致监管内容和力度"过软"。③ 若市场失灵或利益相关者施压不力，企业有可能连最低的责任践行标准都无法维持，而是直接选择放弃对社会责任的履行。

## 三、混合监管模式

为了克服政府监管下的僵化和企业自愿下的纵容，学者们基于马克斯·

---

① BOWEN F. Marking Their own homework: the pragmatic and moral legitimacy of industry self-regulation [J]. Journal of Business Ethics, 2017. DOI: 10.1007/s10551-017-3635-y.

② MACNEIL I. LI X. 'Comply or Explain': market discipline and non-compliance with the Combined Code [J]. Corporate Governance: An International Review 2006, 14 (5): 486-496.

③ SHAMIR R. The age of responsibilization: on market-embedded morality [J]. Economy and Society, 2008, 37 (1): 1-19.

韦伯的合法性理论构建了一个对比框架，从范围、内容和执行三个维度对政府监管和企业自愿进行了比较，并基于共同的目标，罗列出两种方式之间可能的折衷空间（见表4-2）。最终，将严苛的政府硬性监管与"单纯"的企业自我监管结合起来，形成了一种混合监管模式，其核心内容是通过强制要求企业披露社会责任信息而达到监管企业责任践行的目标。换句话说，政府出台的法律法规依然具有约束和惩戒效力，但其效力需要与民法（主要通过消费者对市场施压）和提前设定的企业自我监管内容相结合，才能够发挥出来。

表4-2　　　　　　　政府硬性监管、企业自我监管与可能的折衷空间

| 模式 | 政府硬性监管 | 企业自我监管 |
|---|---|---|
| 范围 | 强制规定 | 自愿限定 |
| 内容 | 通过政治流程，制定法律法规 | 通行的企业/行业行为规范 |
| 执行 | 法律制裁/行政惩戒 | 市场及利益相关者的压力/惩罚 |
| 可能的折衷空间 | 最小化标准，避免"一刀切"，聚焦于阻止企业的不负责行为 | 发挥灵活性，培育最佳实践，避免自我纵容，聚焦于鼓励企业对社会负责任的行为 |

资料来源：GREGORY J, JULIA B, EMMA A, DANIEL K, JETTE S K. Mandatory non-financial disclosure, and its influence on CSR: an international comparison [J]. Journal of Business Ethics, 2020, 162 (2): 323-342.

事实上，强制要求企业披露社会责任信息，其本质是利用政府监管手段来提高企业所披露的社会责任信息透明度，从而阻止企业做出对社会不负责任的行为，同时，鼓励企业履行社会责任，从而使企业的自我监管更为有效。通过此种监管方式，政府能够以有利于市场的方式制定规则，通过更广义的标准化报告格式提高信息透明度，降低社会责任信息的不对称程度，从而改善用于动员利益相关者的社会物质条件，使他们能够更为有效地参与到监督企业执行社会责任最低标准的行动中来。

从理论上来讲，这种具有混合性特征的监管方式，在政治学及法学领域已得到了广泛认可。① 它既具有约束力，可对企业的违规行为施加制裁（例如，对董事会成员处以罚款，甚至丹麦可解散不依法披露的企业），但又不设立特定的标准，使得企业保有或多或少的自由裁量权。若运用得当，可提

① SCHELTEMA M W. Assessing effectiveness of international private regulation in the CSR arena [J]. Richmond Journal of Global Law & Business, 2014 (13): 263-375.

升社会责任信息的透明度，减少企业和利益相关者之间的信息不对称；同时，随着信息透明度的提高，企业还可设定与竞争对手通用的相关基准，促进最佳实践或行业标准的形成。此外，在确定奖励还是惩罚企业对社会负责任或不负责任的行为时，利益相关者的意见不再无足轻重。不过，秉持新制度理论的学者们认为，社会责任信息透明度的提升，也有可能导致企业趋向于采取完全同质化的责任践行行动，使企业采取的履责行动更为僵化。①

不过，强制要求企业披露社会责任信息的监管方式是否真正有效，还需要更多的实证研究加以验证。为了使利益相关各方对企业社会责任报告的可信性、完整性和重要性感到满意，众多学者提出，对企业所披露的履责信息进行严格而独立的外部鉴证，会是一个可能更为有效的方法。②

# 第五节　CSR 信息的鉴证

与强制执行的财务报表审计不同，到目前为止，对社会责任报告进行外部鉴证完全取决于企业的意愿。企业自愿对所披露的社会责任信息进行独立的第三方鉴证始于 1997～1998 年，也是从那时起，非财务信息鉴证市场开始活跃并迅速增长。③ 根据毕马威在 2017 年的调查可知，截至 2005 年，全球最大的 250 家企业所披露的社会责任报告中，只有 30% 得到了独立的第三方鉴证，但到了 2017 年，这个数字猛增至 67%。④

## 一、理论依据

信号理论和代理理论，常被学者们用来解释企业为什么会自愿进行独立的第三方鉴证。其中，信号理论认为，高昂的鉴证服务成本会向社会责任信

---

① CHATTERJI A K, DURAND R, LEVINE D. I, TOUBOUL S. Do ratings of firms converge? implications for managers, investors and strategy researchers [J]. Strategic Management Journal, 2016, 37 (8): 1597 – 1614.

② WICKERT C. "Political" corporate social responsibility in small-and medium-sized enterprises: a conceptual framework [J]. Business & Society, 2016, 55 (6): 792 – 824.

③ O'DWYER B. The case of sustainability assurance: constructing a new assurance service [J]. Contemporary Accounting Research, 2011, 28 (4): 1230 – 1266.

④ 毕马威国际. 前路：毕马威 2017 年企业社会责任报告调查 [R]. 瑞士，2017.

息的使用者表明，企业有致力于披露高质量社会责任信息的决心。不过，从代理理论的视角来看，与已得到广泛验证的"财务报告质量与审计服务之间的关联"相类似，独立于经理人所开展的鉴证，会减少当企业经理人不再拥有企业剩余索偿权时可能出现的激励问题，① 因此，可以假设，外部鉴证是一种监督机制，有助于提升企业价值，降低代理成本。

从理论上来讲，只有经过独立鉴证的企业社会责任报告才能确保其透明度与相应的问责机制，才可能将其视为财务报表的有益补充，成为能够说明企业绩效的另一个维度。② 大多数相关研究普遍认为，社会责任报告的鉴证可以确保为利益相关者提供更完整、更准确和更高质量的信息，减少错报企业社会责任绩效的风险，并增强利益相关者的信心。此外，鉴证还可以证明企业是否遵守了内部报告准则或最佳实践做法，还可以保证报告的质量，允许利益相关者要求经理人对其所披露的社会责任信息及绩效负责。

然而，对于企业为了自证所披露的社会责任信息有价值而自愿将报告提经第三方独立鉴证的做法，也可将其视为一种"象征性"合法化手段。毕竟，鉴证由经理人发起，并规定了鉴证范围，且由企业向鉴证提供方支付报酬。一方面，鉴证提供方的独立性不一定能够得到保障；另一方面，其鉴证工作也较易受到经理人的"掳获"，对确保或提高企业社会责任报告的透明度并不一定有所帮助。

那么，第三方独立鉴证是否有助于提升企业所披露的社会责任信息透明度呢？以下为实证检验的结果。

## 二、实证检验

尽管针对社会责任信息鉴证的研究还在不断增加，但针对第三方鉴证与信息透明度之间的关联所进行实证检验的还不算多，能够证明外部鉴证会有助于信息透明度提升的实证研究又少之又少。③

---

① WATTS R L, ZIMMERMAN J L. Agency problems, auditing, and the theory of the firm: some evidence [J]. Journal of Law and Economics, 1983, 26 (3): 613 – 633.

② De Villiers C, Rinaldi L, Unerman J. Integrated reporting: insights, gaps and an agenda for future research. accounting [J]. Auditing & Accountability Journal, 2014, 27 (7): 1042 – 1067.

③ VELTE P, STAWINOGA M. Empirical research on corporate social responsibility assurance (CSRA): a literature review [J]. Journal of Business Economics, 2017, 87 (8): 1017 – 1066.

其中，基于克拉克森等（Clarkson et al.，2008）开发出的披露指数，学者们对企业环境报告所进行的大样本检验结果表明，鉴证有助于提升企业所披露环境信息的客观性和可验证性。同样，有学者将欧洲公司所披露的环境和社会信息，依据其量化信息的多寡，分为"高质量"信息与"低质量"信息两类，并检验了鉴证对两类信息的影响。结果表明：鉴证有助于"高质量"信息披露数量的增加，同时，也有助于"低质量"信息披露数量的减少。① 对于综合报告来说，鉴证还有助于信息质量中重要性的提升，但鉴证在相对数量、主题密度、准确性和管理导向等方面，却没有显现出统计学意义上的显著影响。此外，还有学者以完整性、清晰度和平衡性三个维度作为社会责任报告内容和质量的代理变量，检验外部鉴证对社会责任报告透明度的影响，结果也是存在正向影响，且与报告语气所透露出的乐观程度负向相关。不过，学者们也提出，尽管鉴证有助于社会责任报告覆盖更多的企业活动，并在文字表达上达到平衡，但这并不必然使报告更清晰、更易读，结果很有可能与编制报告时所抱有的初衷背道而驰。②

相关研究并不多，但结论还不一致。针对此种状况，有学者指出，其原因可能在于：首先，目前的实证研究对象虽同属于广义的社会责任信息披露范畴，但报告形式各不相同，有的是环境报告，有的是环境和社会报告，还有的是综合报告，可比性明显存在问题。其次，研究中的社会责任报告透明度代理变量未能达到统一，且切入视角也有很大差异：有的考察鉴证与社会责任报告数量之间的关联，有的考察鉴证与报告特定内容的关联，还有的考察鉴证与内容深度的关联。不过，虽然结论还不确定，但有些研究所做出的尝试值得赞赏。例如，鉴于企业社会责任报告的叙述性和自由裁量性，有研究基于综合报告所采取的语言基调和修辞构成，从外部鉴证的作用进行了研究。③ 结果表明，鉴证会有助于提高综合报告的可读性。

鉴于实证检验无法确定外部鉴证是否有助于社会责任信息透明度的提升，

---

① HUMMEL K, SCHLICK C. The relationship between sustainability performance and sustainability disclosure-reconciling voluntary disclosure theory and legitimacy theory [J]. Journal of Accounting and Public Policy, 2016, 35 (5): 455 –476.

② VELTE P, STAWINOGA M. Empirical research on corporate social responsibility assurance (CSRA): a literature review [J]. Journal of Business Economics, 2017, 87 (8): 1017 –1066.

③ ARENA C, BOZZOLAN S. MICHELON G. Environmental reporting: transparency to stakeholders or stakeholder manipulation? an analysis of disclosure tone and the role of the board of directors [J]. Corporate Social Responsibility and Environmental Management, 2015, 22 (6): 346 –361.

有学者将研究视角转向传统的鉴证模式，探寻其是否适合于社会责任信息的特征。

### 三、实践挑战

对社会责任报告进行鉴证，现有的鉴证模式难免显得捉襟见肘。

首先，目前的社会责任信息鉴证标准（如 AA1000AS 和 ISAE 3000）仅提供了"广义参数"，而这些参数并非为非财务信息量身定制的。① 例如，在财务报表审计中常用的控制测试框架，如果不是普遍可接受的控制框架，而且此框架若与内部报告准则或与标准制定机构的报告准则目标不符，那么，就不适用于社会责任报告。② 同时，财务报表审计中的测试程序通常以准数学术语来表达。这些适用于测试账户余额和交易的程序，也并不一定适用于以披露定性、主观和预期性质为主的企业社会责任报告。

其次，现有的审计行业标准还不足以解释企业运营模式中不同"要素"间的复杂关联。现有标准往往更关注错误陈述信息的风险，而忽略了不完整或不充分披露价值创造过程的风险。其结果就是很难在测试程序与社会责任报告之间建立一种明确的联系。此外，到底该如何确定重要性？财务信息披露语境已发展完善了一整套标准，可根据经明确定义的标准对余额和交易进行量化评估和评价。然而，该如何针对社会责任信息的重要性进行评估，目前尚不明朗。与此密切相关的另一个挑战是，对社会责任报告进行鉴证时所需要依据的标准也存在问题。例如，综合报告框架是原则导向的，并不包括与国际财务报告标准或全球报告倡议组织（global reporting initiative，GRI）③相类似的具体规定。因此，如何解读和应用相关原则，存在着较大的分歧。④特别是，短期内也不可能形成一整套公认标准，这也使社会责任信息鉴证无所适从。

---

① WALLAGE P. Assurance on sustainability reporting：an auditor's view［J］. Auditing：A Journal of Practice & Theory，2000，19（s-1）：53.

② MAROUN W，ATKINS J. The challenges of assuring integrated reports：views from the south African auditing community［R］. London：The Association of Chartered Certified Accountants，2015.

③ 全球报告倡议组织成立于 1997 年，由美国非营利环境经济组织（CERES）和联合国环境规划署（UNEP）共同发起，总部位于荷兰阿姆斯特丹。

④ Beck C，Dumay J，Frost G. In pursuit of a 'single source of truth'：from threatened legitimacy to integrated reporting［J］. Journal of Business Ethics，2017，141（1）：191-205.

由于存在以上的现实挑战，目前还无法将对企业社会责任绩效和信息披露的主观评估与制度化方法所获得的证据结合起来，其结果是限制了社会责任信息鉴证结果的影响力，这就是通常为什么会在社会责任报告的鉴证意见中看到这样的话："鉴于没有可普遍接受的标准，尚无法为企业社会责任报告所涉及的各方面提供强有力的证明。"[①] 即使存在适用的标准，往往也仅仅覆盖了特定范围内的披露信息，依然不能说明社会责任绩效的全部。此外，标准通常涉及事实内容，但商业模式的可行性、不同类型资本间的相互联系以及所选关键绩效指标的充分性等问题，并不在常规鉴证的范围之内。而且，利益相关者所关注的内容也远远超出了社会责任报告所涵盖的范围。特别是，资本提供者和其他信息使用者最为关注的是企业所披露的履责绩效，以及与履责思维之间的联系，这些内在的、主观的、定性的和前瞻性的要素都被排除在鉴证范围之外。[②] 不无讽刺的是，这些被排除在鉴证范围之外的要素，恰恰正是社会责任报告需要独立鉴证的真正意义所在。

## 四、可能的改进

针对现实挑战，在指出现有审计技巧局限性的同时，以迪拉德（Dillard J.，2011）和德威尔（O'Dwyer B.，2011）为代表的学者们提出，可采纳更具探索性的态度来收集和评估企业社会责任的信息和绩效，以扩展常规鉴证服务的范围。学者们首先挑战的是传统鉴证所采取的立场，即需要由独立的专业人士在正式测试程序框架之内完成，且鉴证结果是对鉴证主体是否符合一系列中立标准所做出的评价。若更广义地去理解"鉴证"，通过解读性地构建测试程序，可以对企业运营环境进行合理的主观评估，并不需要完全依赖于鉴证标准所规定的准科学方法。同时，可将审计风险模型加以扩展，将企业战略、经营状况以及对利益相关各方关系的评估，甚至对 ESG 绩效的影响皆囊括其中。这样既可以扩展考察（即鉴证意见）的重点，使其不再仅仅聚焦于报告准则中的遵从标准，也不再纠结于向利益相关者披露某些数据的准确性，而是关注于能够说明管理水准的背景、方法、假设和流程（见图 4 - 1）。

---

① DANDO N, SWIFT T. Transparency and assurance: minding the credibility gap [J]. Journal of Business Ethics, 2003, 44 (2 - 3): 195 - 200.

② CHURET C, ECCLES R G. Integrated reporting, quality of management, and financial performance [J]. Journal of Applied Corporate Finance, 2014, 26 (1): 56 - 64.

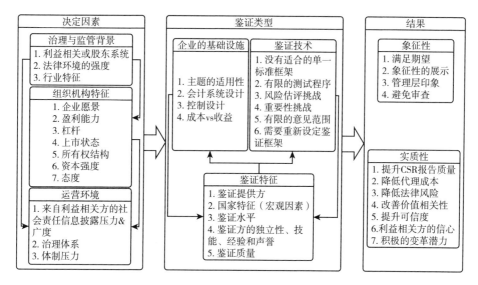

**图 4 - 1  企业社会责任报告鉴证模型**

资料来源: MAROUN W.  A conceptual model for understanding corporate social responsibility assurance practice〔J〕. Journal of Business Ethics, 2020, 161（1）: 187 - 209.

为了扩大社会责任报告的鉴证范围，需要将"鉴证"理解为不仅仅是独立第三方专业人士执行测试程序的结果，也可以是多层级运营监督、控制和审查的结果。在一项有针对性的研究中，中国、日本、韩国三国企业邀请利益相关者和第三方专业人士来审查自身的社会责任报告。① 最终虽没有形成正式的鉴证意见，但确实形成了相对客观的、有益于企业责任践行的相关观点。此类审查可以用来作为传统鉴证意见的补充。此外，作为统一报告领域的先行者，南非在鉴证方面的做法值得关注。南非实施了一种联合鉴证模式，即将外部审计师、内部审计师和管理学方面的专家以及董事会中的独立董事联合起来，对综合报告实施鉴证。此方法与国际综合报告委员会提出的方法不谋而合，即探索充分发挥企业内部的领导团队、内部信息披露政策和利益相关者积极参与等各方面的作用，使综合报告的信息透明度得到保证。

此外，鉴证要向社会责任报告使用者提供独立意见也遭到挑战。有学者提出"社会责任系统架构"，用以表达对社会责任信息披露和绩效的看法，

---

① JUNIOR R M, BEST P J, COTTER J. Sustainability reporting and assurance: a historical analysis on a world-wide phenomenon〔J〕. Journal of Business Ethics, 2014, 120（1）: 1 - 11.

也可用于与主要利益相关者互动，向其告知企业在运营方面的改进，以及对可持续性态度的变化。① 作为确保信息准确和可靠的有效手段，社会责任报告鉴证可以将鉴证目标有效扩展开来，包括协助经理人识别运营或战略问题，并提供改进业务流程和政策的建议。当邀请更多的专家或利益相关者对社会责任报告进行审查时，他们会就企业的运营和绩效以及如何改善社会责任信息披露提供客观的反馈，也会愿意为董事会识别社会和环境方面的"大象"，通过与管理层的积极互动，从而推动企业在社会责任领域内发生态度和行为的转变。

如果说，早期关于社会责任报告鉴证的研究还集中于需不需独立的第三方鉴证上，那么，在过去的 20 年中，随着社会责任报告日渐普及，特别是综合报告框架的面世，利益相关者开始意识到高质量的社会责任报告在解释企业如何产生可持续和负责任回报中可能发挥的作用，这显然需要一种与当前的鉴证服务明显不同的、更为全面的鉴证方式。

综上所述，在可预见的未来，全球监管机构对于企业社会责任信息的披露要求有逐步强制化的趋势。同时，泛泛而谈的企业社会责任报告也越来越难以引发读者和公众的兴趣，期望企业披露受众更为细分、内容更为精准的责任践行信息也成为发展趋势之一。其中，更能客观和精准反映企业在某方面作为的量化信息将成为关注焦点，特别是碳排放方面的量化信息。鉴于相关影响因素的多样性和复杂性，提升企业社会责任信息透明度之路，注定任重而道远。

---

① Morimoto R，Ash J，Hope C. Corporate Social Responsibility audit：from theory to practice ［J］. Journal of Business Ethics，2005，62（4）：315－325.

# 第五章　供应链 CSR 治理，何去何从？

"全球供应链，跨越截然不同且复杂多变的监管领域。因此，供应链的责任治理，绝非简单粗暴就可以一统治之，需要在不同的监管条件下达成协调统一。"

——迈耶 & 格里菲①

随着全球化进程的推进，企业的生产经营活动已延伸至全球各个角落。根据相关权威统计可知，80% 的全球贸易由跨国公司完成（联合国贸易暨发展会议，② 2013），其中，1/5 的工作与全球供应链相关（国际劳工组织，③ 2015），食品和零售行业 95% 以上对环境的影响来自供应链（GreenBiz Group，④ 2017）……1944 年，供应链管理（supply chain management，SCM）随布雷顿森林体系⑤开始出现，并在 20 世纪 90 年代，随着关贸总协定的乌拉圭回合和世界贸易组织的建立得以加速发展。然而，曾几何时，供应链管理开始成为令各方感到担忧的问题。哪怕是将企业社会责任和可持续性发展理念融入其中之后，供应链管理的可持续性依然遭到各方质疑。那么，供应链管理到底面临着哪些挑战？对其进行责任治理，又该从何处入手？如今，企业纷纷推出针对供应链的企业社会责任倡议活动计划，以期能够

---

① MAYER F, GARY G. Regulation and economic globalization: prospects and limits of private governance [J]. Business and Politics 2010, 12 (3): 1–25.

② 联合国贸易和发展会议（United Nations Conference on Trade and Development，UNCTAD），成立于 1964 年，是联合国大会常设机构之一。

③ 国际劳工组织，是 1919 年根据《凡尔赛和约》作为国际联盟的附属机构成立的。1946 年 12 月 14 日，成为联合国的一个专门机构，简称"劳工组织"。其宗旨是：促进充分就业和提高生活水平；促进劳资双方合作；扩大社会保障措施；保护工人生活与健康。

④ GreenBiz Group，致力于推动绿色经济的国际知名媒体机构。

⑤ 布雷顿森林体系，是 1944 年 7 月至 1973 年间世界上大部分国家加入的以美元作为国际货币中心的货币体系，于 1973 年宣告结束。

减轻所背负的社会或环境影响压力，虽赚取眼球无数，但实际效果却不尽如人意。

## 第 一 节　供 应 链，何 以 成 为 问 题？

供应链之所以发展成为全球供应链，说到底，是企业意欲充分利用不同地区间客观存在着的技术发展、法律法规、劳动力和生产成本等方面的差异优势，而当供应链延伸至全球各个角落之时，社会和环境问题便不可避免地随之而至。当然，供应链被推上风口浪尖，是由多种推力共同造成的。首先，信息流动越来越快，企业一旦发生不当商业行为，会在第一时间反映在市场中。特别是诸如大众汽车"尾气门"事件、神户制钢伪造质量证明、美国征信巨头埃奎法克斯（Equifax）泄露个人信息获利、剑桥分析公司滥用脸书（Facebook）数据事件等惊天丑闻发生之后，负面效应更加明显。其次，消费者面对由企业活动所引发的社会和环境问题，在感到气愤的同时，从开始改变自身购买行为做起，对企业进行更为严苛的监督和审视。最后，在吸引优秀员工和更多的投资者时，企业声誉显现出了前所未有的重要作用，使企业对声誉越发珍惜。

然而，随着供应链逐渐发展成为极为复杂的网络，在得到来自社会、环境、经济、法律、道德和技术等各方密切关注的同时，对其进行有效管理也越发艰难起来。联合国的可持续发展目标明确指出，全球供应链对世界经济可持续发展起着举足轻重的作用，使其更具可持续性和更负责任，应当成为企业可持续发展战略的重要组成部分。供应链管理，也随之开始成为行业发展、政府监管和学术研究等领域内的热点问题。近几年来，讨论焦点也不再停留在"企业为什么要进行负责任的供应链管理"，而是转变为"如何才能有效地进行负责任的供应链管理"。

那么，有效管理供应链使其具有负责任和可持续的特点，究竟难在哪里呢？诚如有学者指出的那样，对供应链进行"管理"的想法，以及应该由谁或可能由谁来对此负责，都是需要解决的关键问题。例如，企业该不该为自身供应商的行为承担无限责任？如果答案是否定的，那么，该如何对供应商形成积极的影响？如果"责任范围"无法明确，自然也无法明确责任分配，这本身就是一个严峻的挑战。① 除了责任分配，还需要制定战略并解决供应链中的计量问题，只有了解并控制包括流程、人员和技术在内的整个供应链，才可能被称为成功的供应链管理。② 由关键问题延伸开来，还会引发信息和知识的透明度、供应链成员之间的相互关系，以及计量内容的设计和使用等议题。

传统运行良好的供应链，以及与之关联的最佳实践和管理体系，有可能支持，但更有可能阻碍负责任的供应链管理。③ 可持续的供应链管理目标，要求管理层从实践和认知两个方面改变传统的管理风格，并在日常供应链管理实践中体现出来。这需要重新定义供应链的构成，将传统意义上不属于供应链的成员纳入其中（如非政府组织、社区成员甚至竞争对手）。在此基础上，经理人提出的可持续应对措施，将被视为企业为负责任的供应链管理目标所做的郑重承诺。

此外，在确定负责任和可持续性的目标后，还需辨别供应链所面临的内外部挑战。外部挑战因素相对明了，包括但不限于法律法规、客户需求、给予利益相关者的回应、竞争优势、施加环境和社会压力的群体，以及可能的声誉损失。内部因素，则涉及维护复杂供应链运转所产生的成本，特别是因监控、沟通和交换信息所产生的一系列成本。另外，维护供应链的可持续性还需解决一系列的操作性难题。例如，如何计量供应链的可持续性？如何改良产品回收时的收集、翻新、再循环或处置环节？如何为供应链的不确定性和风险建立模型？如何在供应链中的跨国公司、中小型企业以及农户之间建立相对公平的竞争关系？如何保持供应链下游的可持续实践透明度？

供应链，何以成为问题？可以看看学者为此总结出的五类挑战：如何遵循可持续发展的战略方向；如何长期保持供应链内的合作伙伴关系；如何与物流和其他相关机构保持合作；如何进行缓解利益相关者压力的风险管理；如何积极参与各种可持续倡议或活动。④ 也有学者将此领域内的挑战分为六

① VAN OPIJNEN M, OLDENZIEL J. Responsible supply chain management: potential success factors and challenges for addressing prevailing human rights and other CSR issues in supply chains of EU-based companies [R]. European union: In Centre for Research of multinational corporations, 2011.

② BALA K. Supply chain management: some issues and challenges-a review [J]. International Journal of Current Engineering and Technology, 2014, 4 (2): 946–953.

③ ABEYRATNE S A, MONFARED R P. Blockchain ready manufacturing supply chain using distributed ledger [J]. International Journal of Research in Engineering and Technology, 2016, 5 (9): 1–10.

④ BESKE P, A LAND, S SEURING. Sustainable supply chain management practices and dynamic capabilities in the food industry: a critical analysis of the literature [J]. International Journal of Production Economics 2014 (152): 131–143.

类：如何在复杂的供应链中，在商品消费与生产之间存在地理距离的情况下，保持消费者与供应商的沟通；如何保证商品的可追溯性和通用标准；如何在信息和知识存在差异的情况下，保证信息透明度不下降；如何使协作与沟通贯穿于整个供应链；如何应对遵从或执行方面存在的治理鸿沟；如何应对负责任的供应链所需的权利对称或权利在参与者间的权衡分配；如何应对以"可持续"为名的不可持续行为。① 以上供应链面对的诸多问题，一方面表明，欲保证供应链运行良好，需要解决战略、运行和技术等层面的现有问题；另一方面还表明，一旦侧重于供应链的可持续维度，那么，传统供应链的管理内容将发生极大的改变。

因此，全球化背景下的供应链面临的问题越来越多，承受来自政府、客户、员工、社会组织和其他利益相关者团体的压力也将越来越大。各方虽付出了努力，但仍需系统性的解决方案。

## 第二节　供应链，需要责任治理吗？

率先将供应链与企业社会责任联系起来的，是由卡特和詹宁斯（Carter & Jennings，2002）、莫非和皮奥斯特（Murphy & Poist，2002）代表的先行学者，他们把企业的供应链以及可能造成的环境和社会影响置于社会责任情境框架中。由此，供应链管理在企业社会责任和可持续性发展的研究领域开始占有一席之地。

### 一、供应链责任治理，可行吗？

供应链由一系列塑造微系统的特质要素集合而成，具有唯一性。要使其良好运行，需要了解其中的社会复杂性、历史遗留影响和看起来并非泾渭分明的因果关系。近二三十年来，涌现出了无数供应链社会责任治理倡议活动，但与其他类型的企业变革不同，向可持续供应链的转变需要挣脱企业边界的束缚，重塑企业与社会、企业与自然环境之间的联系。而且，为了在相互依

---

① BOSTRÖM M, A M JÖNSSON, S LOCKIE, A P MOL, P OOSTERVEER. Sustainable and responsible supply chain governance: challenges and opportunities [J]. Journal of Cleaner Production, 2015 (107): 1 – 7.

存的经济、社会和环境三方面之间建立联系，企业内部以及整个社会都需为此进行根本性变革。可以说，可持续供应链是变革性的，因为它基于对现状的质疑；同时，它也是关乎关系的，关乎企业内外部的关系，更关乎企业与整个社会甚至与整个地球体系之间的关系。

对于可持续供应链管理，目前学界和实务界更多将其视为创新性地提升供应链管理的效率。学者们认为，企业社会责任是自愿性质的，企业具有充分的自由裁量权，但对于参与可持续发展，特别是参与可持续供应链管理，所有企业责无旁贷。① 不过，与企业社会责任类似，"可持续性"一词在相关语境中的含义并不一致，而且，此种不一致已限制了可持续供应链管理实践的进步。例如，国际商会（2008）对可持续供应链管理的定义是"企业自愿以负责任的方式管理与供应商的关系"。与国际商会不同，联合国全球契约（2015）将其定义为"所有向市场提供产品和服务的利益相关者，其创造的长期价值（包括环境、社会和经济三个方面）将得到保护和提升"。以上两种相对权威的定义，第一种强调了企业承担供应链可持续责任的自愿性特征，第二种则着眼于企业如何管理对利益相关者可能形成的影响，并努力采取积极的方法将更好的社会、环境和治理实践纳入自身的供应链管理之中。

在进入 21 世纪后的最初十年间，企业社会责任背景下的供应链管理研究已发展成为独立的"可持续供应链管理"（SSCM）研究领域，② 但可持续性概念的内在复杂性、跨学科性以及到底该如何将人类活动置于更广泛的地球体系之中等基本问题，仍未能够得到解决。最初，由布伦特兰委员会③提出的可持续发展重点在于对子孙后代的责任，而由世界环境与发展委员会④提出的可持续性，则把重点更多放在眼前需要关注的问题上，特别是所谓的"三重底线"。事实上，需要紧迫应对的三重底线（即经济、社会和环境），早已深嵌可持续发展之中，成为其不可分割的一部分。

---

① CARTER C. R. , ROGERS D. S. A Framework of sustainable supply chain management：moving toward new theory [J]. International Journal of Physical Distribution Logistics Management，2008，38（5 – 6）：360 –387.

② WU Z, PAGELL M. Balancing priorities：decision-making in sustainable supply chain management [J]. Journal of Operations Management，2011，29（6）：577 –590.

③ 布伦特兰委员会：1987 年，格罗·哈莱姆·布伦特兰在联合国大会上发表我们共同的未来（Our Common Future，又称为布伦特兰报告）报告，正式定义"可持续发展"，是指一种既能满足我们现今的需求，同时又不损及后代子孙，满足他们的需求的发展模式，

④ 世界环境与发展委员会（WCED），通称联合国环境特别委员会或布伦特兰委员会（Brundtland Commission）。

## 二、供应链责任治理，理论前提是什么？

自 20 世纪 90 年代起，常常与可持续供应链管理联系在一起的是基于自然资源基础观的企业环境战略管理框架，以及由约翰·艾尔金顿（John Elkington，1997）最早提出的三重底线原则（triple bottom line，TBL），两者成为该领域最常被依托的基础理论。其他更具挑战性的理论视角，如生态中心主义、可持续中心主义和生态可持续组织理论等未能受到应有的重视。由此造成的后果是，"降低对环境的危害"理所当然地成为企业环境绩效的上限，"如何才能对地球体系形成积极影响"已很少被学界提及。更为糟糕的是，由于可持续供应链管理一直未能融入生态学和受生态学影响的可持续发展理论研究之中，因此，对于如何恢复自然资源等更为积极的研究话题，可以说，毫无建树。

近年来，可持续供应链管理研究领域涌现出了不少综述类和实证检验类研究，可能促进（或阻碍）可持续供应链管理的内外部因素得以初步确定。但正如学者们指出的那样，研究者们一方面太过着迷于探寻企业生态效率与其财务绩效之间的关联，另一方面又不愿在理论构建方面做出太多努力，[①]其结果就是，实证检验之风愈演愈烈，但基于极度薄弱理论基础之上的检验结果饱受质疑。

对此现状极为不满的是秉持生态中心主义的学者们。在他们看来，自然资源既有内在价值，又有工具价值，它是经济和社会的生态系统基础，而不仅仅是需要管理的对象，保持起码的环境可持续性是学界和实务界应坚守的道德底线。企业最初之所以能够获利，是因为它们及其供应商没有将自身经营活动所造成的环境代价视为成本，而这些代价（即成本）最终会"外部化"，由全社会和/或子孙后代来承担。[②]

管理学研究者应尝试为"在工业活动中承担着最大风险的利益相关者，即自然资源"代言。然而，可持续供应链管理领域的相关研究，专注于供应链该如何实现可持续性的研究并不多，相当一部分将重点置于企业该如何根

---

① WONG C W Y. Leveraging environmental information integration to enable environmental management capability and performance [J]. Journal of Supply Chain Management，2013，49（2）：114－136.

② KREBS C. J. The ecological world view [M]. California：Berkeley University of California Press，2008.

据社会和环境要求筛选供应商，或是如何在不影响盈利能力的情况下，企业与供应商一起取得最优的环境和社会绩效。① 这一类研究的深度显然是不够的。而且，此类研究的研究假设往往是企业供应链的性质和范围的"可持续性"不容置疑，供应链所供应的产品及其方式本身也无可厚非，这也是经不起推敲的。

不可否认的是，当前该领域的研究并未能够完全捕捉到供应链可能对经济、社会和环境所造成的深刻影响，甚至还远未能够达到供应链管理领域的水准，这都与该领域的理论基础极度薄弱深刻相关。

### 三、供应链责任治理，与增长相关吗？

尽管早期的供应链管理研究涉及环境和社会问题，但很少有将供应链管理与经济绩效联系起来的。因此，随着可持续供应链管理的兴起，有一部分学者主张将其与企业社会责任框架分开，与三重底线结合起来。三重底线概念一旦成为可持续供应链管理的重要组成部分，两种相似但截然不同的可持续供应链管理策略：生态效率（eco-efficiency）和生态效能（eco-effectiveness），随即成为讨论的焦点。

生态效率是一个将经济和生态涵盖在内的效率概念，倡导政治经济体系在地球能够承载的范围内运行。② 生态效率秉持"双赢"逻辑，是指企业在不降低可持续性的前提下，依旧保证盈利。③ 然而，在许多人看来，生态效率双赢框架，需要将对环境产生负面影响的经营活动排除在外，对财务绩效的负面影响严重。出于此原因，一些研究者认为，生态效率是一个空想概念，是企业经理人欲将个别环境成本内部化的幻想。④ 同时，这也意味着，作为地球体系管理者，企业的责任被仅仅限制在"能够产生经济利益"的环境范围。

① HOEJMOSE S U, ADRIEN-KIRBY A J. Socially and environmentally responsible procurement: a literature review and future research agenda of a managerial issue in the 21st century [J]. Journal of Purchasing and Supply Management, 2012, 18（4）: 232 – 242.

② United Nations Conference on Trade & Development. Integrating environmental and financial performance at the enterprise level a methodology for standardizing eco-efficiency indicators [M]. United Nations Publication, 2003.

③ BANERJEE S B. Critical perspectives on business and the natural environment [C]. The Oxford Handbook of Business and The Natural Environment. Oxford: Oxford University Press, 2012.

④ HUESEMANN M, HUESEMANN J. Techno-fix: why technology will not save us or the environment [M]. Gabriola Island: New Society Publishers, 2011.

　　与生态效率不同，生态效能的倡导者认为，最好的解决方案应当是，在价值创造流程设计之初，就消除对环境产生损害的可能。这是一种生物模仿逻辑，即以一种可持续的速度消耗自然资源，同时，所生成的废物也以一种可持续的速度被循环和吸收。理想状况下，此流程不会耗费自然资源，也不会产生任何浪费。因此，从某种程度上说，只有生态效能策略才能够兑现根本性降低环境影响的承诺。虽然与生态效率一样，其依托的也是"经济可持续增长"模型，但生态效能是更为激进的策略，具有生态现代化双赢框架的特点。

　　如果将生态效率和生态效能两种策略进行比较，只有生态效能策略才能够逆转企业供应链造成的环境破坏。不过，绝大多数的企业却更倾向于选择生态效率策略，而且，将闭环供应链（closed loop supply chains，CLSC）作为其致力于供应链责任治理的有力佐证。然而，企业从采购到最终销售的完整供应链循环并不能解决所有的环境问题。首先，闭环供应链并没有考虑到增长带来的问题。随着业务的增长，需要更多的原材料进入供应链，闭环供应链也就失去了封闭性，由此加大了对环境的影响。其次，原材料循环利用是有物理次数限制的，而闭环供应链很难实现 100% 的效率。对于效率不高的闭环供应链，需要用新材料补充回收流程，而引进新型环保技术更是需要新原料。最后，闭环供应链一般由可再生能源提供动力，但可再生能源并非无限资源，至少获取能源的能力是受限的。因此，即使是采取闭环供应链的典范企业，也未能将其最环保产品的供应链对环境的影响降至为零。

　　总体来说，尽管人类社会已为经济增长对环境的破坏付出了惨痛代价（即实际成本外部化于全社会和/或子孙后代），但若要提出将可持续发展与经济增长相剥离，则无疑会失去当前正在运行的政治和经济结构，乃至主流话语权的支持。因此，在充满了竞争和经济增长论调的"经济世界观"主导下，供应链责任治理实践还未能从根本上摆脱新古典经济学，或"生意的精髓就是经营"等传统观念，也未能对消费和企业的目的形成新的认识，更未能开发出替代以增长为主流的备选方案。

## 第三节　供应链 CSR 治理，障碍在哪里？

　　鉴于可持续性概念中的诸多基本问题仍未能够得到圆满解决，理论基础又相对薄弱，可持续供应链管理领域未能开发出替代以增长为主流的备选方案，因此，供应链无疑亟待责任治理。那么，发展至今，供应链，特别是全球供应链的责任治理，障碍在哪里？

供应链的责任治理，将涉及管理学、法学和政治学等多门学科和多种研究领域。在此书中，供应链的责任治理是指，在将企业社会责任视为私人治理、社会治理和公共治理相结合的协同治理的前提下，旨在寻求一系列可由国家和非国家主体所采用的，用于控制、指导和问责企业供应链协同规则的制定与管理。

以下为此领域的研究者们辨别出的可持续供应链在治理和责任方面存在的现实挑战，它们互为因果，顺序不分先后。只有先识别出挑战，才可能找到有针对性的解决方案。

## 一、地理距离远

供应链最具"全球性"特征的标志是，产品的消费与生产之间存在着地理意义上的距离。其结果是，消费者对生产方面的情况一无所知，而且，对生产所造成的环境和社会负面影响做不到感同身受。因此，在就生产所造成的环境和社会后果展开讨论时，很难形成相对客观的看法。

为了应对此种境况，一种解决方法是有意识地缩短地理距离，从而缩短供应链，让生产重返当地。例如，从当地农民手中直接采购农产品，既降低了供应链的复杂性，又能直接与供应商沟通，并使追溯食品源头变得更为容易。特别是以超市为主导的牛奶、牛肉和面包等食品供应链，实现此种生态创新后，供应链更短、更简单，有利于供应链内各参与方之间开展更为直接的互动。① 这正是许多有识之士积极倡导都市农业和粮食当地供给的原因。

然而，对于大多数产品的供应链来说，回归本土化并不是一种放之四海皆准的解决之道。对于全球供应链的责任治理，其中一个不得不解决的核心问题是，供应链内的各参与方之间，如何通过相关标准、产品信息流，

---

① MYLAN J, GEELS F W, GEE S, MCMEEKIN A, FOSTER C. Eco-innovation and retailers in milk, beef and bread chains: enriching environmental supply chain management with insights from innovation studies [J]. Journal of Cleaner Production, 2015 (107): 20 – 30.

以及新媒体达成远程互动？① 如何通过远程沟通降低可持续性方面的风险？若制定一套全球都能通用的标准，标准制定者必须对产品的规范、当地的人文历史、生产的环境和实际情况达到一定程度的了解，而且，该标准还需具有一定程度的灵活度。否则，不接地气的所谓的全球标准，只会加剧"全球"与"本土"之间的隔阂，根本不可能在责任治理意义上起到积极作用。

## 二、信息不对称

生产的外包在产生了地理距离的同时，还形成了另一种差距：难以获取供应链中与产品和生产过程相关的可靠、全面且可验证的信息，特别是可持续信息。一般情况下，供应链内各参与方（生产者、购买者、终端消费者和政府）之间，以及与其他供应链之间都存在着不种程度的信息不对称。然而，到底该如何可靠地披露敏感信息，特别是当信息有可能将披露者自身置于不利境况之下时？这需要独立的第三方信息平台，且平台上的信息对所有供应链参与方开放。

通过认证、行为准则和产品信息系统之类的工具，可解决生产者与购买方及零售商之间，甚至与其他利益相关者之间的信息不对称问题。当然，这也会引发信息透明度的另一些问题：如何确定需要披露（或不披露）的信息？该向谁披露？由谁来做出此类决策？决策本身是否透明？谁来负责控制、管理和验证信息的透明度？选择性地披露，或选择性的信息透明，都不能揭示出"事实真相"。更为重要的是，既要审慎地检视透明度的制度安排，还要避开各种透明度陷阱。

此外，即便获得了相关信息，如何进行解读并据此采取相应的行动，也是一项艰难的任务。特别是在一些复杂情境下（如涉及化学品管理），更是如此。应对不确定性和复杂性的最佳途径，一方面，通过内部知识的开发，不断在"干中学"；另一方面，需要通过供应商和购买方的互动，不断在实践中扩展已知的范畴。

---

① PONTE S, GIBBON P, VESTERGAARD J. Governing through standards：origins, drivers and limitations ［M］. New York：Palgrave Macmillan, 2011.

## 三、沟通有障碍

学界一直强烈主张，全球供应链中应加强协作和沟通，以确保参与各方的行为更具可持续性，也更负责任。① 然而，有关供应链中深入协作和交流的实证数据还不多，需继续寻找适合的沟通工具、策略和系统，以拉近因地理和社会等原因所造成的距离。沟通本身虽可通过标准的制定和信息系统的完善得以促进和加强，但仍然会受到语言、相互间信任程度、沟通成本、专业知识掌握程度和文化规范等问题的限制。供应链和产品本身的复杂性，可能会使购买方或终端消费者连供应商或二级供应商都搞不清楚，更别奢谈沟通和协作了。在此情况下，即使已制定了相关的标准、信息系统和审核程序，也不一定能进行良好的沟通，抑或很难发挥标准或程序的作用。有学者指出，在审核供应商时，判断一场谈判是否符合伦理规范已是很难的事儿了，更别提在购买方、供应商和二级供应商之间就可持续性展开有意义的对话了。②

沟通障碍往往源于供应链的复杂和非连贯。在对牛奶、肉和面包供应链进行比较时可以发现，生态创新会改善供应商关于基准和最佳实践等议题的讨论和信息交流，也会加强该群体对于创造共享价值社会意义的认知。与此形成鲜明对比的是，超市供应链极少出现生态创新，因此，与生产者之间也不可能形成直接的互动。开发出共享价值创造"路线图"和基本框架尤为重要，可通过研讨会、会议、平台和期刊等途径发起对话和辩论来完成。

此外，沟通障碍也可能源于供应链中某一成员内部的复杂性和分散性。以所谓的"焦点企业"为例。焦点企业往往是供应链中的主要参与方，与终端消费者有直接的联系，负责产品的设计和供应链的管理，理应对供应链的内外部可持续性负责。然而，事实上，企业内部并没有设置专人对此负责，各相关部门之间保持着的也是相对松散的联系。其结果就是使得应该承担供应链责任治理的焦点企业，并没有能够承担起相应的治理职责。③

---

① SEURING S, GOLD S. Sustainability management beyond corporate boundaries: from stakeholders to performance [J]. Journal of Cleaner Production, 2013, 56 (Oct. 1): 1 –6.

② HELIN S, BABRI M. Travelling with a code of ethics: a contextual study of a Swedish MNC auditing a Chinese supplier [J]. Journal of Cleaner Production, 2015 (107): 41 –53.

③ FROSTENSON M, PRENKERT F. Sustainable supply chain management when focal firms are complex: a network perspective [J]. Journal of Cleaner Production, 2015, 107 (Nov. 16): 85 –94.

## 四、监管存空白

在遵从监管方面，一方面，需要制定出相应的标准。例如，如何为一个生态标签项目确定原则和标准？如何定义行为准则中的规范？如何编制一份质量上乘的可持续或社会责任报告？如何发布可持续发展指南？等等。另一方面，需要确保相应的可持续原则、标准和指南得到了切实的遵从。全球性的标准，特别是全球良好农业规范组织（GLOBAL G. A. P.）①，基本上并没有配套的监控和验证系统，因此，实际上也并不能解决执行和遵从问题。

即使存在审核系统，遵从差距也仍可能存在。以由多个利益相关者组成、旨在维护纺织品供应链工人权利行为准则的公平成衣基金会（fair wear foundation，FWF）② 为例。一项针对该组织的调查发现，其行为准则和相关审核，往往是基于对生产设施的检查、与管理人员和工人的访谈，以及对相关书面文件的检查。在特定时期内，确实在某些成果标准上取得了进展（如使用童工，以及安全和健康的衡量标准），但在一些过程权利方面（如结社自由和性别歧视）并未取得实质性的改善。③ 而且，令人不解的是，从审核结果来看，在最可能发生违规行为的区域内，发现的违规行为却最少。

值得庆幸的是，在执行可持续发展标准的过程中，出现了行业标准与国家法规之间形成了建设性互动的实例。此外，与供应链相关的其他各方也可能发挥出重要作用。例如，非营利组织对供应链中某些不符合可持续性发展的特定行为施加压力，可以起到监督的作用。不过，尽管这种外部

---

① GLOBALG. A. P.，是一套主要针对初级农产品生产的操作规范，以农产品生产过程质量控制为核心，以危害分析与关键控制点（HACCP）和可持续发展为基础，关注环境保护、员工健康、安全和福利，保证农产品生产安全的一套规范体系。它通过规范种植/养殖、采收、清洗、包装、贮藏和运输过程管理，鼓励减少农用化学品和药品的使用，实现保障初级农产品的质量安全、可持续发展、环境保护、员工健康安全以及动物福利等目标。目前，全球有 112 个国家的近 14 万家企业和农场获得 GLOBALG. A. P. 认证。

② 公平成衣基金会（Fair Wear Foundation，FWF），是一家独立的非营利性组织，致力于与加入该基金会的企业一起，改善服装工人的劳动环境。

③ EGELS-ZANDÉN N, LINDHOLM H. Do codes of conduct improve worker rights in supply chains? a study of fair wear foundation [J]. Journal of Cleaner Production, 2015, 107 (Nov. 16)：31 – 40.

监督很重要，但非营利组织往往很难在相对长的时期内持续关注同一个议题。①

## 五、权利分布失衡

实现权利对称，或在全球供应链各参与方之间实现更为均衡的权利分配，对于可持续全球供应链的责任治理至关重要。权利差距是分析可持续全球供应链责任治理的基本维度，关系到其中存在的障碍、先决条件和最终的结果。然而，权利分布不对称，绝不仅仅关乎"核心"与"外围"之间的距离，实际情况往往更为复杂。

从购买方的角度来看，若自身缺乏权利，即意味着无法强制要求生产者执行相关的标准。想要发起可持续性创新，或在供应链中拥有强制执行相关标准的权利，需要积极参与的态度，并慷慨投入相应的时间、人员、专业技能、社交网络和象征性权利等种种资源。若购买方认为自己在供应链中比其他参与方弱小，将意味着对因改善生产所造成的社会和环境影响无能为力，或无法承诺。在此情境下，供应链中的其他治理安排（如第三方认证）可能有助于消费者、购买方和零售商对供应商和生产者施加压力。例如，对于零售商来说，可持续性标准的缺位使其无法选择供应商，或迫使供应商执行相关标准，毕竟购买方并不都是如宜家或沃尔玛般实力强大，可以轻松地对供应商提出任何要求。即便如此，购买方也没有对供应商以及二级供应商的完全控制权。

同时，从供应商的角度来看，缺乏权利可能既无法有效利用可持续性标准的灵活性和威力，也无法对此种标准的形成及内容做出贡献。购买方会对发展中国家的小供应商施加压力，执行标准可能只符合发达国家的企业文化规范，却并不适宜发展中国家的生产环境，② 或不适用于小规模生产者。③ 对

---

① DIETERICH U, AULD G. Moving beyond commitments: creating durable change through the implementation of Asia pulp and paper's forest conservation policy [J]. Journal of Cleaner Production, 2015, 107 (Nov. 16): 54-63.

② VELLEMA S, VAN WIJK J. Partnerships intervening in global food chains: the emergence of co-creation in standard-setting and certification [J]. Journal of Cleaner Production, 2015, 107 (Nov. 16): 105-113.

③ BUSH S R, TOONEN H, OOSTERVEER P. MOL A. P. J. The devil's triangle of MSc certification: balancing credibility, accessibility, and continuous improvement [J]. Marine Policy, 2013, 37 (Jan. ): 288-293.

于如何将当地生产者的生产能力积极纳入全球供应链的可持续发展轨迹中，一方面，发达国家的大企业可通过提高整个供应链的标准来引发积极变化；①另一方面，如果这些大企业在采购实践中缩小了小供应商的生存空间，那么，这种"掌控权"可能会有损于可持续发展的整体目标。或者说，仅仅为了取得有限的"成果"（如遵守最低工资、工作时间或提供防护设备），而无法解决"进程权"问题（如获得体面和稳定的就业机会）。

可持续的全球供应链中，一维权力视角和核心权力中心都是不存在的。在可持续责任治理领域，没有所谓的赢家和输家。因为在全球供应链中，权力可能或多或少地等同于资本所有权（经济权力）或国家控制力（政治权力）。即便如此，一些非经济利益以及供应链周围的动态网络不容小觑，如小生产商、本土及全球范围的非营利组织、各行业专家，他们是可持续发展倡议的发起方。在这些倡议中，新的权力形式是对网络的控制和连接，包括选择什么样的过程、包含（排除）什么样的信息、如何控制信息流，以及如何拥有合法资本。

最后，需要了解可持续工具及其使用者所拥有的日益强大的象征性权利。例如，关键意见领袖（key opinion leader，KOL）拥有一定主导地位，以市场抵制作要挟，形成一种特殊的"可持续性"标准。尽管此种"标准"存在缺陷，但因为在公众（消费者）心目中具有较高的地位和价值，此类标准即可作为事实上的"社会许可证书"来使用。如果相关企业选择拒绝遵从该标准，则可能面临着负面宣传和声誉受损情况。

## 六、信誉受质疑

对于全球供应链的责任治理来说，虽仍在有序进行中，但能够证明其中存在缺陷的例证也不少。例如，有的实例证明，可持续性未能得以改善、相关信息的透明度并未提高以及持续改进受到了有限监督和舆论干扰，等等。

目前，全球供应链的责任治理举措，不但在解决地理、信息、沟通、合规性和权利分配等方面存在着问题，成效也十分有限，而且，新的问题还在

---

① SAID-ALLSOPP M，TALLONTIRE A. Pathways to empowerment? dynamics of women's participation in global value chains [J]. Journal of Cleaner Production，2015，107（Nov. 16）：114 – 121.

不断涌现。甚至是有些治理举措不仅未能维护自身的合法性和权威性，还阻止了进一步的创新。此外，还有研究发现，各种标准实际上会更有利于强势的利益相关者，使之成为市场的宠儿；同时，依然未能确定利益相关各方（特别是已被边缘化的各方）的可持续发展定义，因此，以可持续名义所进行着的不可持续行为，已成为各方真正担忧的问题，甚至已成为一种信誉风险。① 那么，现有手段有效吗？对可持续性有影响吗？对哪一方有效？在什么方面有效？形成了怎样的影响？越来越多的学者和实践者提出了类似的系列疑问。

## 第四节　供应链 CSR 治理，从何入手？

对于供应链的责任治理，若从企业社会责任和可持续性发展的关键要素出发，可从三个角度寻求解决方案：平衡考量可持续发展中的经济、环境和社会三方面因素，在供应链中保持合作伙伴间的协作，以及加强与供应链利益相关者的长期合作。考虑到现代供应链的特征，理想的供应链责任治理，应当既能够使企业灵活应对自身内部的社会责任事务，还可能有助于解决供应链中复杂且分散的可持续性发展议题。由此可知，实现有效的供应链责任治理至少需要从以下几个方面进行探索。

### 一、技术创新助力实现可持续性

对于传统的线性供应链，当面对高度动态的外界条件和不断变化的生态系统时，最明显的不足是灵活度不够。因此，除了加快市场响应速度之外，对于供应链来说，大数据、在线平台以及区块链等高新技术会推出更高级的协作模式，使以数字方式管理供应链成为可能，也使彻底改变供应链责任治理现状成为可能。

以大数据为例。尽管仍处在起步阶段，但大数据已用于实时风险管理和

---

① BLÜHDORN I. Sustaining the unsustainable：symbolic politics and the politics of simulation ［J］. Environmental politics, 2007, 16 （2）：251 – 275.

动态资源优化，提高了可见度、灵活性和全球供应链流程的整合。① 因此，大数据分析有助于扫清供应链中目前存在的障碍，通过技术支持监督与鉴证，提高透明度和可追溯性。此外，大数据分析有助于企业的采购和供应链布局，甚至在产品设计和开发方面实现战略规划，从而提升合规性，并改善与利益相关各方的关系。因此，大数据越来越被视为供应链创新的重要驱动力，以及价值创造和竞争优势的重要来源。②

基于大数据，企业可以对宏观商业环境进行深度分析，并将结果直接而实时地对接到业务流程中。数据的智能收集、分析和使用，有助于形成更有针对性的业务决策，并能够反馈市场趋势和客户购买情况。大数据的这些属性，既有助于企业确保经济目标的实现，也使企业关注环境和社会目标成为可能。同时，它还可以促进供应链参与者之间的协作，从而增强利益相关者间的联系。大数据特别适用于数字平台，在交互式生态系统中将人员、组织和资源组合起来，并在彼此间进行价值交换。

在供应链管理领域，关于大数据的学术研究还不多见，但一些咨询公司已开始通过大数据分析来提供改善供应链管理的咨询服务。以自称"面向买方和卖方的云网络解决方案"的 SAPAriba（SAP）为例，SAP 为 190 多个国家的 330 万多家公司提供支持，除了为企业提供平台交易和网络供应商数据以帮助企业改善运营之外，还提供被用于供应链责任监督的腐败、童工、奴隶/强迫劳动、冲突矿产、人口贩运和减贫等方面的信息。它主要通过两种方式完成责任监督的操作：一方面，通过一个专用供应商风险模块，使风险调查成为采购流程调查的组成部分。③ 该模块由来自 600 000 多个来源的联合数据支撑，并使用持续监控和机器学习技术来分析 200 多种环境和社会因素。企业可基于这些因素全面了解供应商。另一方面，SAP 还与多个供应链风险管理软件提供商合作，帮助客户对其供应商网络进行实时而可行的观察。

大数据理论上可能完成的任务有很多，但在实际应用时，却仍面临着严

① Wang G, Gunasekaran A, Ngai E W T, Papadopoulos T. Big data analytics in logistics and supply chain management: certain investigations for research and applications [J]. International Journal of Production Economics, 2016 (176): 98 - 110.

② TAN K H, ZHAN Y Z, JI G, YE F, CHANG C. Harvesting big data to enhance supply chain innovation capabilities: an analytic infrastructure based on deduction graph [J]. International Journal of Production Economics, 2015 (165): 223 - 233.

③ NICHOLAS D. E. SAP Ariba's platform strategy [R]. CIO, 2018.

峻挑战。首先，尽管企业可以使用多种分析技术挖掘和分析非结构化数据，但仍缺乏有助于从数据中获取有用洞见的分析工具和技术，进而驱动自身战略的转变或绩效的提升。其次，只有数据真实可靠时，依据数据分析所获知的管理决策才能足够明智。① 因此，如果数据质量无法在准确性、及时性、一致性和完整性方面保证无懈可击，那么，依据数据制定的技术解决方案也不可能完美地发挥效用。此外，由于大数据商业分析是一个相对新的领域，因此，需要对其进行更加深入的研究和测试，从而确保稳健性，同时，还需要培养年轻一代的数据分析师。

## 二、跨部门建立社会伙伴关系

技术创新可能会改善供应链的效能和可持续性，但如果不加强供应链参与者之间的协调与合作，技术创新本身无法改善对社会和环境的影响。供应链的多层级特性，吸引了来自东道国、本国政府和当地社区的制造商、中间商和终端用户等利益相关各方参与其中。目前，在供应链管理中，跨部门社会伙伴关系（CSSP）正受到越来越多的关注，② 被认为是实现可持续供应链管理的有效途径之一。

跨部门社会伙伴关系，起源于利益相关者理论。供应链管理中的跨部门社会伙伴关系，又源于协作观念，即企业"寻求与所有利益相关者建立长期互利关系，并希望为整个业务生态系统产生可持续价值"。企业通过协调与供应商、客户或其他利益相关各方之间的关系，共同收获社会性成果，③ 并努力形成更为持久的双赢方案。如此一来，企业的可持续供应链将取决于与利益相关者之间关系的可持续性。当然，理解了跨部门社会伙伴关系，也就能够较为清晰地捕捉到可持续供应链责任治理所面临的挑战，包括供应链中的协作与沟通，以及供应链内所有参与者之间的权利均衡分配。

---

① Hazen B T, Boone C A, Ezell J D, Jones-Farmer L A. Data quality for data science, predictive analytics, and big data in supply chain management: an introduction to the problem and suggestions for research and applications [J]. International Journal of Production Economics, 2014, 154 (Aug.): 72 – 80.

② RITVALA T, SALMI A, ANDERSSON P. MNCs and local cross-sector partnerships: the case of a smarter Baltic sea [J]. International Business Review, 2014, 23 (5): 942 –951.

③ DE BAKKER F, NIJHOF A. Responsible chain management: a capability assessment framework [J]. Business Strategy and the Environment, 2002 (1): 63 –75.

　　在参与供应链责任治理的讨论时，利益相关各方表现出的往往是对企业在社会责任方面表现及其所遵循行为准则的失望。这些准则由企业设计和实施，效率低不说，还带有明显的营销目的，其初衷很明显不是为了社会和环境绩效的改善。供应链管理的责任治理能否成功，很大程度上取决于政府、供应商、非政府组织和社区等相关者的参与和贡献，而跨部门社会伙伴关系建立的初衷就是鼓励利益相关者之间展开对话和社会性学习，克服自上而下单向式的局限性。① 此外，单个企业很可能没有资源来考量自身活动形成的社会环境影响，但多方利益相关者之间的协作需要更深入的联系，经过长时间的培育和磨合，并形成绩效和监督职能。非政府组织在其中扮演的角色也至关重要，因为它们在与特定利益相关群体打交道的过程中，积累了更接地气的知识和经验。如果这些都能为企业所用，那么，企业就可以在动态的供应链管理环境中做出更为精准的决策和调整。同时，若跨部门社会伙伴关系得以建立，企业将会积极参与社会、环境、道德和人权标准等倡议的制定，主动披露社会和环境信息，并受到合规性监督，好的做法也能得到相应的认可，且有助于风险管理。但这样的过程，绝不是在某一方面努力就可以做到的，需要多方通过努力，将各方力量协调起来，共享信息，共同面对供应链遭遇的各种挑战。

　　还有一类挑战，来自供应链内参与者之间的权利分配。利益相关者是促使单个企业广泛关注社会、环境、道德和人权要求的媒介，② 但每一类利益相关者都有自己独特的见解和贡献。相关研究表明，在长期合作、知识共享和上下游共同发展的基础上，企业才能够整合供应链管理的各种方法，才能增强信任，减少或消除供应链中各方之间的权利滥用。③ 供应链管理中的跨部门社会伙伴关系，由公共和私人的多个利益相关者共同建立，需要逐渐改变治理和监管的概念，以及对商业和政治的传统理解，只有企业考虑到利益相关者的特定需求，而非泛泛的社会或环境问题，负责任的供应链管理才更

　　① VURRO C, RUSSO A, PERRINI F. Shaping sustainable value chains: network determinants of supply chain governance models [J]. Journal of Business Ethics, 2009, 90（suppl. 4）: 607 – 621.

　　② STRAND R. Corporate responsibility in scandinavian supply chains [J]. Journal of Business Ethics, 2009, 85（1 suppl.）: 179 – 185.

　　③ DRAKE M J, SCHLACHTER J T. A virtue-ethics analysis of supply chain collaboration [J]. Journal of Business Ethics, 2008, 82（4）: 851 – 864.

具可行性。① 平衡考量可持续性的三个方面（经济、环境和社会），使供应链中的合作伙伴加强长期协作关系，并对可持续发展要求做出回应，并非易事，需要将社会责任和可持续供应链管理的要素切实融入其中。

## 三、跨国民事监管

可持续供应链需要有效的责任治理，这一点已毋庸置疑。然而，现代供应链的利益相关者有可能来自不同国家和不同法律属地。理想情况下，所有签署了跨越边境协议的供应链内各方都应遵从相同的法律法规。然而，事实上，企业常常置于不同法律法规条文的冲突中心。② 此种情况引发了一个问题，即供应链所造成的负面影响该由谁来责任？供应链的责任真空，加重了责任问题，还可能导致另一种状况，即积极影响，没人施行；负面影响，也没人阻止。

在过去的几十年中，各方为此付出了诸多努力：在国家层面，多数国家已设立域外适用条款，扩大法律的域外效力，强制要求本国企业履行特定形式的责任；同时，还将鼓励企业参与慈善的政策，转变为要求企业遵从的具体规定。在国际层面，联合国的《工商企业与人权：实施联合国"保护、尊重和补救"框架指导原则》提供了第一个全球性标准，用于预防和解决商业活动造成不利影响的风险。此标准基于三个基本原则：国家有义务防止第三方滥用人权，企业有责任尊重人权，以及受害者有机会获得补救。③ 然而，这些责任并不需要共同承担，而是互为补充。④ 有学者建议，企业尊重人权的责任应视为消极责任，即只有企业在有明确侵犯他人的行为之后才承担相

---

① HOFFERBERTH M. The binding dynamics of non-binding governance arrangements: the voluntary principles on security and human rights and the cases of BP and Chevron [J]. Business and Politics, 2011, 13 (4): 1 – 30.

② MAIGNAN I, HILLEBRAND B, MCALISTER D. Managing socially responsible buying: how to integrate non-economic criteria into the purchasing process [J]. European Management Journal, 2002, 20 (6): 641 – 648.

③ 联合国于 2008 年出台《工商企业与人权：实施联合国"保护、尊重和补救"框架指导原则》，这成为第一个规范跨国公司侵害人权问题的全球标准。

④ WETTSTEIN F. Normativity, ethics, and the un guiding principles on business and human rights: a critical assessment [J]. Journal of Human Rights, 2015, 14 (2): 162 – 182.

应的法律责任，① 但又有学者认为，沉默共谋（不包括企业主动做出特定的不法行为）会挑战框架的有效性，因为如果企业"并不是造成损害的直接或间接原因"，那么，企业将会逃脱责任。② 现实情况往往更为复杂，目前在供应链中，将危害归因于特定供应链层级已变得越来越困难。

市场的全球化、跨国公司的快速扩张，以及新技术的高速发展，都需要新规范以确保供应链的责任治理。在有效监管缺位的情况下，民间治理作为替代方案得以发展。这些方案也被称为跨国民间监管（transnational private regulation，TPR）。跨国民间监管采取的形式是"由非国家行为者组成联盟，负责制定规则和监督，并在一定情况下为企业出具已遵从劳动力、环境、人权或其他问责标准的证明"。这些民间治理机制涉及企业、非政府组织，有时还包括政府、学界或工会等其他参与方，由企业和行业协会形成网络，加上各种知识群落和技术专家，共同致力于应对整个行业在全球范围内的社会和环境挑战。

尽管企业自愿接受跨国民事监管，但相关法规也得到了各种正式和非正式执法机构的支持。执行监管行为的非国家行为者主要有两类：经济行为者和公民行为者。前者主要由行业或贸易组织、企业和向企业提供咨询或风险管理的服务行业组成；后者则主要是非政府组织和标准制定组织。在可持续供应链的责任治理中，非国家行为者体现出了自身特有的优势：具有更高的专业和技术水平，运用创新技术，收集、整理和提供了有关政策和议题的信息，从而增强了与供应商的沟通和产品的可追溯性，信息的透明与共享，确保了遵从和执行情况得以改善。

跨国民事监管主要起到了以下三个方面的作用：首先，在市场和技术方面设定标准，因为民间监管在此领域的创新更为灵活，也更为敏感。其次，使合作和竞争得到控制，相互的竞争使标准在一定的范围内得以提高，而一个成员的遵从会受到另一个成员的监督，最终形成非正式的反馈和制裁机制。最后，因聚集了制度、规则、最佳实践和灵感，因此，能够更大限度地防范特定的风险或危害。然而，值得担忧的是，既要确保所有的企业都参与，又要消除"搭便车"现象，跨国民事监管的执行力略显不足。

---

① WETTSTEIN F. Silence as complicity: elements of a corporate duty to speak out against the violation of human rights [J]. Business Ethics Quarterly, 2012 (1): 37 – 61.

② RUGGIE J G. Reconstituting the global public domain—issues, actors, and practices [J]. European Journal of International Relations, 2004, 10 (4): 499 – 531.

　　跨国民事监管对传统的法律秩序提出了挑战。这种新的治理模式反映了从等级治理向异形治理的转变。① 跨国民事监管的问责有两种方式：首先，选择自我监管以及监管顾客的监管者，将受到自我监管机制的保护。其次，监管者之间、被监管者之间、被监管者与监管者之间、在受机制保护的参与者之间，相互依赖的关系处处可见。跨国民事监管有可能改善与利益相关者的合作和关系，并实现可持续供应链管理的两个关键要素：有意义的多层级利益相关者关系和利益相关者的积极参与。当然，其中存在着利益相关者的偏好和不同观点，但公共管理职能的外包和民间化反映了更为广泛的社会控制模式。②

　　如果仅基于企业遵从的跨国民事监管，不可能实现有效治理。尽管学界与实务界都在讨论问责制和以法律形式存在的企业责任，但跨国民事监管并不对国家负责。其结果将是，企业所领导的跨国民事监管，既不能对自身的不当行为负责，也不能为其成员的不当行为负责。为了达到有效治理，还需将企业、非政府组织和其他供应链管理利益相关者联结成为一个社区，接受"恰当且合理的共同规则"，从而形成自身的政治合法性。③

　　综上所述，从企业社会责任视角来看，企业承受着来自消费者、非政府组织，甚至政府的压力，迫切需要突破单个组织机构，甚至狭隘的民族界限，重新构建责任观念。来自各方的压力，一方面体现在各种冲突中，甚至贸易摩擦中；另一方面体现在多种制度和监管的创新，即"供应链的责任治理"中，并被部分解读为"全球供应链正由政府强制监管向自主民事监管转化"。

　　随着世界向后全球经济转变，即贸易保护主义的抬头、地缘政治的多变和移民管制的加强，④ 此种转变对全球供应链的影响还不甚明晰，而地缘政治变化的内容也已远远超出了本书的研究范围，但全球供应链管理的背景正在向后全球经济时代转换，这一点需要引发学界和实务界的关注。同时，在

　　① SCOTT C, CAFAGGI F, SENDEN L. The conceptual and constitutional challenge of transnational private regulation [J]. Journal of Law and Society, 2011, 38 (1)：1 - 19.

　　② COHEN S. Visions of social control：crime, punishment and classification [M]. Cambridge：Polity Press, 1985.

　　③ BERNSTEIN S, CASHORE B. Can non-state global governance be legitimate? an analytical framework [J]. Regulation & Governance, 2007, 1 (4)：347 - 371.

　　④ CONTRACTOR F J. Global leadership in an era of growing nationalism, protectionism, and anti-globalization [J]. Rutgers Business Review, 2017, 2 (2)：163 - 185.

过去的几十年中，可持续发展原则虽早已被纳入全球供应链责任管理战略中，但是可持续发展目标本身范围太广，还不可能为企业提供实践方面的指导。供应链的责任治理，能否为全球的可持续发展做出贡献？是否存在着超越企业、国家和地区界限的责任概念？目前，对这两个问题还很难找到是或不是的简单答案。然而，责任治理的实践多少能够表明，在众多关键利益相关者眼中，治理方式尤为关键，同时，通向可持续性的道路必将吸引更多的参与者。此外，权力分配中的不均衡还需尽力弥补，从而增强整个供应链中所有参与者的能力。当然，毋庸置疑，这将是一项长期并充满试错和反思的学习征程。

# 第六章　CSR "类保险" 效应，存在吗？

"良好社会责任表现保险效应说"认为，一旦负面事件发生，"肇事"企业是否会受到惩戒，以及受到惩戒的严苛程度，取决于利益相关者如何解读该事件背后的企业意图或道德标准。

——戈弗雷、梅里尔 & 汉森①

如今，消费者对企业的总体信任度呈显著下降的趋势。负面事件发生后，消费者往往会根据情境因素主动推断企业行为背后潜藏的动机，不大可能将企业为此做出的解释照单全收，特别是企业主动披露的履责信息。② 自 21 世纪初以来，以戈弗雷（Godfrey P. C.）为代表的一派学者，独辟蹊径，从企业战略风险管理视角提出了"良好社会责任表现类保险效应说"。③他们认为，企业前期良好的企业社会责任表现，并不一定会直接有助于企业财务绩效的提升，但会形成道德资本，进而提升企业声誉。一旦负面事件发生，企业声誉会为股东价值形成一种"类保险"效应，在某种程度上缓解股东所遭受的经济损失。此种观点一经提出，响应者无数，学者们纷纷从不同角度对其进行验证。在此过程中，日益强大的社交媒体力量在其中所扮演的角色开始受到重视。

## 第一节　负面事件，是什么？

全球化和互联网的快速发展、国家与地区发展的不均衡、生态的恶化、

---

①③　GODFREY P C, MERRILL C B. HANSEN J M. The relationship between corporate social responsibility and shareholder value: an empirical test of the risk management hypothesis [J]. Strategic Management Journal, 2009, 30 (4): 425 –445.

②　HAM C D, KIM J. The effects of CSR communication in corporate crises: examining the role of dispositional and situational CSR skepticism in context [J]. Public Relations Review, 2020 (2): 101792.

全球可持续发展治理的缺位以及资源的日益稀缺等因素，使企业所处的经营环境发生了翻天覆地的变化，威胁到股东价值的负面事件随时可能爆发。

## 一、什么是负面事件

虽然还没有关于负面事件的权威定义，但现有的研究大多更关注事件发生后所产生的严重负面后果，[①] 这不仅包括对企业可能带来的潜在伤害，也包括对利益相关者在身体、经济和心理等方面形成的负面反响。其中，具有代表性的一种定义是，负面事件"泛指意外的、非常规的事件，会为企业带来不确定性，甚至会威胁到企业最初的经营目标"。[②] 与此不同的是，还有一些定义，更侧重于负面事件对利益相关者形成的负面影响，包括市场份额的下降、产品的召回、股票价格的下跌、公众放弃购买意向以及对企业其他产品销售的波及。[③] 不言而喻，负面事件会威胁到企业的合法性，更会导致企业声誉的受损。不过，由于负面事件的感性性质，一个事件能否成为负面事件，最终还要取决于利益相关者的看法。由此，本书中将采纳库姆斯（Coombs W. T.，2007）对负面事件做出的定义："那些会形成负面结果的事件，威胁到利益相关者的重要预期，并可能严重影响到企业业绩。"

对于负面事件的类型，学界分类五花八门，可分为内部的或外部的、暴力的或非暴力的、有意的或无意的、严重受损的或一般受损的、技术性失误造成的或社会政治失误造成的、偏远环境的或相关环境的、高质疑的或低质疑的，以及有具体受害者的或受害者分散的，不一而足。1999 年前后，库姆斯（Coombs，W. T.，2006）总结出了 9 种类型的负面事件，后扩展至 12 种，但可归类为三种：受害型、意外型和可预防型。第一类是受害型负面事件，包括自然灾害、谣言、工作场所暴力，以及"山寨产品"等，此类事件最显著的特征是企业也是事件的受害者。负面事件发生后，公众往往会认为企业应承担的责任较少，甚至没有责任，企业声誉只会受到轻微的影响。第

---

① COOMBS W T, Holladay S J. Public relations strategy and application: managing influence [M]. Oxford: Wiley-Blackwell, 2010.

② DEAN D. H. Consumer reaction to negative publicity: effects of corporate reputation, response, and responsibility for a crisis event [J]. Journal of Business Communication, 2004, 41 (2): 192-211.

③ SIOMKOS G J, KURZBARD G. The hidden crisis in product harm crisis management [J]. European Journal of Marketing, 1994, 28 (2): 30-41.

二类是意外型负面事件，往往是指因技术误差、政策调整等造成的事故和伤害，企业虽是事件中的行为主体，所负责任并不大，但声誉会受到一定程度上的威胁。第三类是可预防型负面事件，包括生产事故和产品召回、不当行为造成了或可能造成伤害，以及管理层的行为不端，等等。在这类的负面事件中，企业要么自身行为不端，要么违反了法律法规，有置他人于危险之中的重大嫌疑，因此，要对负面事件承担主要责任，声誉会受到严重威胁。

## 二、负面事件的影响

负面事件的发生，会显现出企业社会责任的外部性。[①] 换句话说，负面事件既会对"肇事"企业形成直接影响，也会对行业中的其他企业造成间接影响，这就是戈因斯和格鲁卡（Goins & Gruca, 2008）提出的"社会责任溢出效应"。溢出效应又分传染效应和对比效应，前者指"肇事"企业与其他企业（主要是同行业企业）都受到了负面事件的消极影响；后者指"肇事"企业受到了负面事件的消极影响，但同行业的其他企业反而因此受益。[②]

相关研究以食品行业为研究对象的较多，这可能是因为食品安全领域是公众较为敏感，且是负面事件的多发地带。此类研究主要从消费者购买行为和资本市场反应两个角度来研究负面事件造成的影响。从消费者购买行为角度来看，食品安全负面事件发生后的短时间内，消费者购买意愿会有较大幅度下降，他们或选择购买其他品牌或保持观望。然而，此种状况一旦持续下去，企业声誉会遭到严重质疑。[③]

资本市场的反应要相对复杂一些。若负面事件发生在一个监管制度相对较弱的资本市场环境中，该事件往往会给同行业的竞争对手带来"传染效应"，表现为同类企业的股价普遍下跌，直接反映出市场对监管制度的怀疑与不信任，严重时会导致整个行业市场的关闭，造成全社会效率的损失。与此相反的是，若负面事件发生在一个监管制度相对较强的资本市场环境中，

① 费显政，李陈微，周舒华. 一损俱损还是因祸得福？——企业社会责任声誉溢出效应研究 [J]. 管理世界，2010（4）：74－82＋98.

② 张海心，丁栋虹，杜晶晶. 社会责任负面事件对同行业企业是利是弊？—基于中国奶业的实证研究 [J]. 中国经济问题，2015（3）：38－48.

③ 李玉峰，徐艾颖，张馨茹. 食品安全事件后企业危机管理对消费者购买意向的影响 [J]. 现代管理科学，2013（12）：110－112.

因市场对监管制度有信心，那么，单个企业发生负面事件后，同行业的竞争对手还可能因此事件"受益"，股票价格会相对上升，形成"对比效应"。①

此外，市场对于负面事件的惩戒效应，在新兴资本市场和发达资本市场中发挥的作用也不尽相同。例如，2010 年 7 月 3 日 15 时，A 股和 H 股双重上市公司紫金矿业污水渗漏，造成了汀江水污染。事件爆发后的初期，两个资本市场对此次负面事件做出显著的负面反应是相同的。然而，随着事态的进一步发展，两个市场的反应开始显现出不同：给予紫金矿业956 万元的行政罚款宣布后，因处罚力度低于市场预期，A 股市场投资者将其视为"利空出尽"，导致股价不降反而上涨；但 H 股市场的反应较为理性，对紫金矿业受罚的反应较 A 股更为消极。随后，随着金额高达 3 000 万元的第二次罚款宣布，且是刑事判决，A 股市场累积超额收益逐渐上升直至为正，H 股累积超额收益却一路下降直至为负。细究结果耐人寻味：作为新兴资本市场代表的 A 股市场，其投资人还较少考虑到企业的环境责任，第二次 3 000 万元的罚款，在他们看来与其营业收入和净利润相比，不值一提；而在作为发达资本市场代表的 H 股市场上，投资者更关注的是公司治理以及与企业价值相关的环境信息。②

那么，"良好社会责任表现保险效应说"存在吗？适用于所有类型的负面事件情境吗？

## 第二节　不同的负面事件，相同的"类保险"效应？

"良好社会责任表现保险效应说"认为，一旦负面事件发生，"肇事"企业是否会受到惩戒，以及受到惩戒的严厉程度，通常取决于利益相关者如何解读该事件背后的企业意图或道德标准。2009 年，三位西方学者戈弗雷等（Godfrey、Merrill & Hansen，2009）对标准普尔 500 强公司中在 1991 ~ 2002 年发生了负面事件的 160 家公司（累计 185 次）进行了实证调查。结果表明：企业前期的履责行为，一旦被利益相关者认定为"善举"或拥有"积极的道德观"，那么，当负面事件发生时，企业行为更可能被解读为"非蓄

---

① 王永钦，刘思远，杜巨澜. 信任品市场的竞争效应与传染效应：理论和基于中国食品行业的事件研究 [J]. 经济研究，2014（2）：141 – 154.

② 沈红波，谢越，陈峥嵘. 企业的环境保护、社会责任及其市场效应——基于紫金矿业环境污染事件的案例研究 [J]. 中国工业经济，2012（1）：141 – 151.

意"，受到的只是市场较轻微的惩罚。然而，他们也指出，在不同类型负面事件背景下，良好履责表现所发挥出的"保险"效应并不尽相同。

## 一、当负面事件与竞争相关时

当"与竞争相关"的负面事件发生时，企业前期良好履责表现对股东价值形成的"保险"效应的作用并不明显。

"与竞争相关"的负面事件，是指为了在激烈市场竞争环境中取得优势，企业采取了价格垄断、竞争共谋、专利侵权等不当的过激行为。例如，从网约车到共享单车接连出现的恶性竞争事件均属此类。这类行为往往介于守法与违法之间的灰色地带，但所带来的负面效应，有可能损害到社会公众利益。

此类负面事件，并不仅仅是企业为维护自身利益而采取的自利行为，往往会关系到利益相关者的利益。例如，投资者能否获得更高的投资回报？政府能否征得更多的税收？消费者能否享有质高价廉的产品和服务？雇员能否保住工作或得到升职加薪？等等。因此，利益相关者在深究此类负面事件背后的意图或动机时，往往只考量与该负面事件本身直接相关的因素，企业前期的履责表现是否良好并不在考量范畴之内。

## 二、当负面事件与利益相关者相关时

当"与利益相关者相关"的负面事件发生时，企业前期良好履责表现对股东价值形成的"保险"效应较为明显，即前期履责表现良好的企业，其股东价值受损程度要远低于前期履责表现欠佳的企业。

"与利益相关者相关"的负面事件，是指企业行为会使利益相关者的身体健康或生命安全受到实际或潜在的威胁。例如，劣质产品损害了消费者的健康、环境受到了污染、资源遭到了浪费，等等。2018 年 7 月轰动全国的"疫苗造假"事件，即上市公司长春长生生物违法违规生产冻干人用狂犬病疫苗，就属于此类事件。①

---

① 国家药品监督管理局通告：长春长生在冻干人用狂犬病疫苗生产过程中存在记录造假等严重违反《药品生产质量管理规范》（药品 GMP）行为。（国家药监局飞检长春长生发现违法违规行为　及时控制　涉事狂犬病疫苗未流向市场［OL］. 国家监督管理委员会官网，https：//www. nmpa. gov. cn/directory/web/nmpa/yaowen/ypjgyw/20180715153501446. html. ）

此类负面事件发生后, 关键在于利益相关者如何判定事件背后的意图或动机: 是坏人存心干坏事, 还是好人无心办错事? 如果被利益相关各方认定为坏人干坏事, 那么, 企业将承受最为严厉的惩罚。还是以长春长生生物公司为例。在 "疫苗造假" 开始持续发酵后, 该公司的股票一字跌停。不仅如此, 该公司还被指出, 其全资子公司长春长生在事发前 9 个月就因销售劣质百白破疫苗而被吉林省药监局处罚, 但该公司在其公告中并未提及, 涉嫌信息披露违规。因此, 这个企业违法生产、监管者失察失职、个别人渎职犯罪的负面事件, 被处理的力度空前: 15 名高管被刑事拘留, 一批高级官员被问责。① 与此相反的是, 若企业前期的履责表现赢得了利他的好名声, 那么, 利益相关者更愿意相信偶发事件可能是企业的无心之错, 那么企业就有可能避开严苛的惩罚。

### 三、当负面事件与诚信相关时

当 "与诚信相关" 的负面事件发生时, 企业前期良好履责表现对股东价值形成的 "保险" 效应较为明显, 即企业前期履责表现好的企业, 其股东价值受损程度要远低于前期履责表现欠佳的企业。

"与诚信相关" 的负面事件, 是指企业违背已被业界普遍认可的伦理规范, 导致企业最基本的 "个性" 受到质疑。此类负面事件一般会包括涉嫌歧视、欺诈、舞弊、贿赂等。

对此类事件本身定性为负面, 不会存在任何疑问。但与 "与利益相关者相关" 负面事件发生时的情况类似, 企业前期履责表现将成为影响相关各方判断的关键: 企业的 "个性" 是好的, 并非存心干坏事? 还是企业的 "个性" 极坏, 蓄意做坏事? 如果企业已通过前期履责行为与利益相关各方建立了良好的关系, 被认可其 "个性" 善良, 将有助于各方做出 "好人无心办错事" 的判断, 从而使企业受到相对较轻的惩罚。

除了针对负面事件进行分类型验证之外, 戈弗雷等 (Godfrey et al., 2009) 还对利益相关者及企业的其他特性也进行了细分。他们依据克拉克森 (Clarkson M. E., 1995) 对利益相关者的分类, 将利益相关者分为了主要利益相关者和次要利益相关者两大类型。实证检验结果表明, 首先, 因次要利益相

---

① 长春长生因其生产的一批 "百白破" 疫苗 "效价测定" 项不符合规定, 罚没款总计 344.29 万元。(2018 年第六期食品药品行政处罚案件信息公开表 (药品类) [OL]. 吉林省药品监督管理局, http: //mpa. jl. gov. cn/xxgk_84894/xzcfajxxgk/201906/t20190617_5928565. html. )

关者只对企业的运营起到有限的影响作用，因此，只有针对次要利益相关者的履责行为才可能形成道德资本，才可能在负面事件中发挥"保险"效应。其次，企业拥有无形资产的多寡，决定着财务绩效所面临的压力大小，① 因此，拥有更多无形资产的企业，也更惧怕其商誉受损、顾客流失，也会更有动力投资于各种履行社会责任的活动。此外，由于企业规模越大所涉及的内外部交易越多，发生负面事件的概率也越高，遭到媒体、监管机构以及第三方负面抵制的机会也越多，因此，大企业前期的履责表现更好，负面事件中其股东价值受损程度也要远低于中小规模的企业。

## 第三节 "类保险"效应会在社交媒体中失灵吗？

如前所述，企业良好的履责表现可能不会直接提升财务绩效，但会间接增强企业的合法性，提升企业的声誉。② 但不容忽视的是，内外部利益相关各方对于企业的履责行为所知有限，若企业密集宣扬，又可能招致各方反感，甚至产生怀疑或犬儒主义态度，③ 有利己或"漂绿"之嫌。大数据的崛起，特别是社交媒体的普及，彻底改变了企业与其利益相关各方之间的交流方式，将利益相关者管理的重心从过去的已知群体转移到无数个匿名（或化名）的朋友圈或用户圈中。④

### 一、什么是社交媒体环境

社交媒体使过去很大一部分信息被动接受者变成了强有力的信息创造者、传播者和讨论者，利益相关各方因此成为认知度相当高的群体，他们随时可

① STULTZ R. Risk management and derivatives [M]. New York：Southwestern College Publications，2002.

② EBERLE D, BERENS G, LI T. The impact of interactive corporate social responsibility communication on corporate reputation [J]. Journal of Business Ethics, 2013, 118（4）：731 – 746.

③ DU S, BHATTACHARYA C. B, SEN S. Maximizing business returns to corporate social responsibility（CSR）：the role of CSR communication [J]. International Journal of Management Reviews, 2010, 12（1）：8 – 19.

④ FREEMAN E, MOUTCHNIK A. Stakeholder management and CSR：questions and answers [J]. Uwf Umweltwirtschaftsforum, 2013, 21（1 – 2）：5 – 9.

能对企业发布的错误信息或操纵行为采取行动。这些有可能从根本上重塑公众形象道德标准的新媒体形式，其特征也较为鲜明。

首先，社交媒体是对话型的。这个特性将其与传统媒体区分开来，① 也将媒体传播的重点从管理受众转向建立和维护与受众之间的关系。从利益相关者的角度来看，社交媒体的对话性摆脱了传统媒体被精英所控制、结构等级分明等特点的束缚。② 鉴于对话式沟通有利于企业与其利益相关各方，因此，扩展此种对话模式可被视为企业在利益相关者关系管理方面采取了更符合职业道德伦理的立场与做法。

其次，社交媒体是不可控的。社交媒体的空间里充满了来自成千上万用户输入的信息，远远超出了任何一个实体（无论是个人、企业还是政府机构）所能控制的范围。而且，其中的信息是多向流动的，且相互联系、难以预测。③ 因此，幕后的"集体智慧"一旦汇聚起来，若想在不引起重大反响的前提下加以操纵或更改，几乎是不可能实现的。

最后，社交媒体形成了将"不协调行为"协调起来的效应。④ 无须经过传统的协调手段，信息内容一旦数字化后，连接到互联网，任何人都可以自由访问、搜索和追踪。因此，满腹怨言的消费者不再是"孤独的体验者"，他们很容易通过分享体验找到"附和者和全社会的支持"。⑤ 这种"协同效应"在辨别某行为是负责任的还是不负责任的时候，特别能够展现出非凡的分辨能力。

社交媒体的以上特征，再加上利益相关各方能够获取的信息越来越多，"无良"企业和劣质产品也将很难再受到庇护了。⑥ 正如一位商业伦理咨询师所打趣得那样："在社交媒体盛行的今天，最好别做坏事。再也不可能发生做了坏事一走了之的事儿了，因为你走到哪里，坏名声就会传到哪里。"⑦

① SCHULTZ F, UTZ S, GORITZ A. Is the medium the message? perceptions of and reactions to crisis communication via twitter, blogs and traditional media [J]. Public Relations Review, 2011, 37 (1): 20 – 27.

② LYON T P, MONTGOMERY A W. Tweetjacked: the impact of social media on corporate greenwash [J]. Journal of business ethics, 2013, 118 (4): 747 – 757.

③ FREIDMAN T. The world is flat [M]. New York: Farrar, Straus and Giroux, 2005.

④ BENKLER Y. The wealth of networks: how social production transforms markets and freedom [M]. New Haven: Yale University Press, 2006.

⑤ WARD J C, OSTROM A L. Complaining to the masses: the role of protest framing in customer-created complaint web sites [J]. Journal of Consumer Research, 2006, 33 (2): 220 – 230.

⑥⑦ QUALMAN E. Socialnomics: how social media transforms the way we live and do business [M]. Hoboken: Wiley, 2010.

## 二、社交媒体与负面事件

如今，社交媒体已在公共传播领域占据了核心地位，对话式的沟通也被认为是最符合商业伦理道德的，[①] 且有利于企业自身和其利益相关各方。从企业角度来看，加入对话，使企业能够理解并及时响应来自外部环境的讯息，有助于增强公众的支持、提升企业的形象和声誉；从利益相关者的角度来看，对话加强了各方对企业的问责以及在企业运营中的话语权，极大提升了自身的满意度。[②] 因此，对利益相关者负责的企业应有动力主动发起与外界的对话式沟通。

当然，企业还有一个更为强烈的动机。相关研究表明，公众的信任决定着企业能否持续经营、基业长青，因此，企业要努力维护良好的声誉。然而，当负面事件爆发、公众信任受损后，企业虽然有意愿通过对话式沟通去修复公众的信任和自身的合法性，但企业此时往往会受到利益相关各方的密切关注，以期取得更多的"犯罪证据"。如果只是无策略地向利益相关者公开无条件地承认错误，那么，在社交媒体上发起的对话只会用反复出现的失望来强化各方已抱有的怀疑态度。

对于那些已被贴上对社会不负责任标签的企业来说，选择社交媒体与心怀不满的利益相关者展开直接对话，并不一定是最佳选择，还需要相对复杂而细致的沟通途径和方法。当面临危机时，如果企业未经深思熟虑和统筹规划，只是一味地主动、迅速、坦率地承认自己的错误，很可能不仅未能挽回已遭受的损失，反而会导致不必要的法律索赔，甚至会影响到后续一系列措施的修复成效。[③] 在社交媒体上自愿坦承错误之前，特别要避免单纯增加发送消息的数量，还需要争取在赞同性评论与否定性评论之间取得平衡，在充分解释说明基础上，澄清事实，并接受合理惩罚，进而提出下一步整改的具体措施，[④] 尽可能确保重塑形象的努力不会演变成另一起负面事件。

---

① PEARSON R. Beyond ethical relativism in public relations: coorientation, rules, and the idea of communication symmetry [J]. Journal of Public Relations Research, 1989, 1 (1−4): 67−86.

② KENT M L, TAYLOR M. Toward a dialogic theory of public relations [J]. Public Relations Review, 2002, 28 (1): 21−37.

③ POPPO L, SCHEPKER D J. Repairing public trust in organizations [J]. Corporate Reputation Review, 2010, 13 (2): 124−141.

④ PFARRER M D, DECELLES K A, SMITH K G, TAYLOR M S. After the fall: reintegrating the corrupt organization [J]. Academy of Management Review, 2008, 33 (3): 730−749.

### 三、社交媒体与保险效应

过去，声望较高的主流媒体对于企业履责行为的报道也大都积极而正面。也正是这个原因，企业通过传统媒体自我披露履责信息的行为，常被怀疑是纯粹利己的，也常引发利益相关者的排斥或批评。现如今，社交媒体上的信息是不可控的，无论是正面还是负面的信息，通常会病毒式快速传播，特别是在各方情绪激昂的时候。但好消息是，正面新闻似乎总是比负面新闻更容易得到传播。①

要使企业履责信息成功传播，重要的是获得利益相关各方的认可和支持。首先，企业社会责任中某些维度方面的内容，如社区、员工和环境，从利益相关者的角度很容易转化为公共利益话题。因此，与这些方面相关的履责行为更可能形成较为积极的信息。其次，有社会责任感的企业所发布的信息，更可能引起思维最为活跃的那一部分受众的共鸣，对企业产生好感，② 为企业行为点赞并转发。因此，负责任企业发布的信息，在其利益相关者推动的社会支持下，更有可能被传播得更快更广。相比之下，那些对社会不负责任的企业，当其负面行为被公开曝光时，会在消极受众中被不断强化且引发强烈的负面情绪，形成比其他企业更多的负面信息。也就是说，来自不负责任企业的信息，被其利益相关者的排斥所推动，也有可能传播得更快更广。

此外，为了"取悦"来自公民社会的新老利益相关者群体，符合他们的期望，企业还需逐步提高履责信息质量。利益相关者会根据这些信息采取行动，奖励那些履责表现良好的负责任企业，惩罚那些行为不负责任的企业。此类奖惩的强度将取决于企业如何对外交流自身的履责信息，如何最大化利益相关者对企业履责行为的认知度，最小化利益相关者对企业履责动机的质疑。③

如今，活跃在社交网络中的利益相关者"更有意识、更主动，也更有能力"④ 与企业"对着干"，他们发起的对话是企业所无法控制的，甚至可能导

① FRIEDMAN R S, FORSTER J. The effects of promotion and prevention cues on creativity [J]. Journal of Personality and Social Psychology, 2001, 81 (6): 1001.

② HONG S Y. RIM H. The influence of customer use of corporate websites: corporate social responsibility, trust, and word-of-mouth communication [J]. Public Relations Review, 2010, 36 (4): 389 – 391.

③ YOON Y, GURHAN-CANLI Z, SCHWARZ N. The effect of corporate social responsibility (CSR) activities on companies with bad reputations [J]. Journal of Consumer Psychology, 2006, 16 (4): 377 – 390.

④ ROWLEY T, BERMAN S A. Brand-new brand of corporate social performance [J]. Business & Society, 2000, 39 (4): 397 – 418.

致灾难性的后果。对于企业而言，社交媒体的优势固然明显，不容忽视，但因惧怕无法控制信息流，涉足时也难免战战兢兢。卡普兰和海因莱（Kaplan & Haenlein, 2010）在《社交媒体中的五个成功因素》中提出了广为流传的成功法则：积极、有趣、谦虚、不那么职业化，以及诚实。与购买媒体（如广告）完全不同的是，社交媒体要求企业扮演一个不那么强势的角色，谨慎"播种"，但少些"引领"。事实上，目前很多社会责任美誉度高的企业都将传统媒体作为主要信息发出渠道，将社交媒体作为补充渠道,① 这样，"好事"就被利益相关者扩散出去了，但不一定是企业用自己的"声音"在宣传，却获得了更多的响应和更强的病毒式传播。

总体而言，社交媒体会更有利于履行社会责任表现良好的企业，因为社交媒体为负责任企业提供了一个高效有力的沟通环境。正如有学者指出的那样，一种可持续的社会联系架构正日益成为经济价值创造的重要基础，而社交媒体正是能够体现这种架构的平台。② 随着媒体越来越朝着社会化方向发展，通过社交媒体与利益相关者对话，是管理者在制定利益相关者关系管理策略时不得不考虑的一个重要方面。其实，琼斯（Jones T. M.）早在1995 年就说过，"诚实、值得信赖的行为是很难伪装的，哪怕没有面对面地接触"。③

## 第四节 负面事件后的 CSR 沟通，会发挥"类保险"效应吗？

目前，已有的大量研究是针对负面事件发生后资本市场的反应。尽管消费者对企业社会责任的怀疑态度日渐加深，特别是企业往往在负面事件发生后将履责信息沟通作为应对策略时，针对消费者心理动态的研究并不多。相关研究结果表明，负面事件发生后，为减轻事件对企业造成的负面影响和不

---

① KIM M, PARK H. W. Measuring twitter-based political participation and deliberation in the south Korean context by using social network and triple helix indicators [J]. Scientometrics, 2012, 90 (1): 121 – 140.

② ARVIDSSON A, PEITERSEN N. The ethical economy. rebuilding value after the crisis [M]. New York: Columbia University Press, 2013.

③ JONES T M. Instrumental stakeholder theory: a synthesis of ethics and economics [J]. Academy of Management Review, 1995, 20 (2): 404 –437.

良后果，有关社会责任的沟通比平时表明自身 "出于善意做好事" 要复杂得多。因此，到底该如何实施负面事件发生后的社会责任沟通呢？可谓挑战性十足。

## 一、CSR 沟通，与负面事件类型有关吗？

负面事件无法提前预测。无论企业前期的社会责任表现如何，负面事件一旦发生，企业只能积极面对。有学者认为，从企业战略角度来说，危机管理应被视为一种能够在负面事件发生后提供理想解决方案的战略行为，旨在尽可能避免或减轻负面事件造成的负面影响。[①]

相关研究大多集中在负面事件发生之后，企业应该如何对外沟通和行动，从而使危机应对策略更为有效。前面曾提及的情境危机沟通理论，即基于归因理论推断公众会如何责任归因以及如何行动的假设，与以保护企业声誉为目的的应对策略进行有效（或无效）的匹配分析。结果表明，与不匹配的应对策略或根本没有应对策略相比，负面事件发生后，企业符合公众预期的应对措施会在某种程度上使企业形象显得较为积极。

根据情境危机沟通理论可知，若负面事件类型为 "好人无心办错事"，则危机管理的重点应放在企业行为的无心性质上。研究表明，负面事件越是被认为可能提前预防，消费者就越可能把责任归咎给企业。[②] 在事件发生后，要最大限度地减少企业因负面事件所要承受的损失，需要以遵循社会规则和利益相关者期待的方式，尽可能地修补被损害的合规性。

由此还可以看出，企业责任的归因机理表明了企业声誉的无比脆弱性，而且，负面事件发生后的沟通机制还与消费者的购买意向息息相关。[③] 因此，学者们强调，今后的研究需超越利益相关者对事件归因的认知，进一步将负面事件的影响与其行为意图联系起来。

———————————

① BURNETT J J. A strategic approach to managing crises [J]. Public Relations Review, 1998, 24 (4): 475 – 489.

② KIM J, KIM H, CAMERON G T. Making nice may not matter: the interplay of crisis type, response type and crisis issue on perceived organizational responsibility [J]. Public Relations Review, 2009, 35 (1): 86 – 88.

③ KIM S. Corporate ability or virtue? Relative effectiveness of prior corporate associations in times of crisis [J]. International Journal of Strategic Communication, 2013, 7 (4): 241 – 256.

## 二、CSR 沟通，是有效的危机反应策略吗？

负面事件发生后，企业披露履责信息可被视为一种协调行为，以期修复合规性，维持与目标受众的关系，从而捍卫和增强企业形象。[①] 毕竟，企业履行社会责任的初衷，是向外界承诺避免伤害利益相关者，并增进全社会的福祉，因此，企业可以利用自身的履责表现，巩固已树立的特定身份和形象，释放出已兑现承诺的信号，提升企业的合规性，并改善企业声誉。

研究表明，前期社会责任表现良好的企业，其披露的履责信息会成为公众理解和评估负面事件的重要信息线索。因此，当企业利用社会责任倡议作为捍卫声誉的一种手段时，[②] 消费者只会对声誉良好的企业表现出相对积极的接受态度。当然，还有一些研究者认为，对于企业前期的良好履责表现所发挥的隔绝效应，其有效性尚待更多实证研究结果加以验证。

若发生的负面事件被公众认为可预防，且将重大责任归咎于企业，那么，即使企业在前期社会责任表现良好，也无法减轻负面事件的消极影响。在此情境下，只有当负面事件是意外事故的后果而非违规行为的结果，并且负面事件与社会责任倡议的根源接近时，前期良好表现才会发挥"类保险"作用，[③] 也才能够成为有效的危机应对策略。与之相反的是，若企业的社会责任倡议与导致负面事件原因之间并不相关，则会引发消费者的警惕和怀疑。此外，当企业履责历史相对较短，消费者则很可能将企业披露履责信息看作为修复形象而耍的"小把戏"。[④]

这些都表明，企业的"为善者诸事顺"做法，并不总能减轻负面事件的消极影响，特别是当企业需要对负面事件负起全部的责任时，还需要做出符

---

① TATA J, PRASAD S. CSR communication: an impression management perspective [J]. Journal of Business Ethics, 2015, 132 (4): 765–778.

② VARADARAJAN P R, MENON A. Cause-related marketing: a co-alignment of marketing strategy and corporate philanthropy [J]. Journal of Marketing, 1988, 52 (3): 58–74.

③ KIM S, CHOI S M. Congruence effects in post-crisis CSR communication: the mediating role of attribution of corporate motives [J]. Journal of Business Ethics, 2018, 153 (2): 447–463.

④ VANHAMME J, GROBBEN B. Too good to be true! The effectiveness of CSR history in countering negative publicity [J]. Journal of Business Ethics, 2009, 85 (2): 273–283.

合更广泛社会规范的行为，① 因为消费者会以更为复杂的方式来解读企业在负面事件后披露的履责信息。

### 三、CSR 沟通，会引发消费者的怀疑吗?

相关研究表明，公众所持有的怀疑态度可上升为一种相对稳定的信念，导致其对企业营销信息的不信任，特别是会对企业的营销动机产生怀疑。② 说服知识模型（PKM）提出，公众可以学习如何解读和评价企业营销的目的和策略，通过加深对整个说服过程的理解，从而有助于应对各种说服场景。③ 由此，公众如果将营销行为更多地归因于企业的利己动机，那么，越可能对企业履行社会责任行为本身产生怀疑，越不可能会对企业慷慨解囊。公众持有的怀疑态度可分为两种类型：倾向性怀疑和情境性怀疑。倾向性怀疑是指个体始终持有怀疑企业营销动机的倾向，往往是由个体个性所导致的一贯持有的不信任状态；情境性怀疑则是对于企业动机持有一种暂时的不信任或怀疑的状态，常常是由某些独立于人格特征的情境因素所诱发的怀疑状态。

若将这两种怀疑态度应用到企业社会责任的语境中，那么，对于企业履责动机的怀疑也可分为两种类型，即倾向性怀疑和情境性怀疑。消费者对于企业履责动机的怀疑，要么反映出一种市场社会化的结果，即普遍的倾向性履责动机怀疑论，要么是源于信息沟通或情境引发的暂时性心理反应，即情境性履责动机怀疑论。因此，对于企业在负面事件发生后进行的履责信息披露，消费者会抱有倾向性怀疑态度，质疑企业的潜在动机，而信息中出现的特定内容还有可能引发情境性怀疑态度。根据说服知识模型可知，在危机沟通中，公众对企业履责动机的倾向性怀疑态度会对沟通有效性起着至关重要的作用。因为一旦引发倾向性怀疑态度，企业前期良好的履责表现可能会适得其反，使企业声誉受到更大的损害。

具体来说，持倾向性怀疑态度的消费者将比其他人更不信任企业履责背后的真实动机，而且，他们还会认为，企业利用履责行为来缓解负面事件带

---

① HANDELMAN J M, ARNOLD S T. The role of marketing actions with a social dimension: appeals to the institutional environment [J]. Journal of Marketing, 1999, 63 (3): 33 – 48.

② OBERMILLER C, SPANGENBERG E. Development of a scale to measure consumer skepticism toward advertising [J]. Journal of Consumer Psychology, 1998, 7 (2): 159 – 186.

③ FRIESTAD M, WRIGHT P. The persuasion knowledge model: how people cope with persuasion attempts [J]. Journal of Consumer Research, 1994, 21 (1): 1 – 31.

来的消极影响，从中受益。① 另外，说服知识模型也指出，公众对企业履责动机的认识会触发情境性怀疑态度，从而影响其对企业所披露的履责信息的反应。

换句话说，负面事件发生后，公众往往会主动了解企业对此做出的解释，但对于相关的解释内容却抱有怀疑态度。整个过程由概念和态度两个维度构成：② 前者是指公众所认为的企业隐藏在解释背后的真实意图，而后者则代表公众如何看待企业尝试做出解释的行为。概念维度是先于态度维度的，而态度维度往往包含怀疑主义和对企图解释行为的厌恶。③ 换句话说，公众在概念维度的认识，会引发其在态度维度的看法，往往会以情境性怀疑态度或厌恶状态表现出来。④ 因此，对企业履责动机持较高倾向性怀疑态度的人，更可能在信息披露中发现企业隐藏的意图，而这种发现反过来又会引发更多的情境性怀疑。

现今的消费者对于企业行为已形成了基本的认识，对于企业的总体信任度呈显著下降的趋势，普遍持有怀疑态度。企业投资于社会责任，消费者往往会质疑其背后的动机，对其市场行为也持有深深的不信任或怀疑。在负面事件的背景下，消费者会根据情境因素主动推断企业的潜在动机，不大可能简单地接受企业主动披露的履责内容。

综上所述，企业履行社会责任的行为，可分为"行善"和"避害"两种类型：前者是指企业积极参与公益捐赠、改善员工福利和扶贫攻坚等"善事"；后者指企业通过加大研发投入、加强质量管理、保障安全生产、实施生态设计和清洁生产等活动以避免消费者、员工、社区等利益相关者受到伤害。两者具有明显的区别，其中，"行善"类履责行为更容易被利益相关者直接感知和传播，而"避害"类则相对较难给利益相关者留下印象。两类履责行为都被证明具有"保险效应"，其中，"避害"类行为虽不易被感知和传

① YOON Y, GURHAN-CANLI Z, SCHWARZ N. The effect of corporate social responsibility（CSR）activities on companies with bad reputations［J］. Journal of Consumer Psychology, 2006, 16（4）：377 – 390.

② BOERMAN S C, VAN REIJMERSDAL E A, NEIJENS P C. Sponsorship disclosure：effects of duration on persuasion knowledge and brand responses［J］. Journal of Communication, 2012, 62（6）：1047 – 1064.

③ ROZENDAAL E, OPREE S, BUIJZEN M. Development of validation of a survey instrument to measure children's advertising literacy［J］. Media Psychology, 2016, 19（1）：72 – 100.

④ ROZENDAAL E, SLOT N, VAN REIJMERSDAL E A. BUIJZEN M. Children's responses to advertising in social games. Journal of Advertising, 2013, 42（2 – 3）：142 – 154.

播，但产生的"保险效应"却要明显强于"行善"类行为。① 同时，在自媒体时代，企业爆发声誉遭受威胁的负面事件概率越来越高，最终导致企业合法性和声誉的下降。负面事件发生后，企业往往会从被动响应转变为主动担当，以期能够拯救、恢复和重建自身声誉。然而，声誉并非总能修复，会受到行业整体声誉、情感等多种因素的影响，② 其中，情感声誉最难修复。但若已形成了负面网络口碑（一般分产品型和道德型两种），假设只有善因销售、企业赞助和慈善捐赠三种"行善"履责行为可选择，分别置于两种类型的负面网络口碑情境下，只有慈善捐赠能够起到修复作用，善因营销和企业赞助不但不会修复，还会对零售企业品牌权益产生消极影响；在道德型负面情境下，善因营销和慈善捐赠可能会起到品牌修复的作用，但企业赞助却起不到任何显著作用。值得关注的是，慈善捐赠在两种负面网络口碑下都会对零售企业品牌权益起到修复作用，且程度大抵相同。③

如果将法律强规制类事件也算作某些行业的"负面事件"，那么，"良好社会责任表现保险效应说"也得到了验证。2014 年 4 月 24 日，我国第十二届全国人大第八次会议审议通过了新的《环境保护法》，修订的重点在于强化监督、加大处罚和信息公开，这意味着，企业尤其是重污染企业增加了违规的风险与成本。这本是一个利空消息，但投资者若能识别出前期履责表现良好的企业，就可以抵消利空消息所带来的消极影响。换句话说，企业前期良好的社会责任表现，在强规制类事件发生时，也能发挥"保险效应"。④

---

① 陈煦江. 企业社会责任战略选择效应——基于血铅电池事件研究 [J]. 中国人口、资源与环境，2014（2）：142 - 148.

② 晁罡，袁品，段文，程宇宏. 企业领导者的社会责任取向、企业社会表现和组织绩效的关系研究 [J]. 管理学报，2008（5）：445 - 453.

③ 汪旭晖，冯文琪，张杨. "化险为夷"还是"雪上加霜"？——负面网络口碑情境下零售企业社会责任行为对品牌权益的影响研究 [J]. 商业经济与管理，2015（7）：5 - 15.

④ 吉利，王泰玮，魏静. 企业社会责任"类保险"作用情境及机制 [J]. 会计与经济研究，2018（3）：21 - 37.

# 持续践行篇 →

CSR，正逐渐从一个抽象理念发展成为一类常见的商业实践，尽管一路走来，挑战重重。企业责任践行的相关议题从加大可再生能源使用、减少碳排放、促进循环经济……到引领可持续消费、尊重科学伦理、"以生命为本"……责任践行方式也从确保企业运营的可持续性举措到参与运营之外更具包容性和传播效应的活动……有社会责任感的企业从未停止过笃定前行的脚步。

"持续践行篇"以"企业该如何寻求适合自身特点的责任践行策略与模式"为主线，以回顾全球企业的责任践行简史为起点，重点聚焦于责任践行之路注定不可能平坦的广大中小企业（SMEs）和以中国企业为代表的来自新兴经济体的企业。社会责任的持续践行，需各方坚信商业的力量，社会因商业的创新和效率而进步；同时，各方更要坚信责任的力量，基业长青需以负责任的价值观和组织文化为基石。

关于 CSR 的故事，未完待续……

# 第七章 CSR 的践行：策略与模式

　　"距离罗马俱乐部成立（1972）、京都气候大会（1997）……已经过去多少年了？不，我们不再需要说服和忍耐了，我们需要行动，必须采取行动了。"

——某跨国企业 CSR 总监在相关谈话中如是说（2018）①

　　虽然良好的社会责任表现会增强企业的合法性、提升企业声誉，甚至会在负面事件爆发时缓冲事件带来的消极影响，但企业社会责任终究还是企业的自愿性行为或选择性责任。那么，企业到底该如何主动寻求社会责任践行策略呢？利益相关各方又该如何促进企业选择负责任的、可持续发展的商业实践，使之成为法律规制、政府监管等正式制度的有益补充和替代呢？无疑，这是全球商界都在努力探索的现实问题。

## 第一节　CSR 践行简史

　　企业社会责任践行历程，经历了被嘲讽、被反对以及最终被认同等阶段。从全球范围截取历史中真实发生过的片段，应该能够从侧面说明该领域不同寻常的发展轨迹。

　　在老牌工业强国英国，罗伯特·欧文（Robert Owen）据说是最早致力于企业社会责任的商人。1810 年，他在新拉纳克米尔（New Lanark Mill）和新哈莫尼（New Harmony）发起了社会实验项目，率先将每个工作日 13 个小时

---

　　① OSAGIE E R, WESSELINK R, BLOK V, LANS T, MULDER M. Individual competencies for corporate social responsibility: a literature and practice perspective [J]. Journal of Business Ethics, 2016, 135 (2): 233 – 252.

的工作时间减至 10 个小时。在欧文接手项目前，曾有 500 个孩子在这两处工厂里工作，其中，有许多孩子介于 5～10 岁之间。他接手后，拒绝雇用 10 岁以下的童工，并为雇员的孩子们建立了学校，使他们能够从 2 岁开始接受教育。同时，欧文还为员工投入了大量的培训资源，并支付给他们高于平均水平的工资，提供体面的工作条件，由此赢得了美誉，并形成了积极的社会影响。更为可贵的是，工厂依然还有盈利，验证了"乐善好施，定有善报"的观点。①

在 20 世纪二三十年代的美国，发生了一直被社会责任领域所津津乐道的"哈佛论战"。当时，社会责任仍被视为笑话，美国政府于 1933 年和 1934 年先后通过证券法和证券交易法，一厢情愿地期望通过制定相关政策和法规，以企业为平台，解决歧视、产品安全及工作条件保障以及环境保护等社会问题。为遵从新法，企业开始对股东承担更多的责任。然而，企业是否还需要对其他利益相关者承担更多的责任？当时的美国企业，在普通公众心目中的高大形象正逐渐褪去光环，且每况愈下。在 1968 年，还有 70% 的公众相信，企业正努力在利润与公众权益之间寻求平衡；到了 1977 年，还持有此观点的公众比例已跌至 15%，且此种状况一直延续到 20 世纪八九十年代才得以改善。② 改善得益于利益相关者理论与企业公民理论的提出，并被广泛接受。根据利益相关者理论可知，企业是利益相关各方之间达成的一系列多边契约，各方分享其经营成果的同时，也要共同分担其经营风险，甚至在必要之时，为企业的经营活动付出代价。从企业的角度来说，在为股东创造价值的同时，也需要尽可能地兼顾到其他利益相关各方的利益。与利益相关者理论不同，企业公民理论认为，随着不间断的扩张和跨国经营，企业需要关注自身与所在社区、全社会甚至大自然之间的联系，并将此种关注融入战略制定与日常运营之中。

如果说，英美因文化背景类似而在社会责任践行历程上有所雷同的话，那么，来自亚洲国家日本和印度的践行历程则完全不同。回溯 19 世纪后期的日本，当时企业中的劳资关系并不和谐，而且，当时的日本企业也得不到公

① GORB P. Robert Owen as a businessman [J]. Bulletin of the business historical society, 1951, 25 (3): 127 - 48.

② TISHLER C, BARTHOLOMAE S. The recruitment of normal healthy volunteers: a review of the literature on the use of financial incentives [J]. The Journal of Clinical Pharmacology, 2002, 42 (4): 365 - 375.

众的信任。① 改变商人卑微地位的分水岭，是一位名为石田百达（Baida Ishi-da）的日本商人编纂了一部"商人代码"（code of the merchant），对商人们提出了公共服务的要求，成为明治维新期间商业活动的伦理基础。当时的明治政府已开始寻求工业振兴，而终身雇佣制度是在家庭协作基础上重建的新型劳资关系，为国家服务得到了广泛的重视。② 在此制度下，无论时局好坏，雇主和雇员之间好比父母和子女的关系，相互间负有责任和义务。至 19 世纪 80 年代，政府开始重视对工作条件的监管，并为妇女和儿童提供保护。不过，直至第一次世界大战之前，雇主的家长式管理还被认为是"不稳定、临时的，且工资低廉"的代名词。"一战"后，这个制度逐渐成熟，且将养老金计划、健康保险、住房、教育、图书馆和疗养等福利内容包含其中。不过，明治维新时期的工业快速发展给日本带来了严重的环境问题。③ 自 1877 年起，大阪开始修订工厂烟雾控制法规，东京警方也开始检查锅炉。但日本企业将烟雾视为繁荣与进步的标志，群起反对此类监管，对社区居民的投诉视而不见。曾有一个案例最为典型：自 1903 年始，浅野水泥公司每天收到大量的投诉，谴责公司的生产过程中形成了大量的粉尘，但企业直到 1917 年才安装了电子集尘器，最终解决了粉尘问题。

与日本不同，商人阶层在 19 世纪的印度社会中享有极高的地位，常常参与社区的捐赠活动，随之又凭借慷慨的好名声而获得贷款，从中受益。最初，商人们最常参与的是宗教慈善活动，至 19 世纪末，他们开始参与更多样的活动，涵盖更为广泛的人道需求，包括减贫、救灾、造林以及建造学校和庙宇等。④ 至 1850 年左右，印度工业化开始，涌现出了众多新式商业家族。他们偏爱西方商业惯例，在为印度实现工业化做出贡献的同时，也积极参与社会和政治发展方面的活动。特别是在社会发展方面，他们建立了旨在促进全社会福祉的教育、卫生和文化等类别的基金会。实业家贾姆谢特吉·塔塔（Jamsetji Tata）正是其中的杰出代表。他在 1868 年创立了塔塔贸易集团

① Gordon A. The evolution of labor relations in Japan: heavy industry, 1853 – 1955 [M]. Cambridge, MA: Harvard University Press, 1985.

② HIRSCHMEIER J. The Japanese spirit of enterprise, 1867 – 1970 [J]. Business History Review, 1970, 44（1）: 13 – 38.

③ MUROTA Y. Culture and the environment in Japan [J]. Environmental Management, 1985, 9（2）: 105 – 112.

④ MOHAN A. Corporate citizenship: Perspectives from India [J]. Journal of Corporate Citizenship, 2001（2）: 107 – 117.

（Tata Group），并分别在 1869 年和 1874 年又开设了两家棉纺厂，随后还进军钢铁、电力和酒店等行业。他认为，商人是全社会财富的受托人，自己有义务将财富用于印度人民。作为一位活跃的慈善家，他另辟蹊径，超越商业慈善和宗教信仰，开发出了一条具有现代性的公益慈善路径：修建医院、研究机构，并对大学提供资助；于 1887 年引入了养老金制度，并于 1895 年又增加了意外保险，并通过将企业所有权转移到慈善信托，创建一种全新的财务结构，成为福利企业的先驱。① 在实业家们开创慈善事业的同时，圣雄甘地也在形成自己的托管理念。他强调商业和财富作为一种托管形式的重要性，即企业有责任将财富用于公益事业，而不仅仅为了股东。甘地式的托管制度在 19 世纪后期和 20 世纪初得到发展，并于 1947 年印度独立时，在慈善事业中起到了决定性的作用，之后继续发挥其影响力直至今日。

自 20 世纪 90 年代中期开始，随着互联网开始蓬勃兴起，经理人们开始意识到，企业和利益相关各方身处同一网络中，相互之间是一种既有竞争又有合作的依存关系。2006 年，"竞争战略之父"迈克尔·波特和马克·克雷默（Michael E. Porter & Mark Kramer）发表了著名的《战略与社会：竞争优势与企业社会责任的联系》一文。在文中，他们将社会责任这一关注如何利用自身能力与其利益相关各方建立起合作关系的空洞想法，提升为近 20 年以来最为企业界广泛接受的经营理念。甚至将社会责任上升为"艺术"，即身处社会网络中的企业，在承受来自监管法规、行业标准以及同行领跑者等各方面压力的同时，如何"艺术"地与利益相关各方进行权衡与妥协，最终制定出一整套各方承诺遵守的标准或原则。

## 第二节　CSR 践行策略与模型

尽管将践行社会责任整合进企业管理系统非常重要，但更为深入的研究目前还较为缺乏。② 从策略层面来说，需要制定系统性的企业社会责任持续

---

① MICKELS A. Beyond corporate social responsibility: reconciling the ideals of a for-benefit corporation with director fiduciary duties in the US and Europe [J]. Hastings International & Comparative Law Review, 2009 (32): 271–303.

② NORRIS G, BRENDAN O. Motivating socially responsive decision making: the operation of management controls in a socially responsive organization [J]. The British Accounting Review 2004, 36 (2): 173–196.

践行策略，将愿景、使命和目标包含其中，其终极目标是有助于高层管理者兑现其为全社会及其利益相关者创造价值的承诺；从执行层面来说，尽管企业已参与或组织了一些零星的计划和项目，但需要构建社会责任持续践行模型，借以能够像分析其他任何投资活动一样，在各种绩效间取得平衡。①

## 一、CSR 践行策略

该如何将社会责任从理念过渡到企业执行层面，澳大利亚学者杰里米（Jeremy G.，2006）曾提出四种较为粗线条的持续践行策略分类，供企业选择。②

### （一）以股东为中心的践行策略

以股东为中心的责任践行策略，往往是企业迫于来自法律法规（如环境法）、特殊事件（如法律诉讼）以及利益相关各方诉求的压力而被动选择的反应型践行策略。这种哪怕经常被贴上"短视"标签的践行策略，也是有其存在的合理性的，特别是对于中小企业或刚起步的初创企业来说，任何不以营利为目的的履责行为，都可能危及企业的生存。只参与能够带来短期利润增长的责任践行活动，既解决了企业的生存问题，也能为全社会的福祉做出力所能及的贡献，无可厚非。

此种践行策略的核心特征是将责任践行作为企业实现股东价值最大化战略目标的组成要素，即参与开放和自由的竞争，同时依法纳税、为全社会创造就业机会，并为消费者提供质优价廉的商品或服务。此种选择的理论依据是米尔顿·弗里德曼（Milton Friedman）所推崇的"看不见的手"，在市场"那只手"的指挥下，企业肩负的是依法经营的社会责任。

### （二）利他的践行策略

利他的社会责任践行策略最常见的表现方式是在灾害突发时（特殊时

---

① MCWILLIAMS A，DONALD S. Profit maximizing corporate social responsibility ［J］. Academy of Management Review，2001，26（4）：504 – 505.

② GALBREATH J. Corporate social responsibility strategy：strategic options，global considerations ［J］. Corporate Governance：The International Journal of Business in Society，2006，6（2）：175 – 187（13）.

点），或年度慈善大会上（定期）向所在社区慷慨解囊。尽管企业的深层次动机很难辨别，但企业一旦采取利他的社会责任践行策略，其经理人一般是认同企业与所在社区是相互依存的，认同企业回报社区及全社会的责任，有助于互助型社会的形成。①

虽然企业确实是在做对的事，并不求回报，但这些流向社区的慈善捐赠究竟能够带来多少的经济回报，往往很难精确计量。不过，利他的践行策略，是防范化解重大风险进而维护社会安定和谐的有效补充，需要协同好与政府的关系。同时，还需要让直接利益相关者之外的群体也能够感受到企业对外利他的行动。

### （三）互利互惠的践行策略

互利互惠的社会责任践行策略，往往是务实的，也是理性的。采取此种责任践行策略的企业，往往会积极主动地发起或参与一些社会责任活动。例如，制造业企业制定出远高于环保监管部门要求的环保标准；制药公司义务地向大众宣传预防及治疗常见病的科普知识，等等。通过这么做，企业极大地降低了监管部门干预的可能性，同时也向外界展示出了企业对社会负责任的一面，最终使社区受益、产品销售增长，还可能吸引优秀人才的加入。

此类践行策略要达到的目标是双重的：一方面，能为企业带来经济回报；另一方面，有助于缓解企业的经济目标与全社会对企业期待之间的冲突。然而，互惠型的社会责任体系很难得以维系，其根源在于利益相关者在得到企业的好处后，并不能持续地给予企业所需要的回馈。这种回馈机制一旦消失，互惠关系就很容易瓦解。

### （四）全球企业公民的践行策略

全球企业公民的责任践行策略有两个主要特征：其一，企业需要在可能相互排斥、难以权衡的利益相关各方诉求中找到平衡点；② 其二，企业需要与利益相关各方积极对话，确保履责信息的透明度，并将对话中发现的问题

---

① HEMINGWAY C A, MACLAGAN P W. Managers' personal values as drivers of corporate social responsibility [J]. Journal of Business Ethics, 2004, 50（1）: 33 – 44.

② 李培功, 醋卫华, 肖珉. 资本市场对缺陷产品的惩戒效应—基于我国汽车行业召回事件的研究 [J]. 经济管理. 2011（4）: 127 – 133.

融入日常经营决策中。① 这要求企业拥有更为广阔的视野：在认可企业对内、外部利益相关各方所承担的责任的同时，认识到各方所拥有的权益，以及对企业的期望都不尽相同这一事实。②

　　尽管有以上四种可供选择的责任践行策略，但事实上，若运用博弈论来理解，企业的选择余地其实十分有限。如果说，企业周边各方所采纳的责任践行策略已形成了一种相对稳定的策略组合，当其他各方都不做改变时，为使自己一方收益最大，任何一方都不会（或者无法）轻易改变自身的策略，打破已达成的纳什均衡（Nash equilibrium）。因此，即便践行社会责任，在短期来看，并不总是有利可图，且还有可能牺牲掉眼前的可观利益，但从较为长期的视角来看，在周边各方压力下所达成的纳什均衡，哪怕表现出了某种程度上的短期非理性，却是最终能为企业带来有形回报的动态结构。

## 二、CSR 践行模型

　　建立社会责任践行模型，是期望能够找到长期推进责任践行的包容性方法和工具。该模型应当能够为社会责任的具体践行提供一个从构思到实施的整体视角，从而汇集来自个人、企业、社区、政府和非政府组织等各方的共同努力。

　　拉克希米·莫汉（Lakshmi Mohan，2019）通过观察三家在社会责任践行方面表现优秀的印度大型企业后发现，如果没有恰当的责任践行策略和计划，哪怕是富可敌国的大企业，想取得优秀表现也是不可能完成的任务。这三家企业之所以能够取得成功，可总结为以下四方面的共性特点（见图 7 - 1，具体实践以印度全球性信息技术、咨询和外包公司威普罗 Wipro ③为例）。

　　首先，目标要足够明确。目标被清晰定义，且将愿景和使命包含其中，使之成为责任践行的基础。同时，还需把相关法律法规的规定设定为企业的最低履责标准。若是在发展中国家，目标最好能够与国家正在努力的发展方

---

　　① SETHI S P. Globalization and the good corporation：a need for proactive co-existence ［J］. Journal of Business Ethics, 2003, 43（1 - 2）：21 - 31.

　　② DAWKINS J, LEWIS S. CSR in stakeholder expectations：and their implication for company strategy ［J］. Journal of Business Ethics, 2003, 44（2 - 3）：185 - 193.

　　③ Wipro Limited（Western India Products Limited），威普罗，是一家总部位于印度班加罗尔的跨国 IT 咨询及 IT 服务管理公司。

向保持一致。例如，威普罗设定的责任践行目标为"尊重人性、伦理道德、可持续性发展和三重底线"。通过制定明确和可量化的可持续发展目标，可进一步将企业社会责任的愿景和使命细化为尊重个体、诚信，以及经济效益与社会进步的共同发展，并使之成为企业遵循的基本宗旨。

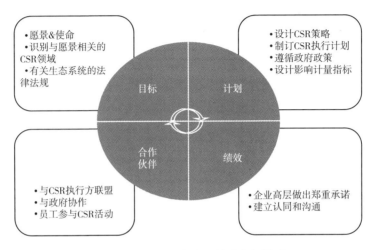

**图 7-1　企业社会责任持续践行模型**

资料来源：MOHAN L. Integration of CSR strategy model in organizations ［J］. International Journal of Innovative Technology and Exploring Engineering, 2019（12S）：796-801.

其次，保证计划的执行。要确保计划得到执行，需要确认责任践行计划是否与治理规范和管理流程相匹配，所选择的践行策略是否在年初就已提前规划好，整个履责过程以及评估履责行为影响的流程和规定是否符合事先规划好的时间线和预算。威普罗为责任践行专门成立了一个基金会，按照与企业整体治理和管理流程相一致的方向推进责任践行实践。该基金会有一个由5名成员组成的董事会，每个季度审查一次履责活动的进度。根据印度国内法规的相关规定可知，履责支出要达到前三年税前利润的2%。2019年，威普罗的履责支出预算为17.61亿美元，实际支出为18.53亿美元。①

再其次，与合作伙伴一同践行责任。鼓励员工积极参与履责活动，充当志愿者，不仅激励他们关注社会的需求，也为责任践行提供了所需的人力。同时，扩大践行责任的社会影响范围，把各级政府也吸纳进来，这样也在无形中得到了政府的支持。在2018～2019年度，威普罗的国内外合作伙伴达到

---

① 相关资料均来自威普罗官网。

了 175 个，共同在教育、康复和帮助残疾人等领域开展了合作。仅在 2019 年，就有超过 12 500 名员工在 20 个地点参与了约 30 000 小时的志愿者活动。①

最后，注重绩效。指导和监控都是保证绩效的关键。良好的绩效得益于高层管理者对企业社会责任的承诺。将企业社会责任的愿景制度化、切实践行和清晰沟通，是保证绩效的三条重要准则。对运营所形成的影响进行量化，也是注重绩效的关键。此外，获得外界的认可和奖项，也表明相关机构对企业履责行为进行了计量和跟踪，通过收集、推算和评估关键绩效指标，从而有力证明企业在责任践行方面取得的成绩。其中，社会投资回报率就是其中一种评估影响的有效方法。不过，对于无法用货币计量的无形资产，相关人员需要找到特定的参照系数。对于威普罗来说，建立了针对各层级管理人员的问责制，董事会的可持续发展委员会由一位主席负责，由首席安全官、首席执行官、副总裁和专职小组成员共同组成。

在对印度三家公司的成功经验进行总结之后，拉克希米·莫汉（Lakshmi Mohan，2019）还指出，来自管理高层的承诺对于践行社会责任极为重要。良好的公司治理、职业道德原则以及随时欢迎外界的审查（包括高透明度的信息披露框架和报告系统），都是企业社会责任践行的牢固基础。企业若拥有设计周密的履责计划、相关支持政策和信息披露系统，那么，就可能成为该领域的领跑者和佼佼者。

## 第三节  CSR 践行的影响因素

如前所述，企业责任践行策略的选择是一个持续动态的过程。那么，企业在选择或调整社会责任践行策略时，需要考虑哪些宏观与微观因素呢？

### 一、宏观影响因素

即便在全球化背景下，处于不同地域的企业，该尊重的是企业文化还是当地文化、该面对的是强制执行还是自愿遵从的监管环境、需要打交道的非

---

① 相关资料均来自威普罗官网。

政府组织力量是大是小、适用的全球标准是基准还是自我规范工具……都会千差万别，构成了影响社会责任持续践行的宏观因素。

### （一）企业文化，还是当地文化

当企业文化与运营所在地的当地文化存在冲突时，主要有两种解决原则：第一种是普适性原则，即无论当地文化如何，始终坚守更广泛适用的社会责任原则；第二种是相对性原则，则是采取更符合当地文化背景的社会责任标准。① 采取第二种即相对性原则的成功案例似乎要更多一些，也就是说，当企业文化与当地文化之间存在冲突时，企业还是需要充分尊重当地文化，并谨慎应对文化差异所带来的责任践行领域内的不同。期待在更长期的时间框架内，通过企业文化潜移默化地影响当地的价值取向，最终接受普适的社会责任原则。

### （二）强制执行，还是自愿遵从

虽然社会责任具有鲜明的自愿性，但从全球范围来看，自 20 世纪 70 年代以来，与社会责任相关的法律法规呈迅速增长的趋势，以应对市场自身所不能确保的公平竞争、产品安全以及环境洁净等状况。

因此，在选择责任践行策略时，企业不得不考虑的因素还包括监管环境：在所属的特定环境中，践行社会责任，需要遵从强制执行的法律法规，还是自愿选择行业内或母公司所在国的较高遵从标准。

### （三）非政府组织力量，是大是小

自 20 世纪 50 年代以来，非政府组织在特定领域内为推动公共政策的变革做出了积极贡献。然而，在不同的国家或地区，非政府组织在数量、力量、活动范围等方面仍然存在较大的差距。

常见的非政府组织类型主要有三种：经营型，侧重于关注教育、健康和赈灾等领域内的社会服务；咨询型，侧重于提供信息服务；倡导型，致力于直接游说政府以及各级部门。不管非政府组织的力量是大是小，都在不同程度上弥补了市场和政府双重失灵时的需求。

---

① SMELTZER L R, JENNINGS M M. Why an international code of business ethics would be good for business [J]. Journal of Business Ethics, 1998, 17 (1): 57-66.

### （四）全球标准是基准，更是自我规范工具

一种宏观外部压力来自全球企业社会责任标准。据英国标准协会（BSI）的统计可知，早在 2002 年，与社会责任有关的全球标准、原则和条例就已超过了 400 种，几乎覆盖了社会责任的各个方面。可以说，全球化标准既是企业建立履责系统化流程的基准，也是企业履责的自我规范工具，更是外界对企业履责行为进行监督的可参照标准。[①]

## 二、微观背景条件

事实上，影响企业践行社会责任的微观背景条件主要来自企业内外部的利益相关各方，包括但不限于首席执行官、股东、员工、社区、顾客、客户，以及同行业的领跑者。其中，首席执行官对社会责任契约的忠诚度，决定了企业在责任践行之路上前行的速度与深度；股东在关键时刻介入会对企业的责任践行起到修正或调整的作用。此外，"全社会"作为特殊的利益相关者，代表着特定背景下的主流价值观，几乎可以影响所有社会责任践行活动。企业间及行业内的竞争加剧，会促使企业为吸引或留住人才而采取差异化的员工福利，会为提高顾客满意度而生产出质优价廉的产品及服务……以上来自内外部利益相关各方的影响，相互关联，共同构成了影响企业责任践行的微观背景条件。

不过，从某种程度上来说，企业内部负责责任践行工作的专职人员，其相关胜任能力似乎尤为重要，只有将专职人员的个人履责能力与企业履责能力结合起来，才可能转化为企业的竞争优势。以奥萨吉（Osagie E. R.）为代表的几位荷兰学者回顾了全球范围内社会责任领域的教育和管理文献，并通过与 28 位企业负责社会责任事务的经理人进行深入面谈，最终识别出企业相关专职人员需要具备的八方面能力。[②]

---

① WADDOCK S A, CHARLES B, SAMUEL B G. Responsibility: the new business imperative [J]. Academy of Management Perspectives, 2002, 16（2）: 132 - 148.

② OSAGIE E R, WESSELINK R, BLOK V, LANS T, MULDER M. Individual competencies for corporate social responsibility: a literature and practice perspective [J]. Journal of Business Ethics, 2016, 135（2）: 233 - 252.

## （一）前瞻性思维

前瞻性思维，是指能够预测到持续责任践行在未来可能面对的挑战，并对眼前所做决策在未来可能对企业形成的潜在影响进行批判性思考。前瞻性思维方式，涉及在思维层面上建构企业在未来履责的相关议题、可能的做法、关键理念和指导理论的能力。在制定与责任践行相关策略时，此种能力尤为重要。

## （二）系统性思维

系统性思维，是指一种可以识别和理解由不同领域和学科所构成的社会生态系统，及其组成部分之间相互依存关系的能力。此种能力由内、外部因素构成。外部因素是指能够站在全系统视角来审视责任践行中可能存在的挑战的能力。拥有此种能力的社会责任专职人员，需要熟悉社会责任主题，能够理解主题间的依存关系。例如，了解"3P"主题，需要了解人民（people）、地球（planet）和利润（profit），以及三者间的依存关系。同时，相关专职人员还需要了解供应链以及应当如何与供应链中的其他参与方相互协作，从而面对共同的挑战。此外，专职人员还需理解企业做出的某个特定承诺将如何影响到当地社区甚至更广泛的区域。内部因素是指对于由多个相互依赖的子系统构成的大系统，即企业，社会责任专职人员需要具备跨学科分析相关议题的能力，识别和理解各个业务部门间的依存关系，以及各部门应当如何联合起来为企业的责任践行计划做出贡献。

## （三）了解相关规定和要求

当面对特定的社会责任议题时，相关专职人员需要明白该如何应对，且知道该适用哪些国内外及行业内的相关规定，了解相应的办理流程和公司治理方面的相关要求。

此外，专职人员还应当通过参加圆桌会议等方式，为相关规定的推出做出可能的贡献。

## （四）社会责任管理能力

作为一种功能性能力，责任践行领域内的管理能力是指能够将践行策略转化为实际行动、纠正错误做法以及开发最佳实践的能力。同时，也包括能够计划、执行和管理责任践行项目，并进行决策的能力。此外，相关专职人员需要肩负起相应的责任，例如，适时采取行动，组成重要联盟，开发解决方案，筹集资金，撰写社会责任报告和提案，并呈现出已取得的成果，等等。

### （五）人际关系处理能力

人际关系处理能力，是一种社会导向型能力。它是指社会责任专职人员需要具有良好的社交和沟通能力，帮助周围的人加深对社会责任的认识，并能够激发他们的社会责任意识。此外，相关专职人员应当能够帮助他人将社会责任意识融入日常工作中，最终达成跨学科和跨文化的协作，尊重和认可利益相关者与自己相左的见解及其付出。

### （六）负责任的个性和态度

企业在责任践行中需要与利益不尽相同的利益相关各方打交道。而且，责任践行是一个涉及观念变革的过程，因此，相关专职人员需要具备应对变革阻力的个性和态度，例如，耐心、韧性、灵活性、求是和现实的态度，以及创新精神、同理心和积极的个性。

### （七）个人价值驱动能力

与个人价值驱动相关的能力又可分为三种。

首先，具备道德规范能力。社会责任专职人员应坚信责任践行的紧迫性，有强烈的内在动力应对现实挑战，这涉及在评估与履责相关的议题过程中充分运用个人道德标准和价值观的能力。

其次，在理想主义和现实主义之间取得平衡的能力。社会责任专职人员必须具备适应能力，既追求财务目标又致力于社会责任目标，而又不会丧失个人的道德界限和价值观，在个人伦理价值和企业目标之间取得平衡。

最后，具备自我调节的能力。这种能力是功能型的，需要用实际行动解读其所捍卫的，且所说的和所做的是一致的。社会责任专职人员需要对自己的行为举止负个人责任，并承担相应的后果。此能力涉及相关专业人员以行动和果断态度积极参与责任践行活动，并成为他人的榜样。

### （八）反思能力

社会责任专职人员需要具有对自己的社会责任观和经验进行定期反思的

能力，包括识别和挑战先前的想法、习惯和假设。同时，从自我评价中总结出自身工作的意义。唯有如此，专职人员才能在应对社会责任难题过程中，通过不断自我反思，自我得到提升。

以上八方面能力是相互关联的，还需要在实践中加以整合。对于那些致力于践行社会责任的企业来说，首先需要做到的是提升企业经理人和领导者的履责胜任能力和思维方式，以应对与企业社会责任相关的挑战。① 特别是，在企业持续践行的不同阶段可能需要不同的能力，所以，还需要企业领导者谨慎选择适合的专职人员以应对相应的变化。

## 第四节  CSR 最佳践行模式
### ——来自全球 IT 业 20 强的经验

如果将全球的互联网视为一个国家，其能源消耗占世界能源总消耗的 1.5% ~2%，那么，它将名列世界能源消耗国的第五位，而且，此趋势还将继续增长。要解决能耗过高的问题，对于一家 IT 公司来说，至少需要克服两方面的现实障碍：首先，责任践行策略，从计划到实施太过耗时；其次，涉及社会、环境和经济等方面相关参数的计量，过于烦琐。基于这两方面的障碍，亟待出现一个具有指导意义的、一般 IT 公司拿来就能套用的企业社会责任最佳践行模式。

杰曼和波吉特（Germain D & Birgit P，2018）两位学者为此做出了有益尝试。他们收集了全球最大 20 家 IT 公司（以年销售额计算）所披露的社会责任报告。经过比较分析，依据 ISO 26000 设立了社会责任核心主题，包括人权、劳动实践、环境、公平运营实践、消费者议题和社区参与发展等核心主题（如图 7 - 2 所示），在"劳动制度"类别中添加了"员工参与责任践行活动"部分。② 通过对 20 家 IT 公司社会责任报告的分析，提取出了每种责任类别中最可能被复制的履责策略，共计 27 种具体策略（见表 7 - 1）。为了避免企业利用社会责任报告"沽名钓誉"，学者们还在企业社会责任报告质

---

① ACCENTURE. A new era of sustainability［R］. UN Global Compact：Accenture CEO Study, 2010.

② HEMPHILL T A, LAURENCE G A. Employee social responsibility：a missing component in the ISI 26000 social responsibility standard［J］. Business Social Review, 2018, 123（1）：59 – 81.

量评估框架内进行了质量评估标准因子分析,① 对每份报告的信息质量进行了评估。

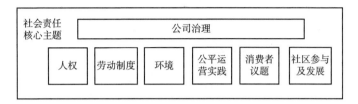

**图 7 – 2  依据 ISO 26000 设立的社会责任核心主题**

资料来源：根据《全球顶尖 IT 企业践行社会责任最佳实践模式分析》（Germain D & Birgit P, 2018）。

**表 7 – 1**              **IT 行业最佳责任践行具体分类实践**

| 责任类别 | 代码 | 具体履责实践描述 |
|---|---|---|
| 社区参与及发展<br>（COM） | COM 1 | 支持教育项目或活动 |
|  | COM 2 | 支持社会项目、活动或非营利组织 |
| 劳动制度<br>（LP） | LP 1 | 向员工提供培训 |
|  | LP 2 | 鼓励员工参与志愿者活动 |
|  | LP 4 | 员工保健项目 |
|  | LP 5 | 使员工敏感于对环境议题 |
|  | LP 6 | 建设一支多元且包容的员工队伍 |
|  | LP 11 | 技能培训 |
|  | LP 41 | 健康和安全管理 |
| 环境<br>（ENV） | ENV 1 | 生产或使用再生能源 |
|  | ENV 2 | 能源使用效率 |
|  | ENV 4 | 资源使用效率 |
|  | ENV 22 | 环保设施 |
|  | ENV 31 | 循环经济 |
|  | ENV 43 | 废物生成 |

---

① HABEK P, WOLNIAK R. Assessing the quality of corporate social responsibility reports：the case of reporting practices in selected european Union Member States ［J］. Quality & quantity, 2016, 50 （1）：399 – 420.

续表

| 责任类别 | 代码 | 具体履责实践描述 |
|---|---|---|
| 公平运营实践<br>（FOP） | FOP 1 | 供应商行为准则 |
| | FOP 2 | 使供应链敏感于可持续发展 |
| 人权（HR） | HR 2 | 数据隐私与安全政策 |
| 消费者议题<br>（CONS） | CONS 1 | 提供产品报废管理服务 |
| | CONS 2 | 提供有助于消费者提升自身可持续性发展的产品或服务 |
| 公司治理<br>（G） | G 1 | 通过尽责团队设立清晰的可持续发展目标 |
| | G 3 | 与同行协作 |
| | G 4 | 可持续性管理 |
| | G 5 | 透明度 |
| | G 31 | 遵从相关法规、法律、标准和规范 |
| | G 32 | 参与相关法律、法规、标准和规范的制定 |
| | G 51 | 披露对环境的影响 |

资料来源：DÉROCHE G, BIRGIT P. An Analysis of Best Practice Patterns for Corporate Social Responsibility in Top IT Companies [J]. Technologies, 2018, 6 (3): 76.

在评估结果的基础上，学者们推出了可向 IT 行业推广的最佳责任践行具体分类实践（见表 7-1）。基于分析，学者们最终绘制出了一个模式结构，更确切地说，构建了一个数据模型。需要说明的是，这个模型包括三个组成部分：语境、问题和解决方案。首先，语境由四个元素来定义：项目、置信水平、生效时间（短期、中期和长期），及其在 ISO 26000 中所属的主题类别。其次，问题由三个要素定义：可能受其影响的国际法规（《巴黎协定》或是联合国的可持续发展目标）、用于评估影响的计量标准和结果。最后，解决方案也由三个元素构成：模式描述、应用实例和与模式相关的附加内容。由此，以上十个元素构建出了统一建模语言描述的 IT 公司最佳责任践行模式结构（见图 7-3），可向 IT 行业推广，并可供 IT 公司直接"复制"其行业佼佼者们的成功。其他行业能否基于此原理构建适合本行业的最佳责任践行模式，还有待于学界和实务界共同探索。

诚如有学者指出的那样，企业需理性履行社会责任。[①] 无论是企业开始约束自身行为，还是最终选择了更为积极的履责策略，这种转变都是多层次

---

① 刘建秋，宋献中. 社会责任、信誉资本与企业价值创造 [J]. 财贸研究，2010 (6)：33-138.

互动引发的断续性平衡。因此，只有通过政府、社会及企业三方共同努力，将履责实践与企业核心业务深度融合，才能使企业践行社会责任长久而持续。

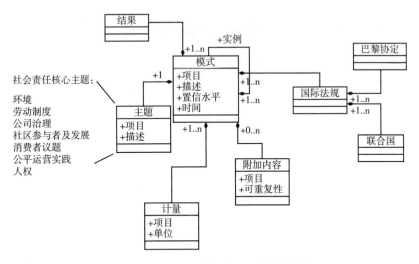

**图 7 – 3　IT 公司最佳责任践行模式结构**

资料来源：DÉROCHE G, BIRGIT P. An analysis of best practice patterns for corporate social responsibility in top IT companies [J]. Technologies, 2018, 6（3）：76.

# 第八章  中小企业 CSR 践行：
# 挑战与机遇

"在越发动荡不稳和快速多变的运营环境中，中小企业所面临的挑战无数，其中无疑包括该如何践行社会责任，以及该如何通过责任践行驱动创新。唯有如此，中小企业才可能抓住商机，获得独特的竞争优势。"

——波利－斯基伯尤 & 米哈伊①

企业社会责任，早已被各方列为全球可持续发展的优先事项。然而，近年来，一种似是而非的导向引发了担忧，那就是践行社会责任似乎只关乎大型跨国企业（MNEs），与中小企业（SMEs）无关。事实上，数据表明，中小企业排放的二氧化碳和产生的商业废物，对环境的单位影响已超过了大型企业。② 同时，数量占全球公司90% 以上的中小型企业，共同产生的巨大社会影响不容忽视。因此，全球企业的社会责任践行，中小企业不应缺席。

## 第一节  什么是 SMEs？

哪些企业属于中小企业？不同国家、经济发展阶段甚至不同的行业之中，界定标准都不尽相同，且随着经济社会的发展而不断变化。对中小企业的划

---

①　BURLEA-SCHIOPOIU A, MIHAI L S. An integrated framework on the sustainability of SMEs ［J］. Sustainability, 2019, 11 （21）：6026.

②　BADEN D A, HARWOOD I A, WOODWARD D G. The effect of buyer pressure on suppliers in SMEs to demonstrate CSR practices：an added incentive or counterproductive?  ［J］ European Management Journal, 2009 （6）：429 –441.

分，一般遵循质和量两方面的指标：质的方面主要从企业的组织形式、融资方式及所处行业地位等方面去考量；量的方面则主要包括雇员人数、实收资本、资产总值等指标。实践中，因为量化指标更为直观，数据更易选取，因此，大多数国家选择以量化标准对中小企业进行划分。

以社会责任领域处于全球领跑地位的欧洲为例。2003 年，欧盟将中小企业定义为雇员人数在 250 人以下，年营业额不超过 5 000 万欧元，或净资产不超过 4 300 万欧元（以资产负债表为准）的企业。此外，欧盟还规定，中小企业必须具有独立法人地位，外部持股比例不能超过 25%。不过，欧盟对中小企业的定义，引来非议无数。① 这至少可以看出，影响中小企业划分的因素众多，至今还没有全球性的统一标准。如果按照欧盟的标准，欧洲约 2 000 万多家企业中，绝大多数属于中小微企业。其中，91.8% 为微型企业，6.9% 属于小型，中型占 1.1%。② 这些中小微企业为欧洲贡献了 60% 以上的就业机会，57% 的国民生产总值，③ 实力不容小觑。

随着全球进入更灵活也更经济的工业 4.0 时代，在技能、专业知识和其他资源储备方面并无优势的中小企业，面临着前所未有的挑战和风险。一方面，中小企业的权利往往集中在少数核心管理者手中，相关重要决策往往受限于他们的能力与视野。另一方面，快速发展的新技术给中小企业带来了前所未有的发展机遇，不过，数字化转型需要大量投资，这往往与中小企业的短期盈利目标相冲突，而拒绝新技术，还有随时可能被淘汰的风险。此外，要保持数据和信息的透明度，也无形中会增加相应的成本。

总体来说，中小企业与大型企业相比，存在着很多方面的局限：资源有限、权力集中，往往没有正式的治理结构和组织程序。当然，从另一角度来看，中小企业也有大型企业不可比拟的优势：因不得不融入所在社区，所以，有更强烈了解利益相关者的动机，以期维系更为密切的联系。同时，中小企业对市场变化往往保持着敏锐及快速反应能力，特别是在需要应对社会和环境问题时，可以较快地转换角色，适应新的遵从要求与市场期待。

---

① HAB F B. Concept of corporate social responsibility in strategies of SMEs [J]. Club of Economics in Miskolc TMP, 2016, 12 (1)：19 – 26.

② SCHMIEMANN M. Enterprises by Size Class-Overview of SMEs in the EU [R]. EU, 2008.

③ RAYNARD P, FORSTATER M. Corporate social responsibility：implications for small and medium enterprises in developing countries [R]. Geneva：UNIDO, 2002.

# 第二节　SMEs 责任践行现状

从中小企业责任践行的现状来看，表现并不亮眼：全球范围内的中小企业似乎已跃跃欲试，但实际的履责行为却以偶发、非正式和无组织的居多，距离将责任践行纳入其经营战略之中，还有很长的路要走。造成此种现状的原因有多种，但仅从肩负着指导实践责任的相关理论研究来看，成果十分有限，能够对中小企业责任践行发挥现实指导意义的，则更加有限。这可能要归咎于长期以来大多数研究者所秉持的某种不成文的假设，即"只要提及社会责任理念，似乎现行版本适用于所有企业，不论其类型、规模和背景"。因此，中小企业在责任践行领域中所具有的特殊性，未能得到应有的足够重视。

早在 2011 年，一项访谈结果表明，在来自中小企业的一群代表中，55%从未听说过企业社会责任。截至 2016 年，类似的访谈表明，情况已得到极大改善，但中小企业对社会责任概念和内容的了解却依然有限，对履行社会责任的方式方法更是未能形成系统性思路。[①] 特别需要关注的是，有部分中小企业主对责任践行仍抱有模糊不清的态度，主要原因在于，他们并不能确定，践行社会责任到底能为企业带来什么。

三位印度学者达斯等（Maitreyee D. 、Rangarajan K. & Gautam D. ，2020）对中小企业践行社会责任现状进行了全球范围内的比较和分析。他们发现，仅从责任践行状况来看，中小企业所处的经济发展背景并未对其责任践行状况形成如预计般的显著影响，即在发达经济体和新兴经济体背景下，中小企业履责现状差异不大。不过，中小企业的确贡献出了一些正面而积极的责任践行案例。例如，表现最为努力的日本中小企业，因采取节能环保减排等举措，尽可能地减少自身运营对环境的影响，且高度重视员工的福祉，获得了良好的声誉；[②] 尼日利亚和坦桑尼亚的中小企业，虽来自非洲发展中国家，

---

① NEVEROV A. DAVYDENKOVA E. Social responsibility of organizations of small and medium business in Russia [J]. Vestnik of the Russian University of Friendship of Peoples, 2016, 16 (1): 130 – 140.

② HARON H, ISMAIL I, ODA S. Ethics, corporate social responsibility, and the use of advisory services provided by SMEs: lessons learnt from Japan [J]. Asian Academy of Management Journal, 2015, 20 (1): 71 – 100.

但是其责任践行早已超越慈善，扩展至其他公共领域；① 来自澳大利亚的中小企业，积极参与社区活动，最大限度地降低了自身运营对周边环境的影响。② 当然，在此研究中"涌现"的反面案例也比比皆是：德国的中小企业，其责任践行实践虽已超越了遵从要求，但因为不擅长运用相关的责任践行管理工具而显得毫无章法；③ 南非的中小企业表现更糟，不但对责任践行毫无兴趣，还常将其视为营销手段；④ 新西兰的中小企业更是选择性意图明显，只参与有可能降低自身运营成本的社区活动；⑤ 至于罗马尼亚的中小企业，更是表现出，不但质量认证水平低，还选择性地披露相关信息，以期这些信息能够发挥软性广告的作用。⑥

　　另一项相关研究，由法国学者和立陶宛学者联合展开，他们对所在国中小企业责任践行的表现进行了对比，⑦ 使印度学者的研究结论得到进一步证实：中小企业在发达经济体和转型经济体背景下的履责表现，差异并不明显。不过，该研究还总结出了中小企业责任践行中的普遍共性，如中小企业更为重视对员工人权的尊重。虽然这一点看似一项最基本不过的原则，但全球范围内层出不穷的丑闻说明现实并非如此。⑧ 同时，中小企业一般都会十分关注对周边环境的保护。此外，中小企业往往会积极参与当地的社区活动，并踊跃为所在社区的发展做出力所能及的贡献。

　　对于中小企业责任践行总体现状的不尽如人意，学者们通过观察认为，

---

① AMAESHI K, ADEGBITE E, OGBECHIE C, IDEMUDIA U, KAN K A S, ISSA M, OBIANUJU I, ANAKWUE J. Corporate social responsibility in SMEs: a shift from philanthropy to institutional works [J]. Journal of Business Ethics, 2015, 138 (2): 385 – 400.

② EVANS N, SAWYER J. CSR and stakeholders of small businesses in regional South Australia [J]. Social Responsibility Journal, 2010, 6 (3): 433 – 451.

③ MATTHEW H J, JOHNSON P S. Implementation of sustainability management and company size: acknowledge-based view [J]. Business Strategy and the Environment, 2015, 24 (8): 765 – 779.

④ LADZANI M W, SEELETSE S M. Business social responsibility: how are SMEs doing in Gauteng, South Africa [J]. Social Responsibility Journal, 2012, 8 (1): 87 – 99.

⑤ CASSELLS S, LEWIS K. SMEs and environmental responsibility: do actions reflect attitudes? [J]. Corporate Social Responsibility and Environmental Management, 2011, 18 (3): 186 – 199.

⑥ PIRNEA I C, OLARU M, ANGHELUTA T. Study on the impact on promoting social responsibility in business performance for SMEs [J]. Economy Trans disciplinarity Cognition, 2012, 15 (1): 203 – 212.

⑦ COLOVIC A, HENNERON S, HUETTINGER M, KAZLAUSKAITE R. Corporate social responsibility and SMEs [J]. European Business Review, 2019, 31 (5): 785 – 810.

⑧ SCHREMPF-STIRLING J, WETTSTEIN F. Beyond guilty verdicts: human rights litigation and its impact on corporations' human rights policies [J]. Journal of Business Ethics, 2017, 145 (3): 545 – 562.

原因可能源于两个方面：一是中小企业在履责方面大多采取较为低调的姿态，因为深知自身不可能取得如大型企业般的履责效率，也就不会像跨国公司那样极尽张扬地向外界披露相关信息了。特别是，虽然中小企业通过开发更具可持续性的产品而获得履责价值的案例时有发生，但对于中小企业责任践行会对其财务绩效形成积极影响，还没有得到太多实证研究的验证。因此，大多数中小企业在责任践行中均表现出某种程度上的矛盾与纠结：还算活跃，但信心明显不足。因此，可以说，中小企业对于责任践行"使自身受益，同时，也为社会作贡献"，并无十足把握。二是目前有待于开发出更贴近中小企业责任践行特点和习惯的话语风格和管理方法。研究表明，中小企业并不习惯使用跨国公司惯常使用的话语风格来宣扬自身的履责行为；① 同时，对于较为正式的履责管理工具，哪怕是已被开发出的工具，也未能发挥出相应的使用效率。基于以上两个方面的原因，对于大多数所有权和控制权合二为一的中小企业来说，还谈不上拟定专门的履责章程及策略。对员工和客户给予必要的关怀、积极参与当地社区的非正式社会活动，或与利益相关者建立相对个性化的关系，以及在以上基础上保证企业的正常运营，在中小企业看来，就是在践行社会责任了。

综上所述，中小企业作为经济发展的稳定器和刺激剂，推动其践行社会责任已日益迫切，而且，责任践行也有助于其与更广泛的社会和环境联结起来。事实上，中小企业主，特别是年轻一代的中小企业主已有了践行社会责任的思想准备，以欧盟为代表的先行地区也实现了在全球、国家和地方等层级对中小企业履责实行制度化监管，全球学界更是在积极开发能够解释中小企业履责及其自身发展关联的变量［如社会进步指数（social progress index）］。这些都将成为推进中小企业更好适应外部环境，制定更灵活践行社会责任决策的前提。不过，考虑到中小企业的发展对国民经济的影响及贡献，尚需深入探讨中小企业积极践行社会责任的深层次动机，以供各国政府、学界和实务界在制定相关政策、提出相应解决方案之时作为参考。

---

① BAUMANN-PAULY D，WICKERT C，SPENCE L，SCHERER A G. Organizing corporate social responsibility in small and large firms：size matters［J］. Journal of Business Ethics，2013，115（4）：693 – 705.

## 第三节　SMEs 责任践行动机

一直以来，学界对驱动企业践行社会责任的动机研究非常重视。如果说，对于大型企业，"改善形象""被公认为道德领导者"和"为长期利益服务"是促使其积极履责的主要原因，那么，对于中小企业来说，这些原因可能都不重要。

在提及履责动机之前，首先需要了解的是中小企业的特点，即权力集中且层级少，责任践行的决策往往取决于为数不多的几位关键人物。换句话说，中小企业的履责动机取决于这几位核心人物如何看待践行社会责任这回事儿。因此，中小企业责任践行的动机被学界分为两类：内在动机和外在动机（也称战略动机）。前者，即内在动机，是指在"核心人物"看来，践行社会责任是在做正确的事情；后者，即外在动机，则是指"核心人物"对责任践行可能带来的结果持乐观态度，甚至认为履责极有可能有助于商业上的成功。尽管两种动机不尽相同，但也并不必然排斥。已有研究结果表明，中小企业践行社会责任往往是内在动机和外在动机共同激励下的结果。[①] 一般而言，"核心人物"会受到信仰、价值观和宗教等内在因素的影响，但同时，也会承受短期经济效益以及利益相关者施加的外部压力。[②]

不过，若将两种动机进行比较可以发现，内在动机似乎与中小企业践行社会责任表现的相关性更高。[③] 此种观点已影响到了政策制定相关方。例如，早在 2000～2011 年间，欧盟曾坚信绩效是企业履责的主要驱动力，应当开发出更多因责任践行而取得商业成功的案例。然而，随着中小企业践行社会责任动机被重新解读，欧盟已把重点从培育商业成功案例上转移至与利益相关者密切合作，要求企业将社会、环境、道德、人权和消费者焦虑等议题融入自身的业务运营和核心战略之中。作为政策制定者，欧盟已深切认识到，大

---

① BÉNABOU R, TIROLE J. Individual and corporate social responsibility [J]. Economica, 2010, 77 (305)：1 – 19.

② NEJATI M, AMRAN A. Corporate social responsibility and SMEs：exploratory study on motivations from a malaysian perspective [J]. Business Strategy Series, 2009, 10 (5)：259 – 265.

③ NYBAKK E, PANWAR R. Understanding instrumental motivations for social responsibility engagement in a micro-firm context [J]. Business Ethics：A European Review, 2015, 24 (1)：18 – 33.

型跨国公司在企业社会责任领域已确定的基调，需要加以调整，特别强调个人价值观和道德观在其中所起到的关键作用，才可能适合中小企业。因此，在支持中小企业践行社会责任时，不应忽略管理层和经理人所持有的内在动机。学者们对此表示赞同，这好比对动力十足的小学生给予物质奖励，实际上反倒会损害孩子原有的内在动机，过于强调外在动机，有可能会削弱中小企业原有的践行社会责任内在意愿。①

常用于解释中小企业践行社会责任动机的理论视角有三种：社会资本理论、"创造共享价值"（CSV）理念和制度理论。其中，社会资本理论，被认为比利益相关者理论更适合理解中小企业责任践行的动机。该理论认为，社会要素连接起来会形成某种场域，场域内的成员需要通过取得社会资本来提升自身在场域中的生存境遇。中小企业要改善自身所处的场域，即经营环境，就需要通过践行社会责任，与场域内的其他成员建立起牢固的经济、道德、法律等方面的联系，从而获得尽可能多的社会资本。②

其他两种理论视角，"创造共享价值"（creating shared value，CSV）理念和制度理论，一个旨在将经济价值与社会价值联系起来，强调改善企业所处的社会和经济环境，找到社会进步和经济发展间的联系，并加以拓展；另一个是将中小企业置于不同的制度环境中，用以解释制度对企业践行社会责任的影响。不过，据现有的研究成果来看，这两种理论视角都不如社会资本理论对中小企业责任践行动机的解释更有说服力。最后，不得不提的是，在企业社会责任研究领域中，经常用于解读跨国企业责任践行动机的利益相关者理论，在针对中小企业责任践行动机时，似乎失去了原有的解释力。这可能源于，社会资本理论更强调当地社区及网络对中小企业的影响，构成了中小企业践行社会责任的最强动机。相比之下，其他利益相关者对于中小企业的影响，相对微弱得多。③

基于以上分析可以看出，对于中小企业践行社会责任的动机，依然有必要进行更为细致的研究。特别是对于那些已开始了责任践行之旅，且维持了

① DECI E L, KOESTNER R, RYAN R M. A meta-analytic review of experiments examining the effects of extrinsic rewards on intrinsic motivation [J]. Psychological Bulletin, 1999, 125 (6): 627 – 668.

② SKOVGAARD J. European Union's policy on corporate social responsibility and opportunities for the maritime industry [J]. International Journal of Shipping and Transport Logistics, 2014, 6 (5): 513 – 530.

③ ELMS H. Corporate (and stakeholder) responsibility in Central and Eastern Europe [J]. International Journal of Emerging Markets, 2006, 1 (3): 203 – 211.

一段时间，但又终止了的中小企业，对其进行深入研究，将有助于深入了解履责动态变化背后的动机。① 这一点尤为重要，因为履责动机会随时间发生改变，而改变又取决于内外部环境中太多的影响因素。由于受规模和资源等方面的限制，对中小企业来说，践行社会责任始终是一项不小的挑战，② 这已是不争的事实。

## 第四节　SMEs 责任践行中的挑战

由于践行社会责任是一种企业层面的复杂活动，因此，其成功实施需要人力、财力和物力等各方面的资源保障。与大企业不同，中小企业在日常经营中本已不得不应付一系列关乎生存的资源问题，在责任践行中还需应对更多不同类型的挑战，其严峻程度，不难想象。

若将中小企业在责任践行中所面临的挑战进行细分，可分为认知、资源、工具和制度四大类。

首先，中小企业需要面对责任践行中的认知挑战，包括对企业社会责任理念本身缺乏认知、不能感知，以及不能量化自身经营对环境和社会所产生的正面或负面影响。此类挑战还包括不能分类识别自身的利益相关者，更不能将不同类别的相关者与自身业务关联起来，进而无法确定应以何种履责行为来回应相关的责任议题。此外，对责任践行管理目标及结果的综合认知更是极度缺乏。③ 因为中小企业在以上方面存在的认知障碍，又不能确定责任践行能否带来商业利益，使得中小企业往往在实践中表现出有日渐强烈的履责想法，但不知从何入手，更不知如何从中获得竞争优势，④ 最终践行社会

① LEE H Y, KWAK D W, PARK J Y. Corporate social responsibility in supply chains of small and medium-sized enterprises [J]. Corporate Social Responsibility and Environmental Management, 2017, 24 (6): 634 – 647.

② FREY B S, JEGEN R. Motivation crowding theory [J]. Journal of Economic Surveys, 2001, 5 (5): 589 – 611.

③ JUSTYNA S, SEBASTIAN S. Implementation of CSR concept in manufacturing SMEs [J]. Management, 2014, 18 (1): 71 – 82.

④ POPOWSKA M M. CSR and small business from the international and national perspective [J]. Social Responsibility of Organizations, Directions of Changes, 2015, 30 (387): 443 – 444.

责任的动机不足，表现不佳。①

　　其次，第二类挑战是资源短缺和能力有限所造成的。在责任践行过程中，因相关知识匮乏而产生的专业咨询服务，以及计划、监测、评估、信息披露和认证等环节，都会形成方方面面的成本，难免给小本经营的中小企业造成财务负担，从而成为阻止中小企业责任践行的障碍，连澳大利亚、英国的中小企业都不得不面临这样的挑战。在发展中国家，此种情况更甚。②

　　再其次，第三类挑战来自没有适用的履责管理工具。现有的责任践行评价和管理工具，大多适用于跨国企业、发达国家及发展中国家的大型企业，未能照顾到中小企业的特殊性，以及这些特殊性所带来的限制。此外，由于资金受限，掌握的相关信息有限，又缺乏具备相关技能和经验的工作人员，使履责所需的计划、监督和评价都无从实现。

　　最后，第四类挑战源于缺乏相关的制度支持。尽管对于大多数国家的中小企业来说，缺乏对社会责任的认知、对责任践行的理解，是阻止中小企业积极践行社会责任的主要障碍，但是缺乏制度环境、政策支持，以及指导框架和方针也是一些国家内部存在的另一类障碍。例如，在孟加拉国，中小企业不得不面对监管环境羸弱和政府效率低下等问题，责任践行也得不到外部的有力支持；③ 在摩洛哥，不但缺乏制度性激励和履责标准，而且，摩洛哥所特有的社会责任议题太过棘手，使得中小企业望而却步。

　　相关研究表明，尽管澳大利亚、英国等发达经济体的中小企业将资源有限视为责任践行的最大挑战，但对于众多的发展中国家来说，中小企业缺乏起码的责任认知、缺乏监管环境和政府政策的支持，才是阻碍其责任践行的最主要障碍。

　　除了以上四类挑战，中小企业在责任践行中还会遇到不得不面对的尴尬。以社会责任信息披露为例。在企业社会责任领域，信息披露一向被认为是责任践行的构成要素，而擅长于履责信息沟通也被认为有助于促进履责表现的

　　① GODDARD J U, GLASS J, DAINTY A, NICHOLSON I. Implementing sustainability in small and medium-sized construction firms: the role of absorptive capacity [J]. Engineering, Construction and Architectural Management, 2016 (4): 407－427.

　　② ONYIDO T B C, BOYD D, THURAIRAJAH N. Developing SMEs as Environmental Businesses [J]. Construction Innovation, 2016, 16 (1): 30－45.

　　③ HASAN M N. Measuring and understanding the engagement of Bangladeshi SMEs with sustainable and socially responsible business practices: an ISO 26000 perspective [J]. Social Responsibility Journal, 2016, 12 (3): 584－610.

改善。那么，中小企业到底该不该高调披露履责相关信息？来自利益相关者的外部压力，往往将中小企业置于尴尬境地。

供应链中的大型企业，为了能够将整个供应链的责任风险降至最低，往往会强制要求链中的中小企业供应商对外披露其责任践行方面的信息，[①] 如此一来，中小企业被置于一种被动的规训压力之下，极易引发中小企业决策层的反感。一方面，受到来自供应链中大企业的压力，不得不高调披露自身的履责表现信息；另一方面，中小企业希望忠于自我价值观，保持原有领导风格，只想适时而有策略地表露自身的责任践行实践。在此情境下，管理层往往陷入某种困境，要么抵抗，要么屈从。无论做出哪种选择，无疑都会耗费中小企业的道德成本。[②] 因此，在开发针对中小企业责任践行的监管机制时，尤其是大企业在对供应链进行责任治理时，需要做出更周全的考量。特别是，为确保供应链的负责任，可能需要持续而明确的履责信息披露，但要考虑到对中小企业的硬性要求可能产生伤害，需要更好地理解驱动中小企业责任践行的因素，以及与其相联系的内外在动机。

大型企业对供应链中的中小企业进行此种治理规训，关系到自身的企业声誉与供应链责任治理，以及与其利益相关者之间的关系，因此，不会在短期内消失，甚至会长期存在。同时，中小企业选择自身披露履责信息风格的意愿，由其自身践行社会责任的内、外在动机决定，此种意愿也不会在短时间内发生改变。而且，此种矛盾也并不总是发生于大型企业与其中小企业供应商之间，也可能发生在中小企业与政府、非政府组织和消费者之间。如今，加上社交媒体因素的影响，中小企业所披露的个性化和非正式的履责信息，是否代表着公开性的声明？这些都会使已存在的情况更为复杂。

如何缓解此种困境？中小企业是否应当遵从高调披露履责信息的强制要求？这对企业社会责任领域相关指标的价值提出了疑问："仅仅依赖指标，能否监督好企业的责任践行？"客观上来说，这些指标有可能促使不负责任的中小企业为遵从强制披露要求，从此开始了自身的践行之旅（当然，这也是指标之所以存在的最初目的）。但是，对于那些真正希望供应链得到责任治理的各方，与中小企业供应商建立起伙伴儿式的协作，也许才是正

---

①　CHRISTENSEN L T, MORSING M, THYSSEN O. CSR as aspirational talk [J]. Organization, 2013, 20（3）: 372－393.

②　KIM Y H, DAVIS G F. Challenges for global supply chain sustainability: evidence from conflict minerals reports [J]. Academy of Management Journal, 2016, 59（6）: 1896－1916.

解，简单粗暴强加给中小企业一些并不适当的履责要求，只可能打击中小企业希望能为社会进步做出积极贡献的初衷。有学者提出，在责任践行信息披露领域里，过去一度盛行的"边走边说"（walk and talk），早该演化为"做了再说"（being and talk）了。① 不过，此观点尚需得到后续研究的进一步验证。

## 第五节　SMEs 责任践行解决方案

对于中小企业在责任践行中不得不面对的挑战，全球学者通过研究和分析，从不同角度提出了建议和对策，可大致分为集群及价值链内实现协作、政府政策干预与非政府组织外部促进相结合，以及培育支持责任践行的企业文化三个类别。

### 一、集群及价值链内部实现协作

无论规模大小，所有企业都需关注社会责任的经济、环境和社会三个方面，并以相对均衡的方式以持续践行。对于受到资源约束的中小企业而言，协作是维持其生存的唯一途径，也是能够保证其实现持续责任践行目标的最佳途径。通过协作，中小企业可将责任需求传达给消费者，并在整个供应链中起到一个有效传播的作用。有学者建议，协作中产生的责任践行成本，应由跨国公司与中小企业共同承担。②

不过，实现协作需要一个前提，即减少责任践行领域内的信息不对称。为此，中小企业需要培育相关信息交流和沟通能力，并且随时准备公开所有与责任践行相关的真实信息。此外，中小企业通常缺乏与其利益相关者就其履责实践进行交流的机会。对外披露和公开交流能够创造这样的机会，并使披露的相关信息达到一定的透明度。而且，在不同利益相关者（尤其是供应

① MORSING M, SPENCE L J. Corporate social responsibility (CSR) communication and small and medium sized enterprises: The governmentality dilemma of explicit and implicit CSR communication [J]. human relations, 2019, 72 (12): 1920 – 1947.

② TRAN A N, JEPPESEN S. SMEs in their own right: the views of managers and workers in Vietnamese textiles, garment, and footwear companies [J]. Journal of Business Ethics, 2016, 137 (3): 589 – 608.

商和客户）之间展开更为开放的对话，而不是简单的监督与被监督，将有效降低中小企业用伪装的遵从假动作来掩盖非道德真行为的做法。通过与利益相关者适当沟通，从而实现增长，对于持续的责任践行至关重要。①

在信息得到有效沟通的前提下，中小企业和非政府组织可联合起来，建立旨在激励和支持中小企业履责的平台或论坛，用于分享最佳责任践行实践，从而使中小企业可以通过交流和学习，采取类似的策略，克服单个企业势单力薄的局限，形成合力共同应对相关挑战。

## 二、政府强制干预与 NGO 外部促进相结合

相关研究表明，政府的强制干预，对于促进中小企业责任践行十分必要。② 政府的干预，可包括但不限于制定相关政策，发布中小企业责任践行指南和标准，为中小企业开发特定的履责管理工具，强制要求中小企业引入特定的负责任商业行为。不过，在发展中经济体内，激励中小企业责任践行的政府干预应不限于财务援助，③ 在必要时可强制要求中小企业遵从相关法律法规。

若政府干预能够与非政府组织合作，更会助力中小企业提高员工士气，与消费者和所在社区建立良好关系。非政府组织在促进中小企业责任践行方面所起到的作用，体现在为中小企业量身定制各类具体要求。在此方面，会计从业人员能够起到十分重要的作用，但他们在社会责任领域的认知需要提升，特别需要深入了解当地规范和经济环境。有学者建议，政府应与社会、环境以及认证机构密切合作，建立伙伴关系，督促社会责任鉴证专业人员增强认知，有效促进中小企业的责任践行。④

---

① CHAHAL H, MISHRA S, RAINA S, SONI T. A comprehensive model of business social responsibility (BSR) for small scale enterprises in Indian context [J]. Journal of Small Business and Enterprise Development, 2014, 21 (4): 716–739.

② JAMMULAMADAKA N. The responsibility of corporate social responsibility in SMEs [J]. International Journal of Organizational Analysis, 2013, 21 (3): 385–395.

③ ROXAS B, CHADEE D. Environmental sustainability orientation and financial resources of small manufacturing firms in the Philippines [J]. Social Responsibility Journal, 2012, 8 (2): 208–226.

④ SALCIUVIENE L, HOPENIENE R, DOVALIENE A. Perceived corporate social responsibility and its implementation in practice: the case of Lithuanian small and medium-sized enterprises [J]. Engineering Economics, 2016, 27 (4): 479–490.

### 三、培育支持责任践行的企业文化

除了政府强制干预和非政府组织外部促进相结合之外，中小企业在内部培育负责任的企业文化也非常重要。恰当的责任认知与管理培训计划，可以在企业内部营造一种踊跃践行社会责任的良好氛围。只有在此种氛围之下，中小企业才可能从目前的非正式和无组织的责任践行模式，向战略层面的负责任商业实践组合转变。

了解责任践行的管理，是为了更有效地责任践行。为了更好地了解责任践行的管理，需要不断学习和知识积累，尽可能多地运用并不断改善责任践行管理工具。例如，有一个人力资源管理领域的阶梯模型。该模型为一个逐步完善成熟的阶梯，起点为被动反应阶段，经过不断修正的初创阶段，最终达到行家里手阶段，使人力资源领域负责任实践逐步上升为企业战略的重要组成部分。该阶梯不仅关注营运层面的人力资源（如员工关系行为或人员管理实践），同时，也侧重于满足战略层面的人才储备。[1]

此外，为推进企业责任践行文化的发展，中小企业可对社会责任倡议的提出给予奖励，并将相关目标放置管理人员的目标名单中。在职位描述和绩效评估中，建立对责任践行的持续问责，并实施相应的激励措施。[2] 在方方面面，有意识地增强对社会负责的意识，产生海量的可持续性领域信息，并逐步提升企业对环境议题的响应能力。

综上所述，尽管中小企业对责任践行议题的理解与跨国企业有所不同，且在发达市场与新兴市场不同背景下，所面对的挑战也略有差别。然而，有一个迫切议题亟待解决：在协作运行模式已然清晰的情况下，该如何尽快实现价值链上下游的协作。从全球范围来看，最大的障碍仍是缺乏监督中小企业责任践行的信息和工具。因此，政府可通过政策干预，非政府组织和其他机构可通过外部促进，更有效也更有组织地推动中小企业实现集群内部以及价值链沿线的协作，并结合企业内部培育的负责任企业文化氛围，终将能够

---

① DARCY C, HILL J, MCCABE T J, MCGOVERN P. A consideration of organizational sustainability in the SME context a resource-based view and composite model [J]. European Journal of Training and Development, 2014, 38 (5): 398 –414.

② LANGWELL C, HEATON D. Using human resource activities to implement sustainability in SMEs [J]. Journal of Small Business and Enterprise Development, 2016, 23 (3): 652 –670.

使中小企业目前的非正式和无组织的责任践行模式，向战略层面的负责任商业实践组合转变。

基于以上三方面的可行对策，学者们构建出了一个将中小企业的社会责任绩效与企业绩效联系起来的概念模型（见图 8 -1）。该模型依据已有的研究成果，将集群及价值链内部的协作、政府强制干预与非政府组织外部促进的结合，以及培育支持责任践行的企业文化，作为促进中小企业提升社会责任绩效解决方案的主要构成，通过提升更具体的环境责任绩效和社会责任绩效，进而提升企业的整体绩效。

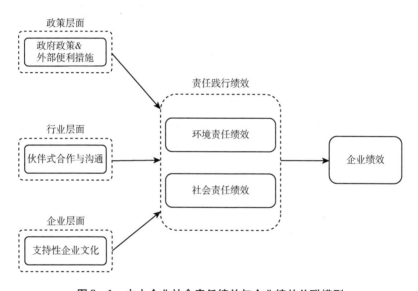

**图 8 -1 中小企业社会责任绩效与企业绩效关联模型**

资料来源：BURLEA-SCHIOPOIU A，MIHAI L S. An integrated framework on the sustainability of SMEs ［J］. Sustainability, 2019, 11（21）：6026.

学者们综合本章所提及的中小企业责任践行动机、所面临的挑战，以及可能的解决方案构建出中小企业责任践行模型（见图 8 -2），以期各方能够依据该模型，为中小企业责任践行提供一个从构思到实施的整体视角，找到促其积极参与履行社会责任活动的包容性方法和工具，从而能够汇集来自个人、企业、社区、政府和非政府组织等各方的共同努力，形成合力，帮助中小企业应对责任践行中所面临的相关挑战。

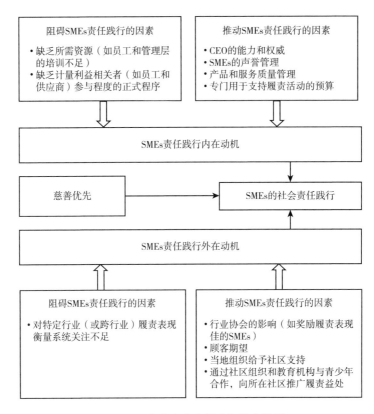

**图8－2　中小企业责任践行综合模型**

资料来源：SALCIUVIENE L，HOPENIENE R，DOVALIENE A. Perceived corporate social responsibility and its implementation in practice：the case of Lituanian small and medium-sized enterprises ［J］. Engineering Economics，2016，27（4）：479－490.

# 第九章　中国企业 CSR 践行：
# 小步疾行与稳中求进

"2018 年，中国迎来了改革开放 40 周年。在这 40 年中，中国取得了举世瞩目的成就，中国企业也经历了飞速发展：从 1978 年没有一家私营企业，到 2018 年《财富》世界 500 强中有 120 家来自中国。然而，当前的中国，国内面临着削减债务、脱贫攻坚、污染治理等挑战；国外，则要面对贸易保护主义抬头、美联储加息和中美贸易摩擦等问题。中国企业，也面临更加错综复杂的国内外市场环境，并将在更加严格的国内外企业监管规则下进行经营和竞争。企业要想持续发展，必须形成全方位的社会责任治理机制，得到社会公众的认可。"

——《南方周末》（2019）①

中国企业在世界经济舞台上正扮演越来越重要的角色。自改革开放以来，中国企业的规模和大公司的数量不断增加：1995 年，《财富》杂志第一次发布"世界 500 强"排行榜时，中国开始深化改革、扩大开放。1997 年，中国有 4 家企业进入世界 500 强排行榜。2001 年，中国加入世界贸易组织，12 家中国企业进入排行榜。自 2008 年以来，中国企业出现在排行榜中的数量逐年增多，先后超过了德国、法国、英国及日本。在 2020 年的排行榜中，中国首次超过了美国，数量达到 124 家（含中国香港），上榜企业数量位列第一。与世界 500 强公司横向比较，中国企业平均销售收入和平均净资产两项指标达到了《财富》世界 500 强的平均水平。②

---

① 汤胜. 新时代、新思维、新体系、新榜单——2018 年南方周末中国企业社会责任榜解读 [N]. 南方周末，2019 - 01 - 17（8）.

② 相关资料来自中文《财富》杂志官网。

　　然而，中国企业"频频荣登国际财富排行榜，却屡屡失利可持续排行榜"。① 在能够较为全面地反映企业全球美誉度的 50 家"全球最受赞赏公司全明星榜"上，2020 年我国没有一家企业能够入选（见图 9 - 1），② 而对于上榜的评判标准，社会责任是其中八项关键指标中重要的一项。在不断透明的信息传播和日趋激烈的市场竞争双重压力之下，中国企业面临着一个新的挑战，那就是，如何从大发展成为真正的强大？ 这也是为什么中国领导人从 2017 年起就提出要"培育具有全球竞争力的世界一流企业"的原因。

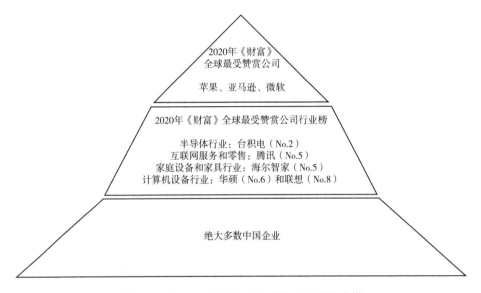

**图 9 - 1　Zadek（2005）责任竞争力进化金字塔**

　　资料来源：ZADEK S. Going to scale：aligning corporate responsibility to strategies for business and national competitiveness [J]. Institute Ethos Reflex, 2005, 6 (14)：1 - 28.

　　此种局面形成的原因，当然与企业社会责任理念较晚进入中国密不可分。然后，在转型期的中国，相对滞后的制度建设（法律、契约、谈判与监督等制度手段）还很难有效约束企业释放负的外部性，因此，与全球先行者公司相比，大多数中国企业还停留在为合法性而不得不做出履责姿态的阶段。对

---

　　① 罗布·范图尔德. 动荡时代的企业责任 [M]. 刘雪涛，曹萋萋，姜静，译. 北京：中国经济出版社，2010.

　　② 2020 年，中国有 5 家公司入围"全球最受赞赏公司行业榜"，它们是：在半导体行业排第 2 位的台积电；在互联网服务和零售排第 5 的腾讯；在家庭设备和家具行业排在第 5 位的海尔智家；在计算机设备行业分别排在第 6 位的华硕和第 8 位的联想。

于身处转型期的中国企业，要真正实现可持续发展，成为令人赞赏的全球企业公民，仅仅在愿景描述中出现社会责任几个字眼是远远不够的，还需要在战略目标的设定及具体运营的设计中增加社会责任维度，才可能走出符合企业自身特点的责任践行之路。

可以预见的是，中国企业社会责任践行之路必将困难重重，但前行的路径已清晰可见，其严肃性不容置疑。那么，对于还处在责任竞争力进化金字塔中下层的绝大多数中国企业来说，应当如何开启责任践行的进程呢？本章将依据"十四五"（2021~2025 年）时期的经济社会发展主要目标，从社会责任视角，选取最具代表性的两个主题，一个是需要小步疾行的"ESG 与责任投资"，另一个是需要稳中求进的"从精准扶贫到乡村振兴"，以期能够助力中国企业在下一五年内顺势而为，为提升自身的责任竞争力做好谋篇布局。

## 第 一 节　ESG 绩 效 与 责 任 投 资：小 步 疾 行

自 2018 年 6 月起，全球指数供应商明晟（MSCI）将我国 A 股纳入其新兴市场指数和全球基准指数（ACWI）中。这标志着中国经济开始融入全球发展的进程中，占全球总市值 10% 的中国股市开始向全球投资者开放。[①] 然而，在 2019 年 11 月 MSCI 公开的 2800 多家公司环境、社会和公司治理（ESG）评级中，首批纳入 MSCI 指数的 231 家 A 股上市公司 ESG 表现整体落后于新兴市场指数 1~2 个等级，处于 BBB 级及以上评级的占比不足 20%，远低于 MSCI 全球市场范围内 65% 的占比，与国际投资者的期待以及全球最佳实践之间还存在着明显的差距。

与此同时，在新冠肺炎疫情肆虐全球的 2020 年，责任投资充分发挥了避险和稳健的特性：在 2020 年第三季度，全球可持续资产规模攀升至破纪录的 1.26 万亿美元；在中国市场，2020 年泛 ESG 指数数量增至 51 只，泛 ESG 公募基金数量增至 127 只，资产规模超过 1 200 亿元人民币，均达到了历史最高水平。[②]

---

① 李侠. 中国资本市场发展又一里程碑：A 股纳入 MSCI 新兴市场指数 [J]. 中国金融家, 2017 (7)：121 - 123.

② 资料来源于商道融绿于 2020 年 6 月发布的《A 股上市公司 ESG 评级分析报告》。

## 一、中国企业的 ESG 表现

ESG 与企业社会责任之间最根本的区别在于驱动力。如果说社会责任的驱动力源头是广大的利益相关各方，且要取得各方之间的平衡，那么，ESG 的动力源头则是资本市场，是长期投资者对其投资稳健性的关切。那么，在责任投资总体发展形势如此傲人的情况下，中国企业的 ESG 表现到底差在哪里？商道融绿①新出炉的《A 股上市公司 ESG 评级分析报告》②（2020），以我国企业的优秀代表 A 股上市公司为样本进行分析研究，希望能够管中窥豹，略见一斑。

### （一）ESG 信息披露稳步提升，自主性有待提升

总体来看，A 股上市公司披露 ESG 信息呈增长态势。根据商道融绿的统计可知：A 股上市公司披露的 ESG 报告从 2009 年的 371 份已持续增加到（截至 2020 年 6 月 15 日）1 021 份，达到 A 股上市公司的 27%（见图 9 - 2）。其中，259 家沪深 300 指数上市公司发布了报告，占比高达 86%。这充分说明，头部 A 股上市公司已显露出较强的 ESG 信息披露意识。

从 ESG 具体指标层面来看，和 2018 年相比，2020 年沪深 300 成分股的 ESG 指标披露率有所提升。其中，环境指标披露率从 40.4% 提升到了 49.2%，社会指标披露率从 28.9% 提升到了 35.4%，治理指标披露率从 66.3% 提升到了 67.9%（见图 9 - 3）。不过，大部分 ESG 具体指标披露率虽有提升，但定性信息的披露情况明显好于定量信息的披露情况，而且，多数自愿披露指标③的披露率仍未能超过 50%。

---

① 商道融绿，是由中国责任投资论坛（China SIF）发起的机构，致力于倡导建设负责任的中国资本市场，为外界提供责任投资和 ESG 评估，以及信息服务、绿色债券评估认证、绿色金融咨询与研究等专业服务。

② 《A 股上市公司 ESG 评级分析报告》由商道融绿于 2020 年 6 月发布。欲阅读报告全文，请浏览：http：//www. syntaogf. com/Menu_CN. asp？ID = 56.

③ 自愿披露指标，是指目前监管机构强制要求披露的重点排污单位信息、环境违规信息和公司治理信息之外的 ESG 信息披露。

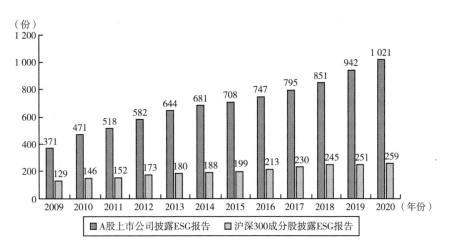

**图 9 - 2　2009 ~ 2020 年 A 股上市公司 ESG 报告披露数量**

资料来源：商道融绿发布的《A 股上市公司 ESG 评级分析报告》（2020）。

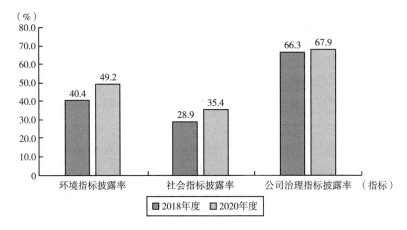

**图 9 - 3　沪深 300 ESG 具体指标披露（2018 年度与 2020 年度对比）**

资料来源：商道融绿发布的《A 股上市公司 ESG 评级分析报告》（2020）。

## （二）ESG 综合绩效整体提升，强者恒强 \*

2018 ~ 2020 年，中证 800 成分股公司的 ESG 评级[1]有所提升。其中，B + 级（含以上）的公司比例由 2018 年的 8% 增加至 2020 年的 17%；C +

---

\*　相关资料均来自《A 股上市公司 ESG 评级分析报告》（2020）。

①　此评级是指由商道融绿开发的 ESG 评级，分为 A + 、A、A - 、B + 、B、B - 、C + 、C、C - 、D 等级别。

（含以下）的公司比例从 25.2% 减少到 12.4%。

若对比 2020 年和 2019 年入选中证 800 成分股的上市公司，其中，有 19.5% 公司的 ESG 评级上调，14.6% 的下调，65.9% 维持不变。如果以 2018 年 ESG 得分为基数，三年内，800 成分股的 ESG 综合得分均值总增幅为 5%，这反映出 A 股头部上市公司 ESG 绩效整体在稳步增长。

如果聚焦于上市公司的"ESG 管理及披露"和"ESG 风险"两个维度来分析，可以发现，在近三年中，A 股上市公司的 ESG 管理及披露绩效呈较大幅度的提升，总体提升 23%。然而，与之形成鲜明对比的是，ESG 风险也在逐年上升，三年内总体增长了 7%。这表明，在过去的三年间，上市公司发生了较多的环境、社会及公司治理方面的负面事件，曝光于公众视野中，对上市公司的股价波动形成了明显的影响，也印证了"防踩雷"已成为近几年资本市场的关注重点。

如果按照中证 800 成分股的 ESG 整体绩效进行排名，将绩效前 100 家公司组合（"高 ESG100"）和后 100 家公司组合（"低 ESG100"）进行比较，可以发现，在过去的三年间，"高 ESG100"的 ESG 绩效提升更快，三年总体增幅 8%，且年均增速也较为平均。与此不同的是，"低 ESG100"在三年内提升幅度仅为 4%。这充分表明，A 股上市公司在 ESG 绩效整体提升的背景下，强者恒强，弱者恒弱。

对中证 800 成分股做进一步的分析，可以发现：首先，从环境、社会和公司治理三个维度来看，在过去的三年间，A 股上市公司的 ESG 分项绩效均有一定提升，其中，环境方面的提升最为迅速，三年间提升了 7%，而社会绩效和公司治理绩效仅仅分别提升了 3% 和 4%。其次，从分行业的 ESG 绩效来看，在 2020 年，对于中证 800 成分股来说，ESG 综合平均得分最高的五个行业依次为："金融业""电力、热力、燃气及水的生产和供应业""采矿业""交通运输、仓储和邮政业"与"医药制造业"。与此相比，ESG 综合平均得分最低的五个行业依次为："房地产业""食品饮料制造业""其他服务业""信息传输、软件和信息技术服务业"与"建筑业"。若以中证 800 成分股整体 ESG 综合得分均值为基数，各行业的 ESG 相对表现如图 9-4 所示。

### （三）ESG 风险加大，中高等级负面事件占比高

根据商道融绿 ESG 风险雷达数据库的统计可知，自 2012 年 6 月至 2020 年 6 月期间，共收录 A 股 ESG 负面事件 19 770 件，涉及 1 293 家上市公司。

其中，环境类负面事件 8 447 件（占负面事件总数的 43%），社会类负面事件 6 607 件（占比 33%），公司治理类负面事件 4 716 件（占比 24%）。将以上负面事件做进一步的深入分析，可以发现，关乎环境的 ESG 负面事件类型主要有大气污染、水污染及其他程序违规等环境负面事件；关乎社会的 ESG 负面事件主要是产品（服务）质量问题，以及客户权益及员工权益受到侵害；至于公司治理方面的负面事件主要与违背商业道德的负面事件有关（见图 9－5）。

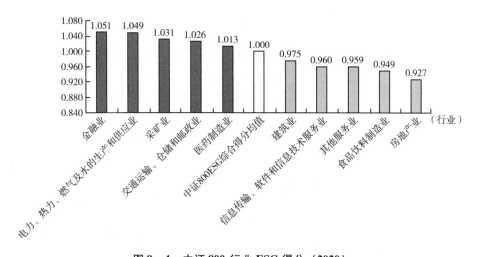

**图 9－4 中证 800 行业 ESG 得分（2020）**

资料来源：商道融绿发布的《A 股上市公司 ESG 评级分析报告》（2020）。

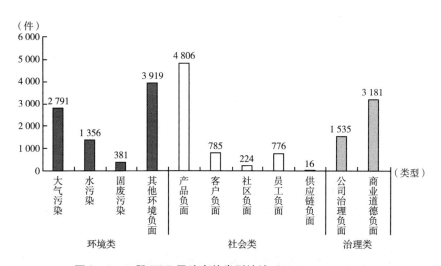

**图 9－5 A 股 ESG 风险事件类型统计（2012.6～2020.6）**

资料来源：商道融绿发布的《A 股上市公司 ESG 评级分析报告》（2020）。

以中证 800 成分股为例，2019 年 6 月至 2020 年 6 月期间，被商道融绿 ESG 风险雷达数据库收录的 ESG 负面事件共计 2 866 件，涉及 493 家上市公司，占比达到了负面事件总数的 61.6%。其中，环境类负面事件 1 036 件，社会类负面事件 1 155 件，治理类负面事件 675 件。通过对 ESG 负面事件进行风险等级①的分析，可以发现社会类和公司治理类的中等和高等级负面事件占比分别达到 13% 和 22%。

**（四）ESG 评级表现，与股价显著关联**

2015～2019 年，采用与沪深 300 指数相同的自由流通市值权重，可构建出两个组合："高 ESG50" 和 "低 ESG50"。若对其在 2016 年 1 月至 2020 年 5 月的组合股价走势进行对比分析，可以发现沪深 "高 ESG50" 超过沪深 300 基准 23.2%，同一时期的 "低 ESG50" 落后沪深 300 基准 2.1%，证明了 ESG 绩效和股价之间存在着较为显著的正向关联。此外，在最大回撤指标方面，"高 ESG50" 也优于 "低 ESG50"（27.9% vs. 35.1%）。

若将样本换成中证 800 成分股，采用同样的方法，构建出 "高 ESG100" 和 "低 ESG100" 两个组合。在 2018 年 7 月至 2020 年 5 月，通过比较两个组合的股价走势可以发现，"高 ESG100" 超过中证 800 基准 3.1%，而 "低 ESG100" 落后中证 800 基准 3.6%。从最大回撤指标来看，"高 ESG100" 组合也以 17.5% 优于 "低 ESG100" 组合的 23.7%。

通过以上对 A 股上市公司 ESG 表现及评级结果进行深入分析，其结果可以系统反映出中国企业 ESG 绩效的发展态势，即 ESG 信息披露稳步增加，但自主性有待提升；ESG 综合绩效整体改善，但马太效应明显，强者恒强，弱者恒弱；ESG 风险加大，特别是中高等级负面事件占比较高；此外，ESG 评级表现与股价关联明显，对我国的 ESG 责任投资具有借鉴意义。

# 二、中国责任投资的发展现状

"十三五"（2016～2020 年）期间，我国泛 ESG 指数数量增长了 34%，泛 ESG 公募基金数量增长 79%，资产规模增长了 109%，责任投资的总体发

---

① 负面事件的风险等级，是商道融绿在负面事件的实质基础上，综合考虑行业属性、发生频次、社会影响、公司责任和回应情况等维度，将负面事件划分为低风险、中等风险和高风险三个等级。

展形势令人乐观。

根据《中国责任投资年度报告 2020》① 的数据可知，截至 2020 年 10 月末，我国绿色信贷余额达 11.55 万亿元人民币，泛 ESG 公募证券基金规模达到 1 209.72 亿元，绿色债券发行总量 1.16 万亿元，社会债券发行总量 7 827.76 亿元，绿色产业基金实际出资规模 976.61 亿元。2020 年，中国做出 2060 年实现碳中和的宏伟目标后，资本市场的责任投资发展速度将进一步提升，新的责任投资产品还将不断涌现，ESG 和责任投资理念正逐步走向主流。

### （一）中国责任投资市场实践

从全球责任投资资产规模来看，根据晨星数据可知，② 全球可持续基金资产规模在 2019 年底首次突破万亿美元。时至 2020 年，尽管受新冠肺炎疫情影响，但从第二季度起可持续领域资金量流入不断攀升，仅第三季度资金量流入就高达 805 亿美元，并攀升至 1.26 万亿美元。截至 2020 年 11 月 11日，联合国支持的负责任投资原则（principles for responsible investment，PRI）签署机构数量已达 3 500 家，较 2019 年签署总数增幅近 30%，总资产管理规模也超过了 100 万亿美元。此外，负责任银行原则（principles for responsible banking，PRB）③ 自 2019 年 9 月发布以来，全球签署银行数量已近 200 家，管理着全球银行业约 40% 的资产。与此类似，截至 2020 年 11 月，全球共有 37 个国家和地区的 111 家金融机构签署赤道原则（equator principles），④ 仅 2020 年就新增 11 家（主要来自亚洲），增幅达 11%。

在全球责任投资快速发展的背景下，自 2019 年底以来，中国责任投资市场也开始加速增长，新的 ESG 投资产品不断涌现，投资规模大幅提升。根据

---

① 《中国责任投资年度报告 2020》由商道融绿和中国责任投资论坛于 2020 年 12 月联合发布。欲阅读报告全文，请浏览：http://www.syntaogf.com/Menu_CN.asp? ID = 53.

② 晨星公司（Morningstar，Inc）创立于 1984 年，总部位于美国芝加哥，是目前全球资本市场独立第三方投资研究和基金评级的权威机构，也是全球从事基金评级业务的唯一一家上市公司。

③ 负责任银行原则（PRB），由联合国环境规划署金融倡议牵头，由中国工商银行、花旗银行、巴克莱银行、法国巴黎银行等 30 家银行组成的核心工作组共同制定。该原则为银行提供了将可持续发展作为业务核心的框架，签署银行需致力于将自身的业务战略和实践与可持续发展目标及《巴黎协定》所倡议的目标保持一致。除工商银行外，中国签署 PRB 的机构还包括兴业银行、华夏银行和九江银行。

④ 赤道原则（equator principles），是一套国际先进的项目融资环境与社会风险管理工具和行业基准。目前，中国有 5 家赤道银行，包括兴业银行、江苏银行、湖州银行、绵阳市商业银行和重庆农村商业银行。

中国责任投资论坛统计可知，截至 2020 年 10 月底，A 股在沪深交易所共发布 52 只涉及使用 ESG 因素筛选成分股的指数（统称"泛 ESG 指数"）；新增中证嘉实沪深 ESG300 领先指数、中证 ESG120 策略指数和国证蓝色 100 指数三个指数。

从 52 只泛 ESG 指数来看，① 大部分优选类指数在近三年年化收益率或者年化波动率上优于对标指数，特别是波动率远优于主题类指数，体现了较好的稳定性。同时，近一年以来，主题类指数（以筛选节能环保行业或扶贫地区内公司为主要策略类型）表现亮眼。虽然其平均年收益率与优选类不相上下，但排名前列的主题类指数收益已经远高于优选类，且其年化波动率也有所减小，虽然仍大于优选类指数。此外，在 52 只泛 ESG 指数中，有 11 只作为公募基金的跟踪标的，而新增中证可持续发展 100 指数（931268.CSI）为基金产品的跟踪标的，皆增幅明显。

从泛 ESG 公募基金产品来看，自 2017 年 3 月中国签署 PRI 以来，截至 2020 年 10 月，共有 13 家公募基金管理人加入了 PRI，② 且将签署数量还在逐年增加。同时，自 2005 年中国推出最早的泛 ESG 公募基金以来，从 2015 年起开始经历快速增长，仅 2020 年就增长了 20 余只。同时，泛 ESG 公募基金规模也出现了大幅增长。截至 2020 年 10 月底，共有 49 家基金公司发布了 127 只泛 ESG 公募基金（A/B/C/H 分开计算）。③ 根据中国证券投资基金业协会公募基金市场数据可知，截至 2020 年 9 月 30 日，泛 ESG 公募基金占市场所有股票型基金和混合型基金规模占比由 1.83% 提升至 2.16%。在 127 只泛 ESG 基金中，共有 41 只指数基金。与泛 ESG 指数情况类似，优选类表现远优于主题类，但主题类在近一年来表现突出，呈现大幅增长。此外，在主动管理的 86 只泛 ESG 公募基金产品中，绝大部分（59 只）以是否属于节能环保行业为主要的筛选标准，有 27 只运用了优选策略，由此可见，运用优选策略的主动型基金产品开始激增。

还有一类是商业银行推出的 ESG 理念理财产品。第一只 ESG 主题的理

---

① 52 只泛 ESG 指数，包括 15 只 ESG 优选、6 只公司治理优选类、2 只绿色低碳优选类、27 只节能环保行业类、1 只扶贫发展主题类和 1 只海洋经济主题。

② 截至 2020 年 10 月，中国大陆共有 13 家公募基金管理人加入了 PRI，包括华夏基金、易方达、嘉实基金、鹏华基金、华宝基金、南方基金、博时基金、摩根士丹利华鑫基金、大成基金、招商基金、兴证基金、汇添富和银华基金。

③ 截至 2020 年 10 月底，共有 49 家基金公司发布了 127 只泛 ESG 公募基金（A/B/C/H 分开计算）。其中，5 只债券型基金，63 只股票型基金和 59 只混合型基金。

财产品在 2019 年 4 月由华夏银行推出。截至 2020 年 11 月底，共有 10 家商业银行或理财公司发行了 47 只泛 ESG 理财产品。泛 ESG 理财产品的出现，表明责任投资的理念已逐步为个人投资者所认知。目前，大部分泛 ESG 理财产品重点投资于绿色项目或产业，以及与民生、三农、乡村振兴和普惠金融等相关的领域。受到青睐的主要是绿色债券、绿色资产支持证券等有明显绿色标识的泛 ESG 理财产品，也有投资于在环保、社会责任、公司治理方面表现良好企业的债权类资产。根据中国银行业协会发布的《中国银行业理财业务发展报告》（2020）可知，如果按照单只银行理财产品的平均规模为 4.95 亿元估算，截至 2020 年 11 月底，ESG 主题银行理财产品规模已超过了 230 亿元。

### （二）中国责任投资政策进展

自 2016 年以来，中国出台了一系列与证券业责任投资直接相关的政策：2016 年，中国人民银行等七部委联合印发《关于构建绿色金融体系的指导意见》，明确要求统一绿色债券界定标准，积极支持符合条件的绿色企业上市融资和再融资，支持开发绿色债券指数、绿色股票指数以及相关产品；2018 年，中国证券投资基金业协会出台《绿色投资指引（试行）》，成为国内首份全面系统的绿色投资行业自律标准；同年，证监会修订了《上市公司治理准则》，借鉴国际经验，增加了机构投资者参与公司治理的有关规定，确立了环境、社会责任和公司治理（ESG）信息披露的基本框架；2020 年 10 月，生态环境部等五部委联合印发《关于促进应对气候变化投融资的指导意见》，这是继习近平主席在联合国大会提出"中国 2060 年碳中和"目标后首份关于应对气候变化的部委文件，意在政策标准体系支撑下，引导和撬动更多社会资金进入应对气候变化领域。

商道融绿绿色金融政策数据库显示，截至 2020 年 10 月 31 日，2020 年全国及地方共发布 98 项绿色金融相关政策，其中 10 项为绿色金融政策专项文件。同时，各地自 2016 年起陆续推出的绿色金融支持政策，在不断推进与评估。从政策内容来看，涉及财务激励的政策中激励程度明显提高，一些地区的财政补贴甚至已覆盖到所有绿色金融产品与市场参与方，单次最高补贴金额达到了 1 000 万元，意味着这些地区已开始精准推进绿色金融生态建设。从政策发行地区来看，广东省及粤港澳大湾区位居前列，共发行了绿色金融相关政策 10 条。其中，一部分政策继续支持广东省绿色金融创新改革试验区的建设；另一部分则是将试验区的成功实践经验向粤港澳大湾区推广。浙江、江西、湖北等省份也发布了多条绿色金融相关政策，探索建立和完善具有本省特色的绿色金融体系。值得一提的是，随着兰州新区在 2019 年 12 月获批成为第九个国家级绿色金融试验区，甘肃省在 2020 年先后发布了 4 条绿色金融政策，其中的《兰州新区绿色金融发展奖励政策（试行）》统筹规划了10 亿元绿色金融专项基金，用以补贴绿色金融相关机构及产品，表明了兰州新区政府健全绿色金融市场的决心。

此外，2020 年 7 月，中国人民银行等三部委就《绿色债券支持项目目录（2020 年版）》（以下简称《目录》）征求意见，新版《目录》与发改委《绿色产业目录》等其他绿色标准进行了统一和扩充，解决了国内绿色债券标准长期存在差异的问题，扫除了造成国内外绿色债券标准不一致的主要技术障碍，有效提升了绿色债券的国际化水平。

从信息披露相关政策进展来看，2016 年 7 月，中国人民银行等七部委出台《构建绿色金融体系的指导意见》，要求建立强制性上市公司披露环境信息的制度，并在后续分工方案中明确了时间表：第一步，自 2017 年起，被原环境保护部列入重点排放企业名单的上市公司，被强制性要求披露环境信息；第二步，自 2018 年起，实行"半强制"披露环境信息，不披露相关信息的企业，必须解释不披露的理由；第三步，2020 年起，所有上市公司被强制要求披露环境信息。在这一过程中，沪深证券交易所及港交所对上市公司履行社会责任及信息披露先后发布了指引性文件，证监会也针对上市公司的信息披露及相关治理提出了具体要求。

依据中国责任投资市场实践可以预见，在下一个五年，疫情会使人类反思旧有的发展模式，将绿色复苏作为重点，对责任投资形成利好。同时，由《巴黎协定》开启的全球应对气候变化进程加快，金融市场和金融机构被寄予重望。从中国国内市场来看，资本市场双向开放逐步推进，海外长期资金的进入将会激发更多资管机构参与责任投资。随着资本市场注册制改革进一步深化，资本市场的供求结构将被改变，中国的责任投资发展将持续大幅度增长，而 ESG 将为投资者提供更全面的企业增值信息，自然会受到买卖双方的高度重视。

### 三、中国企业优化 ESG 表现的路径

毫无疑问，A 股上市公司已成为中国经济的支柱力量。截至 2020 年 10

月 21 日，根据《证券日报》统计可知，A 股市场共有上市公司 4 054 家，涵盖了国民经济全部 90 个行业大类，占国内 500 强企业的七成以上。不过，由于一些结构性和体制机制性问题尚未得到彻底解决，因此，不成熟的投资者、不完备的基础制度、不完善的市场体系和不适应的监管制度几乎同时存在，还不能够完全适应实体经济高质量发展的需求。对此，有识之士指出，ESG 有望成为推动提高上市公司质量、深化资本市场全面改革的解药之一。①但，具体该如何做呢？

### （一）严审 IPO 中的 ESG 因素

近 10 年来，A 股资本市场不乏因发生 ESG 负面事件而 IPO 被否的案例。2019 年 6 月 13 日正式开板的科创板，率先实现了 A 股在 IPO 注册中对 ESG 因素的关注。《上海证券交易所科创板股票上市规则》中的"社会责任"章节对披露方式做出了规定：上市公司应当在年度报告中披露履行社会责任的情况，并视情况编制和披露社会责任报告（或可持续发展报告、环境责任报告等文件），并且，在出现违背社会责任重大事项时，需要充分评估潜在影响并及时披露，说明原因和解决方案。此种规定与科创板的定位密切相关，由于科创企业业务模式更为复杂、商业模式更为新颖、社会影响面也更为广阔，在自然资源利用、产品安全、伦理道德等方面也承受着更高的风险。

不过，对于传统行业来说，包括制造业、服务业、教育业等行业在内的 IPO 企业，ESG 都应成为未来 IPO 过程中关注的重点。在 IPO 上市注册或审核中加强对 ESG 因素的考量，这是国际资本市场的发展趋势，也是能够有效提升资本市场入口和资本市场价值发现功能，影响拟上市公司注重自身的可持续发展及社会责任的有效手段。可以仿效港交所自 2019 年后半年起的做法：所有赴港 IPO 的企业，需要披露 ESG 信息；对于未能如期披露 ESG 表现的企业，需要接受招股审查组的问询。

### （二）以信息披露要求倒逼 ESG 管理

ESG 信息披露本身并不是目的，但高质量的 ESG 信息披露需要条件支撑，包括健全的行政程序和控制规则、合理的所有权分配、董事会被赋予的

---

① 张睿 . ESG 与提升 A 股上市公司质量［R］. 欲阅读全文，请浏览：http：//www. syntaogf. com/Menu_Page_CN. asp？ID = 21&Page_ID = 324.

监督职能，以及内部所具有的冲突缓和机制，因此，可以倒逼上市公司整体ESG 管理水平得到提升。但根据中国最具权威性的社会责任报告评估榜单之一的"金蜜蜂中国企业社会责任报告榜"可知，我国企业，特别是上市公司在 ESG 信息披露方面尚存在着"重操作、轻研究；重发布、轻效果；投入不足，形式单一"等实质性问题，在信息披露单向性和对象差异性上也存在明显不足，披露方式还需不断更新。[①]

与此同时，从某种程度上来说，ESG 信息披露的优劣在很大程度上还取决于监管机构的政策力度，而证券监管机构和交易所在促进和监督上市公司进行透明化决策方面具有独特优势。[②] 期待已加入可持续证券交易所倡议（sustainable stock exchange initiative，SSEI）的上海和深圳两地交易所，在SSEI 的支持和引导下，采取"自愿披露 → 不遵守即解释 → 强制性披露"的渐进式方针，在细化 ESG 指标价值及衡量方式说明的同时，建立并持续完善ESG 报告质量评估体系，使 ESG 信息披露和外部审验上升为上市公司的治理要求，切实融入公司决策和运营中。

### （三）以责任投资推动 ESG 绩效

目前，责任投资已成为上市公司提升 ESG 绩效的最有效动力。正有越来越多的机构投资已将其视野从传统的财务状况、盈利水平和行业发展空间等因素延伸至 ESG，并将其纳入投资决策考量之中。无论是"用脚投票"，即只选择 ESG 绩效佳的公司进行投资，还是"用手投票"，即用股东投票，或聘请外部专业机构代理投票等方式行使所有权，促使被投资的公司提升 ESG绩效，都推动了上市公司 ESG 的治理，自身也得到了更高的投资回报。

然而，ESG 责任投资是一个由政府、媒体、企业、研究机构和其他第三方机构联结起来的生态系统，还需经过利益相关各方进行长期不断的实践和探索，ESG 责任投资指数和 ESG 数据基础设施也要得到实质性完善，才能最终促成一个具有反馈效应的市场，为各方带来长期的、可持续的财务收益及多元的 ESG 价值回报。

---

① 金蜜蜂企业社会责任中国网. 责扬天下 ESG 进展观察报告［R］. 欲阅读全文，请浏览：ht-tp：//www. sohu. com/a/302645342_370262，2019 – 3 – 20.

② 加强国有企业社会责任信息披露课题组. 全球证券交易所力促 ESG 信息披露 —— 基于 SSEI伙伴交易所 ESG 指引的研究［J］. WTO 经济导刊，2018（12）：31 – 33.

### （四）构建 ESG 事件处罚及退市机制

退市制度是资本市场健康发展的基础性制度之一，本是成熟资本市场中的一种常态现象。然而，据 Wind 数据库统计可知，自 1998 年实施退市风险警示制度以来，截至 2019 年 4 月 30 日，A 股市场累计出现八百多次退市风险警示（标注为 ST 或 * ST），但最终退市的仅 62 家，占 A 股总个股数量的 1.71%。低退市率并不能说明 A 股上市公司的质量高，而是相关的退市规定并没有打到资本市场"僵尸公司"与"不死鸟"的痛点。

2018 年 11 月，沪深交易所相继发布《上海证券交易所上市公司重大违法强制退市实施办法》和《深圳证券交易所上市公司重大违法强制退市实施办法》，规定涉及国家安全、公共安全、生态安全、生产安全和公众健康安全等重大违法行为，证券交易所将严格依法做出暂停、终止公司股票上市交易的决定。退市新规中所涉及的五项安全事项，均与 ESG 相关，因疫苗造假、社会影响恶劣的长生生物（002680），成为退市新规发布后被强制退市的第一股。

从严退市自 2018 年最严退市新规落地后已成为监管主基调。特别是随着科创板退市力度从严，退市效率大幅提升，将引领 A 股构建有效的退市制度。针对重大 ESG 负面事件，建立强制退市及严格处罚机制，有利于加快资本市场的"新陈代谢"，倒逼上市公司重视 ESG 的治理，提升 ESG 绩效。

综上所述，在监管部门、行业协会及投资机构的共同促进下，通过严把入口端，即从 IPO 上市注册审核中加强对 ESG 因素的考量，到以信息披露要求倒逼上市公司提升 ESG 管理水平，再到通过 ESG 责任投资"拉动"其 ESG 绩效，最后严格处罚及退市机制，上市公司的质量（包括 ESG 绩效）会得到改善和优化，进而促进 A 股资本市场的可持续发展，推动资本市场全面改革的深化。

## 四、未来发展方向

由于责任投资在我国才刚刚起步，无论是学界还是实务界，在推动其发展过程中还面临着诸多问题。未来发展需聚焦于：

首先，进一步提升各方对 ESG 的认知。[①] 目前针对 ESG 的综合研究还远

---

① LONDON STOCK EXCHANGE GROUP. Revealing the full picture. Your guide to ESG reporting-Guidance for issuers on the integration of ESG into investor reporting and communication ［R］. London, 2017.

远不足，致使各方对 ESG 因素没有投以所需的资源和应有的关注。未来需要加强针对新兴市场内非国有企业、中小规模企业，以及非污染企业的 ESG 综合研究，使各方充分认识到 ESG 因素可能带来的风险和机遇。

其次，加强 ESG 绩效与企业价值之间关联性的研究。ESG 各要素因为会对价值创造以及创造多少价值产生影响，将成为越来越多现代企业不可或缺的资产，需要以创新和负责任的方式进行管理。只有认清了 ESG 绩效与企业价值之间的关联，才可能打破财务和非财务绩效的边界，在两者之间引发不断向上的螺旋式增长。

最后，需要为中国企业，特别是中小企业制定可持续发展路线图。[①] 追随统一的 ESG 标准似乎已成为不可避免的趋势，但还是要充分考虑中国企业所处的发展阶段和自身的行业特征，可将如何披露 ESG 实质性信息作为起点，通过介绍国内外主流可持续发展相关标准及成功经验，引导中国企业走上可持续发展的道路。

# 第二节  从精准扶贫到乡村振兴：稳中求进

乡村凋敝是全球共同面临的重大挑战。[②] 由此，探讨于脱贫攻坚与乡村振兴衔接之时，在《乡村振兴战略规划（2018—2022 年)》政策框架下，企业作为弥补农村发展困境的主要外部力量，[③] 除了延续、优化和升级产业扶贫等措施外，该如何切入乡村振兴，在社会治理挑战中寻找商业机遇，进行开发性战略布局，探寻中国企业参与乡村振兴的可持续性，意义深远。

## 一、企业参与减贫的行动逻辑

企业社会责任理念的发展与演进轨迹，既是企业与社会之间互动关系的变迁，同时也是企业对社会责任从被动选择到自觉行动、从社会义务到经营

---

① ECCLES R G, KRZUS M P, ROGERS J, SERAFEIM G. The need for sector-specific materiality and sustainability reporting standards [J]. Journal of Appl. Corporate Finance, 2012 (24)：65 – 71.

② LIU Y S, LI Y H. Revitalize the World's Countryside [J]. Nature, 2017 (548：7667)：275 – 277.

③ 吴晓燕，赵普兵. 协同共治：乡村振兴中的政府、市场与农村社会 [J]. 云南大学学报（社会科学版），2019, 18 (05)：121 – 128.

战略的态度转变。由于企业自身所具备的市场资源优势，企业扶贫能够有效解决传统扶贫难以突破的问题，赋予贫困者可持续发展的能力，① 因此，随着脱贫攻坚向纵深推进，中国企业在成为精准扶贫中重要力量的同时，也在履责自身的社会责任，进而参与到社会创新中来。

　　企业社会责任理念自欧文（Bowen，1953）提出，到发展至今，在发达国家和发展中国家的发展轨迹已呈现出了不同趋势：在发达国家，企业践行社会责任更多是受目标顾客群所驱动的公关行动，但在发展中国家，为确保企业责任践行活动与所在国的经济、政治以及环保利益保持一致，且利于全社会的可持续发展，往往会受到政府一定程度上的干预与限制。与此同时，乡村受城镇化和现代化进程的影响，不可避免地呈现空心化乃至衰退和消亡的现象遍布全球，而发展中国家的情形更为复杂。② 关于乡村振兴的研究，国外主要遵循"二元经济 → 改造传统农业 → 技术、制度变迁 → 隐性农业革命 → 农民终结"的演化路径，我国则呈现出两条主要演化路径：一条是"乡土中国 → 城乡中国 → 城市中国与城乡分割 → 城乡融合 → 区域协调发展"，另一条是"乡村建设 → 新农村建设 → 乡村振兴"。③

　　将企业社会责任与乡村振兴两个主题结合起来的研究，数量不多。在为数不多的研究中，大多聚焦于企业通过履行社会责任参与乡村振兴的行动逻辑、行动后果和行动策略等方面。在学者们看来，企业参与乡村振兴的行动逻辑，主要有两种机制在起作用：追求利润最大化的效率机制④ 以及受到制度环境约束和规范的合法性机制⑤，前者强调技术环境，后者关注社会情境。乡村振兴背景下，企业最初可能受合法性机制的驱动多一些。合法性是指制度机制所形成的约束力，迫使企业在外部环境中采取合法性行为。⑥ 然而，企业若能够把参与乡村振兴行动有效地与自身日常经营活动整合起来，使贫

　　① 崔论之. 大扶贫格局下企业扶贫的理论和实践研究—基于四川省的实证分析［C］. 四川省社会科学院，2015.

　　② 张海鹏，郜亮亮，闫坤. 乡村振兴战略思想的理论渊源、主要创新和实现路径［J］. 中国农村经济，2018（11）：2 - 16.

　　③ 陈润羊. 作为承继的乡村振兴研究演化路径与未来展望［J］. 云南农业大学学报（社会科学），2019（5）：12 - 19.

　　④ 郝云宏，唐茂林，王淑贤. 企业社会责任的制度理性及行为逻辑：合法性视角［J］. 商业经济与管理，2012（7）：74 - 81.

　　⑤ Cambell J L. Why would corporations behave in socially responsible ways? —an institutional theory of corporate social responsibility［J］. Academy of Management Review，2007（3）：946 - 967.

　　⑥ 周雪光. 组织社会学十讲［M］. 北京：社会科学文献出版社，2003.

困人口参与到企业价值创造过程中来，成为主要利益相关者，① 与之分享全产业链和价值链的利益分配。那么，企业参与乡村振兴便不再是公益慈善，而是利于自身可持续发展的价值创造活动。② 如此一来，效率机制和合法性机制便开始发生协同作用。不过，企业的行动逻辑会受到众多主客观因素的影响，并非一成不变，正如一些先行企业已开始从被动响应式的合规性履责向主动反应式的策略性履责转变。③ 不过，哪怕身处相同外部环境中的企业，其参与乡村振兴履责的行动逻辑也可能千差万别，尚需更为细致的界定与分析。

大部分针对企业参与乡村振兴履责行动后果展开的研究，结论均表明：企业在为其乡村战略合作伙伴提供市场机会、分享技术的同时，也收益颇丰。在此过程中，企业提升了人才吸引力，④ 增强了可持续发展优势，享受到了经济激励、税收优惠以及价格优惠的采购计划，得以进入全球市场和专业领域，提高了生态效率而降低了成本，⑤ 防范了环境和声誉风险，负责任采购强化了价值链，⑥ 等等。同时，除了企业自身，包括乡村社区在内，参与乡村振兴的各方均会享受到乡村振兴中多方互联互动所形成的好处：冗余的程序减少、资源最大化利用以及切实的经济收益。不过，始终在"利润焦虑"和"社会关注"间寻找平衡的企业，在参与乡村振兴过程中，难免会面临行为异化、社会责任内生化进程阻滞，以及社会责任治理主体治理能力偏弱等多重困境，尚需建立混合型组织成长的社会支持机制，打造企业、乡村社会与政府之间的企业社会责任治理共同体。⑦

还有一部分研究针对企业参与乡村振兴履责的模式及策略展开。例如，

① Prahalad, C. K. The fortune at the bottom of the pyramid：Eradicating poverty with profits［M］. Philadelphia：Wharton Business Publishing, 2004.

② 郑琴琴，陆亚东."随波逐流"还是"战略选择"：企业社会责任的响应机制研究［J］. 南开管理评论, 2018（4）：169-181.

③ 万兰芳，向德平. 中国减贫的范式演变与未来走向：从发展主义到福利治理［J］. 河海大学学报（哲学社会科学版）, 2018（2）：32-38, 90.

④ EILBIRT H, PARKET I R. The corporate responsibility officer：A new position on the organization chart［J］. Business Horizons, 1973, 16（1）：45-51.

⑤ UTTING P. Corporate responsibility and the movement of business［J］. Development in Practice, 2005, 15（3-4）：375-388.

⑥ KELL G, LEVIN D. The Global Compact network：An historic experiment in learning and action［J］. Business and society review, 2003, 108（2）：151-181.

⑦ 肖红军，阳镇. 新中国 70 年企业与社会关系演变：进程、逻辑与前景［J］. 改革, 2019（6）：5-19.

米格尔（Miguel A. et al.，2016）针对 100 家公司参与"联合国全球契约支持计划"的乡村振兴实践展开了实证研究。结果表明，企业采取的参与乡村振兴典型责任践行模式有：了解乡村社区需求，建立持续有效对话；提供技术与技能培训，建立教育资金及基础设施；参与保护当地自然资源，给予培训和支持；开发供应链，提供小微贷款；签订长期或临时雇佣合同，创造就业机会；建立社区设施，保护当地文体活动和文化传统；提供原材料和贷款，支持员工和当地居民共同建造居住设施；成立医疗队，提供医疗设施、疾病防治教育和疾病排查；提供营养教育和健康食品；修建道路及通信设施，等等。这些模式或是通过企业内部部门（人力资源部或专设社会责任小组），或是通过成立基金会，或是通过与非营利组织和政府合作得以实现。① 此外，有学者强调，企业参与乡村振兴，其关键还是要保障处于弱势的乡村生产生活需要，不能成为资本下乡的便利渠道。② 因此，如何对投入乡村振兴的资源进行精益化管理，特别是鼓励资本进入农业科技创新领域，加大农业生产技术的研发和推广力度？尚需学界与实务界共同探索。

综上所述，中外学界已取得了较为丰硕的理论成果与实践经验。但同时也应指出：乡村振兴作为一种独特的背景，有其协同性、关联性和整体性等独特要求，③ 需发动全社会多方力量、多种机制、多种资源要素参与其中。但同时，企业逐利的本性不应被忽略，因此，需建立起基于社会责任治理共同体的创新收益分享模式，保证农民分享增值收益；而针对政策解读和现状描述展开宏观层面的研究，或通过阐析学理展开微观层面的研究，还远远不够，尚需要针对企业的利益诉求及与其他相关主体间利益联结④展开中观层面的研究。这些不足将成为未来此领域应着力突破之处：首先，需要构建基于社会责任治理共同体的企业参与乡村振兴长效机制理论框架；其次，基于对现有典型模式的特征总结和功能比较，提出利益相关各方可共享的基础性

---

① BUDHIRAJA K, GUPTA M. The practice of corporate social responsibility in the context of rural development in India [J]. Mmu Journal Of Management Practices, 2019, 10（1）：1 – 7.

② 贺雪峰. 大国之基：中国乡村振兴诸问题 [M]. 北京：东方出版社，2019.

③ 姜长云. 准确把握乡村振兴战略的内涵要义和规划精髓 [J]. 东岳论丛，2018，39（10）：25 – 33 + 191.

④ 孔祥利，夏金梅. 乡村振兴战略与农村三产融合发展的价值逻辑关联及协同路径选择 [A] // 中华外国经济学说研究会发展经济学研究分会. 现代化经济体系与高质量发展——第十三届中华发展经济学年会会议论文摘要集 [C]. 中华外国经济学说研究会发展经济学研究分会：中华外国经济学说研究会发展经济学研究分会，2019：1.

产业公地的设计方案；最后，将企业置于由利益相关各方交织而成的生态图谱中，制定企业可能采取的动态调适策略。如此一来，才能发挥企业在资源筹集和服务供给等方面的优势，填补相关政策不能覆盖的空白领域，为乡村振兴提供根本动力。①

## 二、企业参与减贫的实践

由国务院扶贫办社会扶贫司主办，中国社科院推出的《企业扶贫蓝皮书（2019）》显示，入围 2019 年《财富》世界 500 强的前 100 家中国企业中，截至 2019 年 7 月 31 日，共 75 家公开披露了扶贫工作信息。那么，作为市场经济中的活跃主体，这些中国企业的优秀代表在参与扶贫工作中取得了哪些成就，同时，从"赚钱行善"向"行善赚钱"的转变之路上又暴露了哪些问题呢？

### （一）企业参与扶贫取得的成就——以中国百强为例

在 2018 年度，中国百强企业对国家脱贫攻坚战略的响应度达到了 75%，其扶贫项目覆盖了全国 30 个省区市（未包括江苏省）。其中，15 家企业披露了年度扶贫成效，其扶贫工作共惠及约 634 万人，带动建档立卡贫困户脱贫人数也达到了 79 万人。云南、新疆和青海是得到中国百强企业帮扶项目数量最多的省份。

1. 扶贫成效。

从扶贫成效来看，首先，61% 的百强企业帮扶地点涉及以"三区三州"为代表的全国广大深度贫困地区，做到了精准选择帮扶地区；同时，33% 的百强企业面向留守儿童、妇女、残障人士、老年人等特殊困难群体设计和开展了扶贫项目，帮扶对象也做到了一定程度的精准。其次，63% 的百强企业采取了各种方式培育贫困群众的内生动力，包括加强党建引领、建设"三支队伍"、加强技能培训和强化文化建设等。最后，超七成的企业在扶贫工作中能够积极整合各方资源，构建扶贫工作共同体，其中，与其他企业、社会组织和政府的合作位列前三位。

①　王立剑，代秀亮. 2020 年后我国农村贫困治理：新形势、新挑战、新战略、新模式［J］. 社会政策研究，2018（4）：3 – 14.

2. 扶贫投入。

从扶贫资金投入来看，在百强企业中，虽仅有 55 家企业披露了扶贫资金投入状况，但此 55 家企业共计投入扶贫资金高达 49.35 亿元。以中国华能集团有限公司为代表的投入总额前十名企业在 2018 年度共计投入 275 194 万元（见表 9 – 1）。

表 9 – 1　　　　　中国百强企业扶贫资金投入总额前十名

| 序号 | 企业名称 | 2018 年度扶贫资金投入（万元） |
|---|---|---|
| 1 | 中国华能集团有限公司 | 60 100.00 |
| 2 | 中国大唐集团有限公司 | 39 500.00 |
| 3 | 中国船舶重工集团有限公司 | 27 500.00 |
| 4 | 浙江吉利控股集团有限公司 | 27 500.00 |
| 5 | 中国石油化工集团有限公司 | 23 000.00 |
| 6 | 招商局集团有限公司 | 22 094.00 |
| 7 | 中国联合网络通信股份有限公司 | 20 000.00 |
| 8 | 中国医药集团有限公司 | 20 000.00 |
| 9 | 中国移动通信集团有限公司 | 18 000.00 |
| 10 | 国家能源投资集团有限公司 | 17 500.00 |
| | 合计 | 275 194.00 |

资料来源：中国社科院《企业扶贫蓝皮书（2019）》。

同时，对于百强企业中的 6 家银行业金融机构，其精准扶贫贷款余额总计达到了 6 078.01 亿元（见表 9 – 2）。

表 9 – 2　　　　中国百强企业扶贫贷款余额前十名（**2018 年度**）

| 序号 | 企业名称 | 2018 年度精准扶贫贷款余额（亿元） |
|---|---|---|
| 1 | 中国农业银行股份有限公司 | 3 415.00 |
| 2 | 中国工商银行股份有限公司 | 1 559.45 |
| 3 | 中国银行股份有限公司 | 624.00 |
| 4 | 交通银行股份有限公司 | 277.43 |
| 5 | 上海浦东发展银行股份有限公司 | 126.98 |
| 6 | 兴业银行股份有限公司 | 75.15 |
| | 合计 | 6 078.01 |

资料来源：中国社科院《企业扶贫蓝皮书（2019）》。

值得称赞的是，65% 的百强企业扶贫管理制度逐步完善，高层领导重视并积极参与扶贫工作，超半数企业已建立扶贫工作组织体系，47% 的企业制定了扶贫规划和相关管理制度。其中，28 家企业披露了派出扶贫干部的情况，百强企业共计派出扶贫人员 1 870 人，平均每家企业派出 67 人，中国移动派出了多达 500 人的扶贫干部。

3. 扶贫策略。

从中国百强企业在脱贫攻坚过程中所采取的扶贫策略来看，综合施策成为主流，涵盖了包括教育扶贫、产业扶贫、消费扶贫、健康扶贫和旅游扶贫等十余个领域（见图 9 - 6）。其中，教育扶贫所占比重最高，达到了 92%；其次为产业扶贫（77%）和消费扶贫（67%）。尤为难得的是，超七成的百强企业能在扶贫中结合自身的主业优势，初步实现了企业发展与贫困地区脱贫"双赢"。

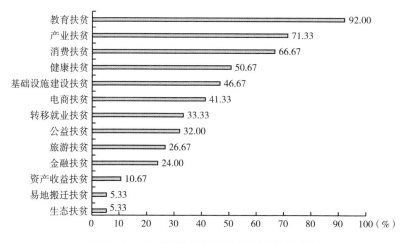

图 9 - 6 中国百强企业扶贫项目覆盖的领域

资料来源：中国社科院《企业扶贫蓝皮书（2019）》。

## （二）企业参与扶贫实践中存在的问题

根据中国百强企业的扶贫实践，以及来源于中国研究数据服务平台（CNRDS）数据库的我国 A 股主板上市公司于 2019 年所披露的精准扶贫信息可知，现阶段我国企业参与精准扶贫实践中暴露出以下几方面的问题：

首先，整体政策响应水平一般。根据 2019 年的统计可知，在 3 702 家上市公司中（沪市 1 520 家，深市 2 182 家）只有 945 家上市公司披露了精准扶贫信息，占样本公司总数的 25.53%，其中，沪市占比达 37.37%（568 家），深市占 17.28%（377 家），总体参与度很难说高。同时，近几年 A 股上市公司精准扶贫信息披露数量虽说在逐年增长，由 2015 年的 749 家上升到 2019 年的 945 家，但披露信息量少质低的问题持续存在（见图 9-7）。

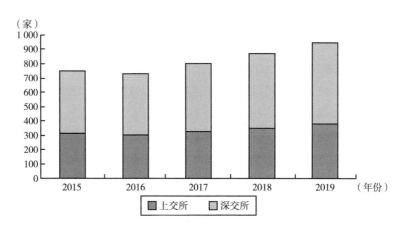

**图 9-7　2015～2019 年 A 股上市公司披露精准扶贫信息趋势**

资料来源：中国社科院《企业扶贫蓝皮书（2019）》。

其次，民营企业参与扶贫的热情还有待激发。国有企业扶贫投入与成效普遍优于民营企业，前者平均投入为 17 581.01 万元，后者仅为 8 811.83 万元。在国有企业中，中央企业在精准扶贫投入中起到了"领头羊"的作用，平均投入为 70 920.81 万元，地方国有企业仅投入 5 006.02 万元。事实上，民营企业的参与度高于地方国企，但减贫成效却相对较差，参与热情尚待激发（见表 9-3）。

表 9-3　　　　　　　　　不同类型中国企业精准扶贫投入情况比较

| 企业类型 | 投入企业数<br>（家） | 上市公司总数<br>（家） | 投入总额<br>（万元） | 平均投入<br>（万元） |
|---|---|---|---|---|
| 中央企业 | 121 | 235 | 8 581 418.00 | 70 920.81 |
| 国有企业 | 857 | 3 467 | 15 066 924.00 | 17 581.01 |
| 民营企业 | 736 | 3 232 | 6 485 506.00 | 8 811.83 |
| 地方国有企业 | 128 | 327 | 640 770.60 | 5 006.02 |

资料来源：中国社科院《企业扶贫蓝皮书（2019）》。

最后，不同行业精准扶贫投入差异较大。其中，金融业精准扶贫总投入最大，达到了 14 312 500.5 万元，平均投入为 183 493.6 万元；制造业总投入虽位于第二，达 312 514.62 万元，但平均投入仅有 870.51 万元。同时，有14 个行业的扶贫总投入过亿元，但综合业与教育业精准扶贫投入并不高（见表 9-4）。

表 9-4　　　　　　　　部分行业企业精准扶贫投入情况比较

| 行业名称 | 投入企业数（家） | 行业上市公司数（家） | 投入占比（%） | 投入总额（万元） | 平均投入（万元） |
|---|---|---|---|---|---|
| 金融业 | 78 | 117 | 0.67 | 14 312 500.50 | 183 493.60 |
| 制造业 | 359 | 1655 | 0.22 | 312 514.62 | 870.51 |
| 房地产业 | 44 | 133 | 0.33 | 157 167.40 | 3 571.99 |
| 批发和零售业 | 55 | 172 | 0.32 | 147 925.78 | 2 689.56 |
| 农、林、牧、渔业 | 14 | 41 | 0.34 | 36 897.49 | 2 635.54 |
| 科学研究和技术服务业 | 135 | 738 | 0.18 | 23 324.32 | 172.77 |
| 卫生和社会工作业 | 12 | 116 | 0.10 | 9 087.08 | 757.26 |
| 文化、体育和娱乐业 | 14 | 70 | 0.20 | 2 447.96 | 174.85 |
| 综合类 | 3 | 18 | 0.17 | 937.40 | 312.47 |
| 租赁和商务服务业 | 3 | 30 | 0.10 | 109.38 | 36.46 |
| 教育 | 0 | 5 | 0.00 | 0 | 0 |

资料来源：中国社科院《企业扶贫蓝皮书（2019）》。

由此可以看出，我国企业在参与扶贫攻坚过程中虽取得了显著成效，但存在的问题也十分明显。首先，整体参与表现一般，大多停留在响应国家政策的层面；其次，国有企业扶贫投入与成效虽普遍优于民营企业，但更多企业参与扶贫的热情尚待激发，企业还需要将社会问题或"公众期望"真正纳入自身发展的战略框架中；最后，在扶贫实践中最应该发挥作用的教育、租赁和商务服务业、卫生和社会工作业、科学研究和技术服务业，甚至制造业等行业，并未能够将参与扶贫作为自身可持续发展的转型路径，① 当然，欲在扶贫实践中走出实现社会责任与经营业绩双赢之路，依然任重而道远。

---

① 陆汉文，等. 2016 年中国企业参与精准扶贫报告［R］. 北京：社会科学文献出版社，2017.

### （三）企业参与扶贫实践的可持续模式构建

通过对企业参与扶贫攻坚实践现状的分析可以看出：企业迫切需要根据自身特点，因地制宜地摸索出参与社会创新的实践模式。欲使此模式具有可持续性，至少需要涉及商业模式设计、规模效益规划、供应链以及关键利益相关者的管理四方面的创新性解决方案（见图 9 - 8）。

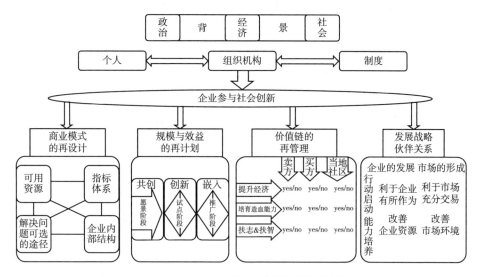

**图 9 - 8　企业参与扶贫实践的可持续理论模式**

1. 商业模式的再设计。

拼多多，可视为企业为参与脱贫攻坚而对其商业模式进行再设计的一个成功案例。根据其《2018 扶贫助农年报》可知，截至 2018 年底，平台注册地址为国家级贫困县的商户数量超过 14 万家，年订单总额达 162 亿元，带动当地物流、运营、农产品加工等新增就业岗位超过 30 万个，累积触达并帮扶 17 万户建档立卡户。拼农货和新品牌计划精准抵达深度贫困地区，扶贫效果显著。特别是，基于"最初一公里"直连"最后一公里"的产销模式，已累积带动 62 000 余名新农人返乡，平台及新农人直连的农业生产者超 700 万人。此外，"农货中央处理系统"不仅为平台 4 亿名用户提供了大量来自全国各地产地直发的优质平价、9.9 元包邮的农产品，还改变了分散小农作业所产生的农产品产销格局，打破了小农生产的空间制约半径和成熟期的时间制约区间，创建 4 亿名消费者直连 2.3 亿名农户的新型农产品产销体系。

事实上，关于企业在反贫困中应该扮演什么样角色的讨论，在全球范围内已进行了 15 年之久。由于单一的、短期的和救济式的送钱送物很难从根本上解决贫困问题，因此，只有向"造血式"转变才可能实现"互利双赢、共同发展"。在对商业模式进行再设计时，需要综合考虑自身可用的资源、解决所面临问题的可选途径、建立新的指标体系，甚至要重新调整企业的内部结构。重点在于开发出在经济上具有可持续性，但又具包容性的商业模式：能适应政策变化，并降低市场成本，还需考虑到低收入用户市场的诸多特点。

2. 规模与效益的再计划。

学者们将全球市场视作一个"经济金字塔"，金字塔顶端人数较少而购买力较强，处于底层且数量巨大的人口购买力弱，甚至不能完全满足基本生存需求。[①] 进军金字塔底层市场，不仅将为企业和消费者带来经济利益，而且还可能解决发展中国家所面对的社会问题和环境问题。从全球来看，进军金字塔底层的市场战略有两个主要特点：一是，以私营企业为主导，从盈利前景的角度而非单纯的社会责任角度看待扶贫问题；二是，以技术创新或商业模式创新为手段，开发适合低收入人群的产品或服务，在满足他们未被满足需求的同时，保持企业的持续经营。

投入与产出的规划是企业取得成功所必需的，其重要性不言而喻。同时，企业处在不同的生命周期阶段，投入产出规划需遵循的原则也不同，首要确保的应是规模和效益的可持续性。当企业面向贫困地区的特定市场时，对于规模与效益的再计划可分为几个阶段：在最初的愿景阶段，厘清在低收入人群中创造价值的可能选择；在随后的试点阶段，是把行之有效的尝试有机整合起来；在最后的推广阶段，在充分搜集、评判和解释市场的环境信息的基础上，与当地利益相关各方建立起合作关系，并形成独有的竞争优势。此外，企业需创造出能够满足低收入人群未被满足需求的新产品或服务，同时，还要避免对生态和社会形成外部性问题。当然，企业作为经济组织，将企业经营目标与社会和生态可持续发展目标结合起来，实现经济、社会和环境的协调发展，是一个需要不断调适的艰苦过程。

---

① Prahalad C K. The role of core competencies in the corporation [J]. Research Technology Management, 1993 (6)：40 – 47.

3. 供应链的再管理。

供应链管理，实际上是一种基于"竞争—合作—协调"的新型合作模式。首先，合作各方在进行利益和责任的分配时要体现公平互利的原则，特别是在扶贫攻坚中在供应链中占主导地位的企业一方，不能欺压弱小的农户一方，否则只会导致信任关系的破裂和合作伙伴的流失。其次，风险控制和管理措施是保证。在供应链中主要存在两种不确定性，一种是需求信息偏差逐级放大引发的供应商库存的不确定，另一种是物流供应时间延迟效应导致的交货期不确定。对于"放大效应"，供应链间可以使用高效的电子数据交换有关成本、作业计划和质量控制信息，加强对风险的事中过程控制而不是事后控制。对于第二种不确定性，可通过对业务流程的再设计来精简供应链，消除冗余环节，实现供应商本地化和实时生产系统。最后，建立科学、合理、公平、有效的供应链评价体系至关重要。在扶贫攻坚中，可充分运用价格激励、订单激励、商誉激励、信息激励和淘汰激励等激励模式，有利于培育"造血式"扶贫机制以及"扶志与扶智"。

由此可以看出，企业可以通过精简农产品供应链，持续提升留存价值链的附加值，推动生产要素尤其是人才要素实现优化配置，通过实现成本和质量等全方位的革新，有效激发覆盖产区的内生动力，实现有效精准扶贫。

4. 战略伙伴关系的再建立。

随着共享经济成为共识，创造共享价值已成为所有企业的追求。相较于政府和其他各方参与扶贫，企业在资源、路径，还有市场经验等方面更具优势。然而，针对目前企业在参与扶贫环境中不得不面对的一些问题，企业需主动构建一个有利于多方合作的"生态"环境，有利于自身的良好运营，取得社会和经济效益的双赢。要做到战略伙伴关系的再建立，首先，企业需要与其他各方形成信息共享机制，有利于企业有所作为和市场的充分交易。其次，形成以"诚实守信、公平互利"为基础的信任关系。企业要充分信任自己的合作伙伴，了解彼此的生产程序和生产能力，明确彼此的经营计划和策略，且明确为了协助对方实现战略目的而需采取的战术策略和需承担的责任。

当然，要进一步调动企业扶贫的积极性，其他各方也需要多举措并举，改善企业资源和市场环境。特别是各级政府和有关部门，还需提高对企业扶贫工作的服务保障能力，加大对民营企业参与精准扶贫的关注度，落实扶贫捐赠相关税收优惠政策，完善各类市场主体到贫困地区投资兴业、带动就业增收的相关支持政策，鼓励有条件的企业因地制宜导入核心产业参与扶贫，自主设立扶贫公益基金，确保积极参与扶贫的企业"政治上有荣誉、事业上有发展、社会上受尊重"。

综上所述，对于中国企业来说，迫切需要解决的难题是如何让乡村振兴实践更具可持续性，即如何能够为贫困人群及其他利益相关者创造共享价值。图 9 - 8 所构建的企业参与扶贫实践的可持续理论模型，会因各组成部分持续调适和创新而增加成本，且大部分将是试错成本，但与因不能及时调整发展方向而可能带来的冲击相比，短期的利益损失可能无足轻重。在脱贫攻坚与乡村振兴衔接之时，中国企业只有积极寻找参与社会创新的可持续性解决方案，才可能适应政策变化，从参与精准扶贫逐步过渡到参与乡村振兴，为自身赢得更多的弹性发展空间，从而从容应对 2020 年后的后贫困时代。

# 第三节　中国企业责任践行面临的困境

从 2003 年的 SARS 到 2008 年的汶川地震，再到 2020 年的新冠肺炎疫情，中国企业在责任践行方面的作为可圈可点。不过，在为它们点赞的同时，各界也需明白，没有企业能够解决所有的社会问题，也无法承担解决社会问题的所有成本。中国企业在践行社会责任中面临着诸多现实难题，亟待创新履责方式，将履责成本真正转化为企业的战略竞争力和优势。

## 一、责任践行发展轨迹

根据西方企业社会责任践行的发展轨迹可知，环境压力是从公众传输到消费者，再由消费者传输到生产企业，继而影响到资本市场和金融机构。20 世纪中，环境问题初见端倪，在六七十年代不断恶化，引发了公众舆论的强烈关注，民间团体不断涌现，公众环保意识开始提升，部分消费者拒绝购买有损于环境的产品，政府也禁止使用剧毒农药。到 20 世纪 80 年代，生产制造商开始在产品设计和生产过程中引入环境因素，以应对来自消费者的压力。这些措施促进了工业生态学的诞生与繁荣，也引发了产品生命周期、清洁生产等理论的出现。至 20 世纪 90 年代，在联合国环境署的倡导下，大型金融机构顺应潮流，开始实施可持续性金融战略。社会、环境因素正是按照这一轨迹，即公众舆论、可持续性消费、生态工业与可持续性投资，逐步传导到社会和经济系统的各个方面。

具体来说，这一发展路径通常可以分为如下四个阶段（见图 9-9）。

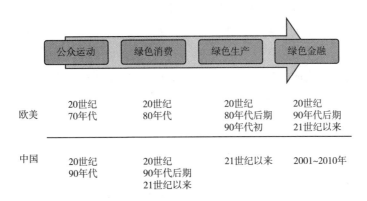

**图 9-9　中西方企业社会责任践行发展轨迹比较**

资料来源：郭沛源．金融投资促进可持续发展的理论与实践研究［D］．北京：清华大学，2006．

环境压力的价值链传导机制始于公众舆论。在这一阶段，环境持续恶化，引发社会各界的广泛关注，媒体舆论开始大篇幅覆盖环保与可持续发展领域，并对现状表达出强烈的不满。以提高大众环保意识为宗旨的非政府机构开始萌芽和发展，与媒体一起，成为此阶段的主角。

随后，公众环保意识得到较大程度的提升，期盼健康而宜居的生活环境，支持政府和企业的环境友好行为。由此，进入可持续性消费阶段。在此阶段，可持续性消费成为消费品市场的一大热点，愿意为环保支付溢价（愿意购买价格更高的环保产品）的公众，成为可持续性消费的拥趸，从而成为这一发展阶段的主角。

由此，商业社会不得不开始迎合消费者的"特殊"需求，以防消费者"用脚投票"，可持续发展的意识和压力就这样通过市场力量逐步进入生产制造领域。当可持续发展因素由消费群体转移到工业制造生产群体时，即进入了被称为生态工业阶段的第三阶段。此阶段的主角是实施生态工业发展策略的生产企业，工艺流程和环境管理得以加速改进。

当可持续发展因素开始足以左右生产企业的盈利状况，金融机构作为投资人或放贷方，不得不主动采取措施调整投资策略，规避相关风险，并利用可持续发展机会创造新的利润增长点时，即开启了可持续性投资阶段。此时，可持续发展的意识已经从生产领域传递到金融领域，而主角也变成实施可持续性投资战略的金融机构。

从中国的发展实践来看，总体上也符合发达经济体中的价值链传导机制，但呈现出了两个不同的特征。其一，传导速度更快。环境压力在欧美市场从公众传导到金融领域，大概花了 30 年时间，在中国只花了十多年时间。其二，传导机制并非渐次发生，绿色金融、绿色消费和绿色生产几乎同时推进，这源于中国经济发展速度快，环境压力传导机制也相应被加速。如今，ESG已被主流金融机构所接纳，特别是，以 2016 年的 G20 杭州峰会中英两国发起"绿色金融研究小组（Green Finance Study Group）"作为里程碑事件，中外绿色金融被拉到同一条起跑线上，中国绿色金融正逐步走出一条与欧美路径十分不同的路径。

通过对比可以看出：欧洲的可持续发展路径特征在于以社会个体高度的可持续发展意识为基础，以市场为工具并辅以强有力的政策推动；而美国的发展路径特征，是借助高度发达的资本市场平台，规模庞大的机构投资者可以通过开发创新金融产品集聚市场资源、化零为整，形成一个符合可持续发展原则的资本市场。那么，对于现阶段的中国而言，要加快可持续性发展步伐，恐怕无法完全照搬欧洲国家或美国的发展路径，还需摸索出适合中国特色的本土道路。

## 二、中国企业面临的践行困境

中国企业的责任践行，需要增强企业经营能力，并通过履责行动创造共享价值，实现共赢。这要求企业能够根据自身情况对社会议题进行识别和分类，同时，根据自身的战略需求和利益相关者的诉求，对具有共同价值的议题进行评估和排序。在实践中，阻碍企业责任践行的困境归纳起来会大致体现在以下几个方面。

### （一）政绩观，仍"唯 GDP 至上"

虽然中央政府一再从顶层设计层面要求企业由单纯追求经济利益转向积极参与社会治理、助力生态文明建设，但在地方，尤其在内陆省份以及二、三线城市，政绩考核中的 GDP 权重仍然过大，迫使地方政府仍然把主要精力和资源都放在经济增长上。基于错误政绩观的制度设计，地方政府往往只要求企业参与慈善活动（如突发灾难时捐款），或强迫企业解决并不具备比较优势的社会问题，而企业也上有政策，下有对策，表面上公开高调宣扬履行社会责任的重要性，私底下却把责任践行视为纯粹的成本负担，并没有动力通过业务或管理创新寻求一举多得的社会问题解决方案。

针对此种状况，中国政府推出一系列的政策与措施，期望改变现状。例如，2016 年，中国政府做出了《中国落实 2030 年可持续发展议程国别方案》的承诺，安排落实了联合国 17 个可持续发展目标和 169 个具体目标的详尽措施；2017 年末，国家统计局、国家发展改革委、环境保护部、中央组织部会同有关部门共同发布了《绿色发展指标体系》和《绿色发展指数计算方法》，首次公布了全国各地区的绿色发展指数，强调了绿色与发展相结合的内涵，突出了各地区绿色发展的测评与比较；2019 年开始停止对地方生产总值总量和速度进行排名，开展地区生产总值统一核算……通过以上政策与措施，地方政府"唯 GDP 至上"的政绩观正在逐步改变，绿色发展也被提上议事日程，并有望成为优先项。

### （二）信息披露，仍"形式重于内容"

企业社会责任信息披露，是全面反映企业履行社会责任情况的一面镜子，[①] 也是企业与利益相关者交流的主要方式，更是外界对企业进行责任认知和评价的重要依据。[②] 然而，如前所述，我国企业发布的无论是企业社会责任报告、可持续发展报告还是 ESG 报告，虽然数量逐年增加，但质量提高却并不明显，透明度不足、经第三方独立审验的报告少之又少、回避实质性和定量指标的现象还较为普遍，与利益相关者充分交流的价值并未得到体现。根据商道纵横的评估可知，科创板上市公司 ESG 报告质量评分均值仅为 15.6分。因此，公司治理在常常受到诟病的同时，还使公众丧失了对企业的信任，这势必成为企业责任践行中需要克服的一大障碍。[③]

不过，国际上，有世界经济论坛与国际商业委员会联合发布的《ESG 信

---

①　商道纵横. 价值发现之旅——2011 中国企业可持续发展报告研究 ［R］. 北京：商道纵横，2012.

②　张鲜华. 社会责任表现对企业声誉的影响研究——来自 A 股上市公司的经验数据 ［J］. 兰州学刊，2012（12）：99 – 102.

③　ARNIM W. Key competencies in sustainability：a reference framework for academic program development ［J］. Sustainability Science，2011，6（2）：203 – 218.

息披露指标指引（2020）》，① 国内有沪深交易所积极地将 ESG 因素纳入监管范畴，能够说明的是，主流市场越来越重视企业责任践行方面的信息披露。这也符合国务院印发的《国务院关于进一步提高上市公司质量的意见》，② 因为 ESG 报告可作为"提高上市公司质量的管理工法之一"③。随着注册制的进一步扩大，上市公司通过发布非财务信息以全面说明企业价值，已是确认无疑的趋势。

### （三）慈善行为，仍被动而功利

企业已成为我国公益慈善领域的重要力量。然而，大多数的企业捐赠，更似被动的应急行为，既未与自身优势相结合，也没能与自身发展方向保持良好的互动。在公众甚至政府只关注捐赠金额的情况下，一方面，企业只会一味攀比捐赠数额；另一方面，真正有热情和能量参与公益的企业、真正能够带来社会效益的"好事"却得不到重视。例如，2020 年疫情期间，媒体多以捐赠作为单一指标对企业进行排名，甚至以此"逼捐"。事实上，在突发公共卫生安全事件背景下，企业的社会责任承担首先应当是做好自身防控，其次才是力所能及地开展公益慈善。当然，对于行业和跨行业的龙头型、平台型和生态型企业来说，这是一个责任创新的重要契机，需要用主营业务来抗击疫情，对客户、员工以及利益相关其他各方投以关注，并做好相关信息的披露。

令人不无欣慰地看到，在此次疫情中，已有一些龙头企业不负众望，扮演了对内防控疫情、对外慈善捐助、稳定行业上下游，以及动员和优化配置社会资源等多种角色，加入整个中国抗疫的行动之中。

### （四）社会责任经理人生态圈，尚待成长

我国普遍存在社会责任实践领域人才有限和投入不足的问题。一方面，大学里可持续发展教育刚刚起步，要培养出"运用所学知识、技能和态度等关键素质，解决现实的可持续发展难题、挑战和机会"④ 的人才，还有待时

---

① 2020 年 9 月 22 日，世界经济论坛与国际商业委员会在瑞士达沃斯联合发布《衡量利益相关方资本主义：迈向可持续价值创造的共同指标和一致披露》。

② 2020 年 10 月，国务院印发的《国务院关于进一步提高上市公司质量的意见》提出六个方面 17 项重点举措以提高上市公司质量。

③ 中国上市公司协会会长宋志平在《证券时报》微信公众号撰文称，ESG 报告可作为提高上市公司质量的管理工法之一。

④ 肖红军．中国企业社会责任发展中的六大悖论［J］．国家电网，2012（4）：107.

日。另一方面，由于社会责任领域的经济回报很难量化，企业没有动力在非核心业务岗位上投入社会责任方面的人力资源。因此，在人才和资源皆不足的情况下，企业的履责实践只停留在一系列无组织的慈善捐赠等行为上，还未能融入日常经营中。长此以往，会与企业的核心竞争力渐行渐远。

根据《CSR 职业经理人调查报告》（2020）可知，① 负责社会责任事务经理人发展所面临的障碍主要在高管认可、职业路径和责任践行预算三个方面。其中，缺乏公司高管的工作认可和支持，是经理人们面临的最大工作障碍，占比达 43%；有 42% 的经理人表示，缺乏清晰的职业发展路径，同时，也期待能够扩展人脉，获取前沿信息的支持与帮助；此外，还有 38% 的经理人表示，责任践行项目相关预算严重不足。特别是在 2020 年的疫情期间，28%的企业削减了全年履责预算，26% 的企业已使用了一部分预算，全年预算由此而减少。

### （五）创新精神，仍不敌"拿来主义"

改革开放使中国企业在学习和模仿西方同行中，获得了一些后发优势。但是，毋庸置疑，"拿来主义"已开始凸显其局限性。例如，在社会责任实践领域，经历了数年热情高涨的发展后，社会责任实践步入了"混沌期"或"困惑期"，甚至开始出现了异化和倒退的风险。这迫切需要企业在战略和设计思维中发挥创新精神，寻找自身真正适合的解决方案。正如迈克尔·波特和马克·克雷默（Michael Porter & Mark Kramer，2012）在其著作中指出的那样，企业只有通过重新构想产品和市场、重新定义价值链中的生产力、建立当地的产业支撑集群，才能同时创造社会和经济价值。

事实上，发展至今，企业社会责任开始在中国屡遭悲观论调。每经过一段时间，就会有人认为企业社会责任"作为可助力企业实现可持续发展的管理创新"的光环开始褪去，徒剩"令人尴尬的光鲜外皮"。2020 年，疫情和气候将人类和地球带到了一个门槛前，回到不平等、不公正和轻率统治地球的旧常态已不再可能。相反，一条更可持续和更公平的道路已清晰可见，而中国企业需忠于使命，责任必达。

---

① 冯雨露，邹伟珊. CSR 职业经理人调查报告［R］. 北京：思盟企业社会责任促进中心和商道纵横，2020.

# 第四节　中国企业责任践行的未来方向

根据商道纵横基于自身对全球（包括中国）社会责任发展规律演变的观察与思考可知，对于 2021 年，中国企业社会责任领域的主要未来发展方向将体现在以下十个方面。

## 一、助力建成小康社会

根据《人民日报》的数据可知：初步核算，2019 年我国国内生产总值（GDP）为 99.0865 万亿元，比上年增长 6.1%；按年平均汇率折算，人均 GDP 突破 1 万美元大关，达到 10 276 美元。2020 年，已成为中国第一个完成百年奋斗目标的关键年。[①]

从脱贫攻坚角度来看，截至 2019 年底，全国 95% 左右现行标准的贫困人口实现脱贫，90% 以上的贫困县将实现摘帽。6 年以来，中国共脱贫 8 239 万人，相当于平均每分钟就有近 30 人摘掉贫困帽子。从污染防治攻坚来看，党的十八大以来，政府先后制修订 9 部生态环境法律和 20 余部行政法规，"史上最严"的新环境保护法自 2015 年开始实施。第一轮中央生态环境保护督察及"回头看"累计解决群众身边的生态环境问题 15 万多个，第二轮第一批督察共交办群众举报问题约 1.89 万个。

在不远的未来，中国企业需要把握政策方向，及时调整责任践行活动的方向，按照当前的政策议题，对自身的社会责任项目进行分类，并采用量化评估方法，通过发布专题报告对项目成果和影响力进行统计和总结。

## 二、为 SDGs 贡献中国经验

联合国可持续发展目标（SDGs）已进入第 5 年，重点将从理念普及和意识提升转为落地实践和经验分享。根据外交部《中国落实 2030 年可持续发展

---

① 2019 年我国 GDP 近百万亿元，增长 6.1% ［OL］. 中国政府网，http：//www. gov. cn/xin-wen/2020 – 01/18/content_5470531. htm.

议程进展报告（2019）》的数据可知，中国已为 SDGs 贡献了以下几方面的经验：2015 年底至 2018 年底，农村贫困人口从 5 575 万人减至 1 660 万人。2018 年，单位国内生产总值能耗同比下降 3.1%，单位国内二氧化碳排放同比下降 4.0%。同时，根据世界银行发布的《"一带一路"经济学：交通走廊发展机遇与风险》可知，"一带一路"倡议若全面实施，可帮助 3 200 万人摆脱中度贫困（日均生活费低于 3.2 美元），使全球和"一带一路"经济体的贸易额增幅分别达到 6.2% 和 9.7%，全球收入因此增加 2.9%。对于沿线低收入国家来说，外国直接投资增幅达到 7.6%。

由此，中国企业可以通过学习国际通行话语体系，在联合国平台上讲述更多自身可持续发展战略，利于企业发展，也利于民间外交。生物多样性、冬奥会等热点议题，需要得到企业的关注，并将这些元素包含到企业责任践行项目设计中。特别是海外投资企业，需要主动与当地社区沟通，在企业层面落实 SDGs，发布企业实践 SDGs 进展报告，提升应对由环境、社会和公司治理等导致的非传统风险的能力，提高中企海外可持续发展水平。

### 三、建立长效减贫机制

从 1978 年的绝对贫困到 2018 年的相对贫困，7.7 亿人的农村贫困人口（农村贫困发生率为 97.5%）降至 1 660 万人（贫困发生率 1.7%），① 农村脱贫对企业来说意味着更多的农村劳动力需要获得就业，同时，与农村相关的产业会逐步建立和发展起来。此外，返乡青年增多，自主创业增多，农村人口消费升级，释放出巨大的市场潜力。《乡村振兴战略规划（2018—2022年）》总体上要求产业兴旺、生态宜居、乡风文明、治理有效、生活富裕，同时，需要产业、人才、文化、生态和组织等各方面的全面振兴。

在此背景下，对于中国企业来说，及时切换责任践行策略，从原有的精准扶贫逐步过渡到乡村振兴，建立产业链是建立长效机制的关键。同时，还需转变项目设计思路，从"创造共享价值"的角度，分析乡村振兴背景下企业应扮演的角色，围绕加快构建现代农业产业、生产和经营体系，在生产、流通、消费等诸多环节，采购贫困地区产品和服务。通过重点开展

---

① 改革开放以来我国农村贫困人口减少 7.4 亿人 ［OL］. 中国政府网，http：//www. gov. cn/guowuyuan/2018－09/03/content_5318921. htm.

基础设施建设、供应链服务、生产基地建设等打通和优化企业供应链，关注返乡青年人才培训，在提高农业创新力、竞争力和全要素生产率的同时，提升自身产业链的竞争力。

## 四、引领可持续消费

2019 年 4 月，中国选定深圳等 11 个城市及雄安新区等 5 个特例代表为无废城市建设试点；7 月，从上海开始，率先实施强制垃圾分类。半年之内，居民区垃圾分类达标率从 15% 提高至 90%，垃圾填埋比例从 41.4% 下降到 20%。在 2020 年，全国有 46 个城市开展生活垃圾分类处理工作，到 2020 年底，直辖市、省会城市、计划单列市城市建成区的商场、超市、药店、书店等场所以及餐饮打包外卖服务和各类展会活动，禁止使用不可降解塑料袋，到 2025 年，地级以上城市餐饮外卖领域不可降解一次性塑料餐具消耗强度下降 30%。

当可持续消费理念已渐成新时尚，中国企业需要实现生产、经营和办公场所的垃圾分类，特别是酒店、餐饮、物业等产生垃圾量大的行业，以及食品饮料、化妆品、电商、外卖等产生大量包装物的行业，包装物的减量与回收利用应受到关注。此外，还需关注消费者关心的热点话题，了解消费者心理，从消费者的价值诉求出发，从产品、营销等方面响应绿色消费。

## 五、制定碳减排目标

根据世界气象组织（World Meteorological Organization，WMO）的《2015—2019 年全球气候报告》的统计可知，自工业化以来，全球平均气温已上升了 1.1 摄氏度，2011～2015 年上升了 0.2 摄氏度。中国的减碳目标为：在 2030 年左右，二氧化碳排放达到峰值并争取尽早达峰；单位国内生产总值二氧化碳排放比 2005 年下降 60%～65%，非化石能源占一次能源消费比重达到 20% 左右，森林蓄积量较 2005 年增加 45 亿立方米左右。

可以预见，未来将有更多国际知名企业采取行动应对气候变化，通过资本市场体系和银行信贷体系将碳成本体现到融资成本中。同时，资产所有者和资产管理公司计算资产组合的碳强度，商业银行也将减少或退出与高碳企业的业务合作。由此，中国企业需尽早开展碳排放核算，掌握自身碳足迹，使之成为企业确定和开展碳减排目标和工作的基础。制定企业温室气体排放清单和减排目标，开展减排工作，并与内外部利益相关者做好信息沟通。

## 六、管理气候变化风险

港交所的第三版 ESG 指引①，强制要求上市公司将董事会声明纳入 ESG 信息披露内容，且对社会关键绩效指标的披露要求从"自愿披露"提升为"不遵守则解释"，增加了应当气候变化的内容，确立了 ESG 信息披露趋严的趋势，提升了市场对大陆版 ESG 指引的预期。

有鉴于此，建议中国企业细分目标受众，提供更为精确也更有针对性的信息，可单独发布 ESG 报告，或在已发布的 CSR 报告中单列 ESG 章节。同时，可参考权威指引，选择实质性指标，特别是 ESG 的量化指标，在披露内容的规范性、完整性、量化数据和目标等方面制定更高标准。此外，关注气候变化可能带来的财务风险，按照气候相关财务信息披露工作小组（TCFD）②的建议，采用情景分析、压力测试等方法管理气候变化风险。

## 七、以 ESG 评级促治理

对上市公司来说，ESG 评级提供了一个不同于财务指标的新标杆，可以从公司治理、污染排放、能源效率、劳工关系、社区关系等非财务指标角度来衡量公司价值，更全面地评估企业的持续运营能力。

随着 ESG 评级渐成主流，投资者关系部与社会责任部门的沟通会更加频密。中国企业需要主动获取评级结果，分析自身在同业中的位置及薄弱环节，对标 ESG 评级优秀的同业公司管理实践，制定提升评级策略。对于社会责任

---

① 香港交易所（以下简称"港交所"）2012 年发布了《ESG 报告指引》（以下简称《指引》）作为上市公司自愿性披露建议，至 2016 年 1 月 1 日将部分建议上升至半强制披露层面，实施"不披露就解释"规则。2019 年 5 月又发布了《指引》修订建议的咨询文件，并于 2019 年 12 月确定新版《指引》内容，进一步扩大强制披露的范围，将披露建议全面调整为"不披露就解释"，持续提升对在港上市公司的 ESG 信息披露要求。

② 2015 年 12 月，金融稳定理事会（FSB）主席兼英格兰银行行长马克（Mark Carney）宣布成立气候相关财务信息披露工作组（TCFD），这是首个从金融稳定角度审视气候变化的国际倡议。

部门的经理人来说，通过向企业决策层报告 ESG 和 CSR 的关系及 ESG 评级的利害，促进内部 ESG 治理结构的完善，从而能够从决策层促进 ESG 评级的提升。

## 八、创新与相关者的沟通方式

人工智能等高新技术，以其大宽带、低时延和大连接的特点革新了传统的信息传播方式，也创新了企业与利益相关者的沟通方式。然而，一方面，新技术能够给利益相关者勾勒出更为精准的画像，另一方面，也能够使负面事件以指数级的速度扩散，且信息溯源难度也成倍加大。

用心倾听、回应关切和建立信任，仍是与利益相关者进行沟通的本质。中国企业可利用高新技术带来的机遇创新社会责任信息的传播方式，多元化地呈现企业的责任践行活动，扩大社会影响力。同时，通过大数据对利益相关者画像进行分析，提升与利益相关者的有效互动，优化利益相关者的管理。

## 九、关注价值网的责任延伸

企业履责的边界越来越脱离法律实体边界，由主要利益相关者的预期所界定。在过去，单个企业需要在一条价值链中，才能获得成长的机会；企业与企业之间的竞争转换为价值链与价值链的竞争，导致了产业价值因被不同价值链博弈而侵蚀。如今，数字技术提供了解决方案，把价值链变成了价值网，让企业成为价值网上的一个连接点，数据协同让原有价值链上的合作伙伴共生，拓展了原价值链外的价值。

从国内来看，2016 年《生产者责任延伸制度推行方案》规定了对电器电子、汽车、铅酸蓄电池和包装物实施生产者责任延伸制度，要求 2020 年初步形成相关的政策体系；垃圾分类和无废城市建设的相关政策，也要求企业"生产→消费→回收 →再生"形成闭环。同时，从全球来看，贸易摩擦增多，一些国家的政府将企业社会责任延伸和深度融入更多领域、更宽范围的商品价值链，特别是关键原材料。由此，处于电器电子、汽车、快消等行业的中国企业，应关注生产者的责任延伸，探索产品和包装品回收、处置和再利用等问题。对于跨国经营的中资企业，尤其涉及关键原材料的，需要高度重视"长臂管辖"下的合规风险，做好预案，基于价值网模型进行社会责任分析，重新审视企业在价值网中的位置及责任，经营伙伴关系，发挥协同效应。

## 十、遵守科学伦理规范

2019 年，上交所《科创板股票上市规则》规定，上市公司应严格遵守科学伦理规范，尊重科学精神，恪守应有的价值观念、社会责任和行为规范，发挥科学技术的正面效应。应当避免研究、开发和使用危害自然环境、生命健康、公共安全、伦理道德的科学技术，不得从事侵犯个人基本权利或者损害社会公共利益的研发和经营活动。同时规定，上市公司在生命科学、人工智能、信息技术、生态环境、新材料等科技创新领域开发或者使用创新技术的，应当遵循审慎和稳健原则，充分评估其潜在影响及可靠性。

技术应用具有两面性。新技术引发的新风险应得到关注，透明、治理和流程三条界线不应逾越。中国企业应探索新技术的正向价值，以解决社会、环境挑战，引领高科技时代的社会责任。特别是高科技公司，充分评估新技术应用产生的环境与社会影响，自评风险，并制定应对措施。其他企业需界定商业的公益性和公益的商业性，对互联网公益及公益营销项目做出风险评估。

基于以上 2021 年社会责任领域的十大发展方向，对于中国企业来说，需要重点关注的可归纳为三个方面：首先，需要密切关注包括国内、国际、农村和城市四个领域的政策动向，包括"十四五"规划的相关内容、可持续发展的中国故事、建立减贫的长效机制，以及垃圾分类与实现无废城市；其次，不能忽视气候变化和责任投资所带来的市场转型，包括如何应对气候变化、在 ESG 报告中披露量化的碳信息，以及如何用 ESG 评级来促进公司治理；最后，以 5G 为代表的高新技术变革，如何创新了与相关者沟通的方式、价值网内的责任延伸，以及新技术应用中可能遭遇的伦理挑战。

综上所述，在全球商界提出"从整体上全面加强对环境、社会和治理风险管控，并采取不同于以往的创新商业模式"① 之际，中国企业，无论是小

---

① 联合国秘书长古特雷斯在 2020 年 6 月 15 日联合国全球契约领导人峰会暨组织成立 20 周年庆典线上开幕时的讲话。

步疾行，还是稳中求进，都需要加快建立对外利他的社会责任意识，后发而先进。在中国企业中，迫切需要涌现出一批优秀的"ESG 动能企业"，并树立不同行业的全球"ESG 标杆"，从而创造出示范效应，让更多的中国企业看到益处，进而带动整个市场的文化和风气的转型。①

① 刘涛. 上市公司高质量发展离不开 ESG［R］. 每日经济新闻：美好商业，2020. http：∥www. nbd. com. cn∕articles∕2020 - 12 - 27∕1581544. html.

# 参考文献

［1］晁罡，袁品，段文，等．企业领导者的社会责任取向、企业社会表现和组织绩效的关系研究［J］．管理学报，2008（5）：445－453．

［2］陈润羊．作为承继的乡村振兴研究演化路径与未来展望［J］．云南农业大学学报（社会科学），2019（5）：12－19．

［3］陈煦江．企业社会责任战略选择效应——基于血铅电池事件研究［J］．中国人口、资源与环境，2014（2）：142－148．

［4］崔论之．大扶贫格局下企业扶贫的理论和实践研究——基于四川省的实证分析［D］．成都：四川省社会科学院，2015．

［5］费显政，李陈微，周舒华．一损俱损还是因祸得福？——企业社会责任声誉溢出效应研究［J］．管理世界，2010（4）：74－82＋98．

［6］冯雨露，邹伟珊．CSR 职业经理人调查报告［R］．北京：思盟企业社会责任促进中心和商道纵横，2020．

［7］龚天平，窦有菊．西方企业伦理与经济绩效关系的研究进展［J］．国外社会科学（京），2007（6）：36－42．

［8］郭沛源．金融投资促进可持续发展的理论与实践研究［D］．北京：清华大学，2006．

［9］郝云宏，唐茂林，王淑贤．企业社会责任的制度理性及行为逻辑：合法性视角［J］．商业经济与管理，2012（7）：74－81．

［10］贺雪峰．大国之基：中国乡村振兴诸问题［M］．北京：东方出版社，2019．

［11］吉利，王泰玮，魏静．企业社会责任"类保险"作用情境及机制［J］．会计与经济研究，2018（3）：21－37．

［12］纪光欣，刘小靖．社会创新国内研究述评［J］．中国石油大学学报（社会科学版），2014（30）：41－46．

［13］加强国有企业社会责任信息披露课题组．全球证券交易所力促

ESG 信息披露——基于 SSEI 伙伴交易所 ESG 指引的研究 [J]. WTO 经济导刊, 2018 (12): 31 - 33.

[14] 姜长云. 准确把握乡村振兴战略的内涵要义和规划精髓 [J]. 东岳论丛, 2018 (10): 25 - 33 + 191.

[15] 孔龙. 基于声誉视角的企业社会责任实施策略研究 [J]. 技术经济与管理研究, 2014 (9): 42 - 47.

[16] 孔龙, 张鲜华. 企业社会责任绩效与企业财务绩效相关性的实证分析——基于 A 股上市公司的经验证据 [J]. 中国海洋大学学报 (社会科学版), 2012 (4): 80 - 84.

[17] 孔祥利, 夏金梅. 乡村振兴战略与农村三产融合发展的价值逻辑关联及协同路径选择 [A]. 中华外国经济学说研究会发展经济学研究分会. 现代化经济体系与高质量发展——第十三届中华发展经济学年会会议论文摘要集 [C]. 中华外国经济学说研究会发展经济学研究分会: 中华外国经济学说研究会发展经济学研究分会, 2019: 1.

[18] 李纪明. 资源观视角下企业社会责任与企业绩效研究 [D]. 杭州: 浙江工商大学, 2009.

[19] 李培功, 醋卫华, 肖珉. 资本市场对缺陷产品的惩戒效应——基于我国汽车行业召回事件的研究 [J]. 经济管理. 2011 (4): 127 - 133.

[20] 李侠. 中国资本市场发展又一里程碑: A 股纳入 MSCI 新兴市场指数 [J]. 中国金融家, 2017 (7): 121 - 123.

[21] 黎友焕, 龚成威. 国内企业社会责任理论研究新进展 [J]. 西安电子科技大学学报 (社会科学版), 2009 (1): 5 - 19.

[22] 李延喜, 吴笛, 肖峰雷. 声誉理论研究述评 [J]. 管理评论, 2010 (10): 3 - 11.

[23] 李玉峰, 徐艾颖, 张馨茹. 食品安全事件后企业危机管理对消费者购买意向的影响 [J]. 现代管理科学, 2013 (12): 110 - 112.

[24] 刘波, 郭文娜. 社会责任投资: 观念的演化及界定 [J]. 软科学, 2009 (12): 45 - 49.

[25] 刘凤军, 李敬强, 李辉. 企业社会责任与品牌影响力关系的实证研究 [J]. 中国软科学, 2012 (1): 116 - 132.

[26] 刘建秋, 宋献中. 社会责任、信誉资本与企业价值创造 [J]. 财贸研究, 2010 (6): 33 - 138.

[27] 刘涛. 上市公司高质量发展离不开 ESG［EB/OL］. 每日经济新闻, 2020. https：//finance. ifeng. com/c/82Xtat460xM.

[28] 陆汉文, 等. 2016 年中国企业参与精准扶贫报告［R］. 北京：社会科学文献出版社, 2017.

[29] 罗布·范图尔德. 动荡时代的企业责任［M］. 刘雪涛, 曹娄娄, 姜静, 译. 北京：中国经济出版社, 2010.

[30] 齐宝鑫, 武亚军. 战略管理视角下利益相关者理论的回顾与发展前瞻［J］. 工业技术经济, 2018（2）：3 - 12.

[31] 商道纵横. 价值发现之旅——2011 中国企业可持续发展报告研究［R］. 北京：商道纵横, 2012.

[32] 沈红波, 谢越, 陈峥嵘. 企业的环境保护、社会责任及其市场效应——基于紫金矿业环境污染事件的案例研究［J］. 中国工业经济, 2012（1）：141 - 151.

[33] 沈洪涛, 王立彦, 万拓. 社会责任报告及鉴证能否传递有效信号?——基于企业声誉理论的分析［J］. 审计研究, 2011（4）：89 - 95.

[34] 史密斯·希特. 管理学中的伟大思想［M］. 北京：北京大学出版社, 2016.

[35] 苏醒. 透明度提升责任感 - CSR 报告能为中国企业带来什么?［EB/OL］. http：//www. 21cbh. com/HTML/2011 - 6 - 30/zNMTM4XzM0NzkzNQ. html, 2011 - 06 - 30/2012 - 06 - 28.

[36] 汤胜. 新时代、新思维、新体系、新榜单——2018 年南方周末中国企业社会责任榜解读［N］. 南方周末, 2019 - 01 - 17（8）.

[37] 肖红军. 中国企业社会责任发展中的六大悖论［J］. 国家电网, 2012（4）：107.

[38] 肖红军, 张哲. 企业社会责任悲观论的反思［J］. 管理学报, 2017（5）：720 - 729.

[39] 肖红军, 阳镇. 新中国 70 年企业与社会关系演变：进程、逻辑与前景［J］. 改革, 2019（6）：5 - 19.

[40] 徐强. 从 CSR1 到 CSR5：当代企业社会责任观的嬗变［J］. 企业改革与管理, 2016（21）：1 - 2.

[41] 万兰芳, 向德平. 中国减贫的范式演变与未来走向：从发展主义到福利治理［J］. 河海大学学报（哲学社会科学版）, 2018（2）：32 - 38, 90.

［42］汪旭晖，冯文琪，张杨．"化险为夷"还是"雪上加霜"？——负面网络口碑情境下零售企业社会责任行为对品牌权益的影响研究［J］．商业经济与管理，2015（7）：5-15.

［43］王立剑，代秀亮．2020年后我国农村贫困治理：新形势、新挑战、新战略、新模式［J］．社会政策研究，2018（4）：3-14.

［44］王永钦，刘思远，杜巨澜．信任品市场的竞争效应与传染效应：理论和基于中国食品行业的事件研究［J］．经济研究，2014（2）：141-154.

［45］魏江，邬爱其，彭雪蓉．中国战略管理研究：情境问题与理论前沿［J］．管理世界，2014（12）：167-171.

［46］吴晓燕，赵普兵．协同共治：乡村振兴中的政府、市场与农村社会［J］．云南大学学报（社会科学版），2019（5）：121-128.

［47］张海鹏，郜亮亮，闫坤．乡村振兴战略思想的理论渊源、主要创新和实现路径［J］．中国农村经济，2018（11）：2-16.

［48］张海心，丁栋虹，杜晶晶．社会责任负面事件对同行业企业是利是弊？——基于中国奶业的实证研究［J］．中国经济问题，2015（3）：38-48.

［49］张俊．一损俱损：食品安全，企业的社会责任及市场反应——以"塑化剂"事件为例［J］．财经论丛，2015（7）：66-74.

［50］张宪初．全球视角下的企业社会责任及对中国的启示［J］．中外法学，2008（1）：18-29.

［51］张鲜华．社会责任表现对企业声誉的影响研究——来自A股上市公司的经验数据［J］．兰州学刊，2012（12）：99-102.

［52］张鲜华．食品安全关键CSR议题的信息披露研究——基于食品行业上市公司网站的内容分析［J］．兰州商学院学报，2012（1）：76-82.

［53］张鲜华，孔龙．基于合规性的企业社会责任信息披露策略分析［J］．中国海洋大学学报（社会科学版），2014（4）：68-73.

［54］郑琴琴，陆亚东．"随波逐流"还是"战略选择"：企业社会责任的响应机制研究［J］．南开管理评论，2018（4）：169-181.

［55］周荣庭，解歆韵．"蜜蜂型企业"社会创新维度与模式研究［J］．科技进步与对策，2015，32（18）：93-97.

［56］周雪光．组织社会学十讲［M］．北京：社会科学文献出版社，2003.

［57］朱文忠. 企业社会责任的主要类型及其内涵［J］. 企业改革与管理, 2009 (5): 9 – 11.

［58］ABEYRATNE S A, MONFARED R P. Blockchain Ready Manufacturing Supply Chain Using Distributed Ledger［J］. International Journal of Research in Engineering and Technology, 2016, 5 (9): 1 – 10.

［59］ACCENTURE. A New Era of Sustainability［R］. UN Global Compact: Accenture CEO Study, 2010.

［60］AMAESHI K, ADEGBITE E, OGBECHIE C, IDEMUDIA U, KAN K A S, ISSA M, OBIANUJU I, ANAKWUE J. Corporate Social Responsibility in SMEs: A Shift from Philanthropy to Institutional Works［J］. Journal of Business Ethics, 2015, 138 (2): 385 – 400.

［61］AMEL-ZADEH A. Social Responsibility in Capital Markets: A Review and Framework of Theory and Empirical Evidence (2018). Available at SSRN: https: //ssrn. com/abstract = 2664547.

［62］ANSOFF H I. Corporate Strategy: An Analytic Approach to Business Policy for Growth and Expansion［M］. New York: Mc Graw-Hill, 1965.

［63］ARENA C, BOZZOLAN S. MICHELON G. Environmental Reporting: Transparency to Stakeholders or Stakeholder Manipulation? An Analysis of Disclosure Tone and The Role of The Board of Directors［J］. Corporate Social Responsibility and Environmental Management, 2015, 22 (6): 346 – 361.

［64］ARNIM W. Key Competencies in Sustainability: A Reference Framework for Academic Program Development［J］. Sustainability Science, 2011, 6 (2): 203 – 218.

［65］ARVIDSSON A, PEITERSEN N. The Ethical Economy. Rebuilding Value After the Crisis［M］. New York: Columbia University Press, 2013.

［66］ASHFORTH B E, GIBBS B W. The Double-Edge of Organizational Legitimating［J］. Organization Science, 1990, 1 (2): 177 – 194.

［67］AUER R, SCHUHMACHER F. Do Socially (Ir) Responsible Investments Pay? New Evidence from International ESG Data［J］. The Quarterly Review of Economics and Finance, 2016, 59 (2): 51 – 62.

［68］BADEN D A, HARWOOD I A, WOODWARD D G. The Effect of Buyer Pressure on Suppliers in SMEs To Demonstrate CSR Practices: An Added In-

centive or Counterproductive? ［J］European Management Journal, 2009 (6):
429 – 441.

［69］BAE J, CAMERON G T. Conditioning Effect of Prior Reputation on
Perception of Corporate Giving ［J］. Public Relations Review, 2006, 32 (2):
144 – 150.

［70］BALA K. Supply Chain Management: Some Issues and Challenges—A
Review ［J］. International Journal of Current Engineering and Technology, 2014,
4 (2): 946 – 953.

［71］BANERJEE S B. Critical Perspectives on Business and The Natural En-
vironment ［C］. The Oxford Handbook of Business and The Natural Environment.
Oxford: Oxford University Press, 2012.

［72］BARNETT M, R M SALOMON. Beyond Dichotomy: The Curvilinear
Relationship Between Social Responsibility and Financial ［J］. Strategic Manage-
ment Journal 2006, 27 (3): 1101 – 1122.

［73］BARNEY J. Firm Resources and Sustained Competitive Advantage
［J］. Journal of Management, 1991, 17 (1): 3 – 10.

［74］BARTLEY T. EGELS-ZANDéN, N. Beyond Decoupling: Unions and
The Leveraging of Corporate Social Responsibility in Indonesia ［J］. Socio-Econom-
ic Review, 2016, 14 (2): 231 – 255.

［75］BASSEN A, KOVACS M. Environmental, Social and Governance Key
Performance-Indicators from A Capital Market Perspective ［J］. Journal of Business
Ethics, 2008, 9 (2): 182 – 192.

［76］BAUER R, KOEDIJK KG, OTTEN R. International Evidence on Ethi-
cal Mutual Fund Performance and Investment Style ［J］. Journal of Banking and Fi-
nance, 2005 (29): 1751 – 1767.

［77］BAUMANN-PAULY D, WICKERT C, SPENCE L, SCHERER A G.
Organizing Corporate Social Responsibility in Small and Large Firms: Size Matters
［J］. Journal of Business Ethics, 2013, 115 (4): 693 – 705.

［78］BECK C, DUMAY J, FROST G. In Pursuit of A 'Single Source of
Truth': From Threatened Legitimacy to Integrated Reporting ［J］. Journal of Busi-
ness Ethics, 2017, 141 (1): 191 – 205.

［79］Bello, Z Y. Socially Responsible Investing and Portfolio Diversification

[J]. Journal of Financial Research, 2005 (28): 41 -57.

[80] BENKLER Y. The Wealth of Networks: How Social Production Transforms Markets and Freedom [M]. New Haven: Yale University Press, 2006.

[81] BÉNABOU R, TIROLE J. Individual and Corporate Social Responsibility [J]. Economica, 2010, 77 (305): 1 -19.

[82] BERGER-WALLISER G, SCOTT I. Redefining Corporate Social Responsibility in an Era of Globalization and Regulatory Hardening [J]. American Business Law Journal, 2018, 55 (1): 167 -218.

[83] BERNSTEIN S, CASHORE B. Can Non-State Global Governance Be Legitimate? An Analytical Framework [J]. Regulation & Governance, 2007, 1 (4): 347 -371.

[84] BESKE P, A LAND, S SEURING. Sustainable Supply Chain Management Practices and Dynamic Capabilities in The Food Industry: A Critical Analysis of The Literature [J]. International Journal of Production Economics, 2014 (152): 131 -143.

[85] BLASI S, CAPORIN M, FONTINI F. A Multidimensional Analysis of The Relationship Between Corporate Social Responsibility and Firms' Economic Performance [J]. Ecological Economics, 2018, 147 (5): 218 -229.

[86] BLÜHDORN I. Sustaining the Unsustainable: Symbolic Politics and The Politics of Simulation [J]. Environmental Politics, 2007, 16 (2): 251 -275.

[87] BOERMAN S C, VAN REIJMERSDAL E A, NEIJENS P C. Sponsorship Disclosure: Effects of Duration on Persuasion Knowledge and Brand Responses [J]. Journal of Communication, 2012, 62 (6): 1047 -1064.

[88] BORGERS A, J DERWALL, KOEDIJK K, HORST J. Stakeholder Relations and Stock Returns: On Errors in Investors' Expectations and Learning [J]. Journal of Empirical Finance, 2013, 22 (1): 159 -175.

[89] BOSTRÖM M, A M JÖNSSON, S LOCKIE, et al. Sustainable And Responsible Supply Chain Governance: Challenges and Opportunities [J]. Journal of Cleaner Production, 2015 (107): 1 -7.

[90] BOWEN F. Marking Their Own Homework: The Pragmatic and Moral Legitimacy of Industry Self-Regulation [J]. Journal of Business Ethics, 2017. DOI: 10. 1007/s10551 -017 -3635 -y.

［91］BROADHURST D, WATSON J, MARSHALL J. Ethical and Socially Responsible Investment ［M］. A Reference Guide for Researchers. München: Saur, 2003.

［92］BROWN N, DEEGAN C. The Public Disclosure of Environmental Performance Information: A Dual Test of Media Agenda Setting Theory and Legitimacy Theory ［J］. Accounting and Business Research. 1998, 29 (1): 21 - 41.

［93］BUDHIRAJA K, GUPTA M. The Practice of Corporate Social Responsibility in The Context of Rural Development in India ［J］. Mmu Journal of Management Practices, 2019, 10 (1): 1 - 7.

［94］BURLEA-SCHIOPOIU A, MIHAI L S. An Integrated Framework on The Sustainability of SMEs ［J］. Sustainability, 2019, 11 (21): 6026.

［95］BURNETT J J. A Strategic Approach to Managing Crises ［J］. Public Relations Review, 1998, 24 (4): 475 - 489.

［96］BUSH S R, TOONEN H, OOSTERVEER P. MOL A. P. J. The Devil's Triangle of MSC Certification: Balancing Credibility, Accessibility, And Continuous Improvement ［J］. Marine Policy, 2013, 37 (1): 288 - 293.

［97］CAMBELL J L. Why Would Corporations Behave in Socially Responsible Ways? — An Institutional Theory of Corporate Social Responsibility ［J］. Academy of Management Review, 2007 (3): 946 - 967.

［98］CAMPBELL D, CRAVEN B, SHRIVES P. Voluntary Social Reporting in Three FTSE Sectors: A Comment on Perception and Legitimacy ［J］. Accounting, Auditing and Accountability Journal, 2003, 16 (4): 558 - 581.

［99］CARTER C R, JENNINGS M M. Social Responsibility and Supply Chain Relationships ［J］. Transportation Research Part E: Logistics and Transportation Review, 2002, 38 (1): 37 - 52.

［100］CAMPBELL J. Asset Pricing at The Millennium ［J］. Journal of Finance, 2000, 55 (4): 1515 - 1567.

［101］CARROLL A B. A Three-Dimensional Model of Corporate Performance ［J］. Management Review, 1979, 4 (4): 497 - 505.

［102］CARROLL A B. Business & Society: Ethics and Stakeholder Management ［M］. Cincinnati, OH: South-Western Publishing, 1989.

［103］CARROLL A B. Corporate Social Responsibility-Evolution of A Definitional Construction [J]. Business and Society, 1999, 38 (3): 268 – 295.

[104] CARROLL A B, SHABANA K M. The Business Case for Corporate Social Responsibility: A Review of Concepts, Research and Practice [J]. International Journal of Management Reviews, 2010, 12 (1): 85 – 105.

[105] CARROLL C E, SABINE A. E. Disclosure alignment and transparency signaling in CSR reports [C]. Communication and language analysis in the corporate world. IGI Global, 2014: 249 – 270.

[106] CARTER C R, ROGERS D S. A Framework of Sustainable Supply Chain Management: Moving Toward New Theory [J]. International Journal of Physical Distribution Logistics Management, 2008, 38 (5 – 6): 360 – 387.

[107] CASSELLS S, LEWIS K. SMEs and Environmental Responsibility: Do Actions Reflect Attitudes? [J]. Corporate Social Responsibility and Environmental Management, 2011, 18 (3): 186 – 199.

[108] CHAHAL H, MISHRA S, RAINA S, SONI T. A Comprehensive Model of Business Social Responsibility (BSR) for Small Scale Enterprises in Indian Context [J]. Journal of Small Business and Enterprise Development, 2014, 21 (4): 716 – 739.

[109] CHAPPLE W, JEREMY M. Corporate Social Responsibility (CSR) In Asia: A Seven-Country Study of CSR Web Site Reporting [J]. Business & society, 2005, 44 (4): 415 – 441.

[110] CHATTERJI A K, DURAND R, LEVINE D. I, TOUBOUL S. Do Ratings of Firms Converge? Implications For Managers, Investors and Strategy Researchers [J]. Strategic Management Journal, 2016, 37 (8): 1597 – 1614.

[111] CHO C H, MICHELON G, PATTEN D. M, et al. CSR Disclosure: The More Things Change···? [J]. Accounting Auditing & Accountability Journal, 2015, 28 (1): 14 – 35.

[112] CHRISTENSEN L T, MORSING M, THYSSEN O. CSR as Aspirational Talk [J]. Organization, 2013, 20 (3): 372 – 393.

[113] CHURET C, ECCLES R G. Integrated Reporting, Quality of Management, And Financial Performance [J]. Journal of Applied Corporate Finance, 2014, 26 (1): 56 – 64.

[114] CLARKSON M E. A Stakeholder Framework for Analyzing and Evalua-

ting Corporate Social Performance [J]. Academy of Management Journal, 1995, 20 (1): 92 –118.

[115] CLARKSON M E. Defining, Evaluating, And Managing Corporate Social Performance: The Stakeholder Management Model [J]. Research in Corporate Social Performance and Policy, 1991, 12 (1): 331 –358.

[116] CLARKSON P M, YUE L, GORDON D R, FLORIN P V. Revisiting the Relation Between Environmental Performance and Environmental Disclosure: An Empirical Analysis [J]. Accounting, Organizations and Society, 2008 (33): 303 –327.

[117] COHEN S. Visions of Social Control: Crime, Punishment and Classification [M]. Cambridge: Polity Press, 1985.

[118] COLOVIC A, HENNERON S, HUETTINGER M, KAZLAUSKAITE R. Corporate Social Responsibility and SMEs [J]. European Business Review, 2019, 31 (5): 785 –810.

[119] CONTRACTOR F J. Global Leadership in An Era of Growing Nationalism, Protectionism, And Anti-Globalization [J]. Rutgers Business Review, 2017, 2 (2): 163 –185.

[120] COOMBS W T, HOLLADAY S J. Public Relations Strategy and Application: Managing Influence [M]. Oxford: Wiley-Blackwell, 2010.

[121] COOMBS W T. Protecting Organization Reputations During a Crisis: The Development and Application of Situational Crisis Communication Theory [J]. Corporate Reputation Review, 2007, 10 (3): 163 –177.

[122] COOMBS W T. The Protective Powers of Crisis Response Strategies: Managing Reputational Assets During a Crisis [J]. Journal of Promotion Management, 2006, 12 (3 –4): 241 –260.

[123] CORTINA J M, FOLGER R G. When Is It Acceptable to Accept a Null Hypothesis: No Way, Jose? [J]. Organizational Research Methods, 1998, 1 (3): 334 –350.

[124] CUGANESAN S, GUTHRIE J, WARD L. Examining CSR Disclosure Strategies Within the Australian Food and Beverage Industry [J]. Accounting Forum, 2010, 34 (3): 169 –183.

[125] DANDO N, SWIFT T. Transparency and Assurance: Minding the

Credibility Gap [J]. Journal of Business Ethics, 2003, 44 (2-3): 195-200.

[126] DAHLSRUD A. How Corporate Social Responsibility Is Defined: An Analysis of 37 Definitions [J]. Corporate Social Responsibility and Environmental Management, 2008, 15 (1): 1-13.

[127] DARCY C, HILL J, MCCABE T J, MCGOVERN P. A Consideration of Organizational Sustainability in The SME Context A Resource-Based View and Composite Model [J]. European Journal of Training and Development, 2014, 38 (5): 398-414.

[128] DAS M, RANGARAJAN K, DUTTA G. Corporate sustainability in SMEs: an Asian perspective [J]. Journal of Asia Business Studies, 2020.

[129] DAVIS K. Five Propositions for Social Responsibility [J]. Business Horizon, 1975, 18 (3): 19-24.

[130] DAWKINS J, LEWIS S. CSR in Stakeholder Expectations: And Their Implication for Company Strategy [J]. Journal of Business Ethics, 2003, 44 (2-3): 185-193.

[131] DEAN D H. Consumer Reaction to Negative Publicity: Effects of Corporate Reputation, Response, And Responsibility for A Crisis Event [J]. Journal of Business Communication, 2004, 41 (2): 192-211.

[132] DE BAKKER F, NIJHOF A. Responsible Chain Management: A Capability Assessment Framework [J]. Business Strategy and the Environment, 2002 (1): 63-75.

[133] DECI E L, KOESTNER R, RYAN R M. A Meta-Analytic Review of Experiments Examining the Effects of Extrinsic Rewards on Intrinsic Motivation [J]. Psychological Bulletin, 1999, 125 (6): 627-668.

[134] DE COLLE S, YORK J. Why Wine Is Not Glue? The Unresolved Problem of Negative Screening in Socially Responsible Investing [J]. Journal of Business Ethics, 2009, 85 (suppl.): 83-95.

[135] DÉROCHE G, BIRGIT P. An Analysis of Best Practice Patterns for Corporate Social Responsibility in Top IT Companies [J]. Technologies, 2018, 6 (3): 76.

[136] DERWALL J, GUENSTER N, BAUER R, KOEDIJK K. The Eco-Efficiency Premium Puzzle [J]. Financial Analyst Journal, 2005, 61 (2): 51-

63.

[137] De Villiers C, Rinaldi L, Unerman J. Integrated Reporting: Insights, Gaps and An Agenda for Future Research. Accounting [J]. Auditing & Accountability Journal, 2014, 27 (7): 1042 – 1067.

[138] DEVIN B. Half-Truths and Dirty Secrets: Omissions in CSR Communication [J]. Public Relations Review, 2016, 42 (1): 226 – 228.

[139] DIETERICH U, AULD G. Moving Beyond Commitments: Creating Durable Change Through the Implementation of Asia Pulp and Paper's Forest Conservation Policy [J]. Journal of Cleaner Production, 2015, 107 ( Nov. 16 ): 54 – 63.

[140] DIMSON E, KARAKAŞ O, LI X. Active ownership [J]. Review of Financial Studies, 2015 (12): 3225 – 3268.

[141] DONALDSON L, DAVIS. J. Stewardship Theory or Agency Theory: CEO Governance and Shareholder Returns [J]. Australian Journal of Management, 1991, 16 (1): 49 – 64.

[142] DRAKE M J, SCHLACHTER J T. A Virtue-Ethics Analysis of Supply Chain Collaboration [J]. Journal of Business Ethics, 2008, 82 (4): 851 – 864.

[143] DRUCKER P F. The Daily Drucker [M]. New York: Harper Collins, 2009.

[144] DU S, BHATTACHARYA C. B, SEN S. Maximizing Business Returns to Corporate Social Responsibility (CSR): The Role of CSR Communication [J]. International Journal of Management Reviews, 2010, 12 (1): 8 – 19.

[145] EBERLE D, BERENS G, LI T. The Impact of Interactive Corporate Social Responsibility Communication on Corporate Reputation [J]. Journal of Business Ethics, 2013, 118 (4): 731 – 746.

[146] ECCLES R G, KRZUS M P, ROGERS J, SERAFEIM G. The Need for Sector-Specific Materiality and Sustainability Reporting Standards [J]. Journal of Appl. Corporate Finance, 2012 (24): 65 – 71.

[147] ECCLES R G, I IOANNOU, G SERAFEIM. The Impact of Corporate Sustainability on Organizational Processes and Performance [J]. Management Science, 2014, 60 (11): 2835 – 2857.

[148] EDMANS A. Does The Stock Market Fully Value Intangibles? Employ-

ee Satisfaction and Equity Prices [J]. Journal of Financial Economics 2011, 101 (3): 621 – 640.

[149] EGELS-ZANDÉN N, LINDHOLM H. Do Codes of Conduct Improve Worker Rights in Supply Chains? A Study of Fair Wear Foundation [J]. Journal of Cleaner Production, 2015, 107 (Nov. 16): 31 – 40.

[150] EILBIRT H, PARKET I R. The Corporate Responsibility Officer: A New Position on The Organization Chart [J]. Business Horizons, 1973, 16 (1): 45 – 51.

[151] ELLEN P S, WEBB D J, MOHR L A. Building Corporate Associations: Consumer Attributions for Corporate Socially Responsible Programs [J]. Journal of the Academy of Marketing Science, 2006, 34 (2): 147 – 157.

[152] ELMS H. Corporate (and Stakeholder) Responsibility in Central and Eastern Europe [J]. International Journal of Emerging Markets, 2006, 1 (3): 203 – 211.

[153] ESCRIG-OLMEDO E., MUÑOZ-TORRES M. J., & FERNANDEZ-IZQUIERDO M A. Socially Responsible Investing: Sustainability Indices, ESG Rating and Information Provider Agencies [J]. International Journal of Sustainable Economy, 2010, 2 (4): 442 – 461.

[154] EVANS N. SAWYER J. CSR and Stakeholders of Small Businesses in Regional South Australia [J]. Social Responsibility Journal, 2010, 6 (3): 433 – 451.

[155] FABIG H, BOELE R. The Changing Nature of NGO Activity in A Globalizing World: Pushing the Corporate Responsibility Agenda [J]. IDS Bulletin, 1999, 30 (3): 58 – 67.

[156] FERNANDEZ-FEIJOO B, ROMERO S, RUIZ S. Effect of Stakeholders' Pressure on Transparency of Sustainability Reports within the GRI Framework [J]. Journal of Business Ethics, 2014, 122 (1): 53 – 63.

[157] Flamholtz E G. On the Use of the Economic Concept of Human Capital in Financial Statements: A Comment [J]. The Accounting Review, 1972, 47 (1): 148 – 152.

[158] FORTE A. Corporate Social Responsibility in The United States and Europe: How Important Is It? The Future of Corporate Social Responsibility [J].

International Business & Economics Research Journal (IBER), 2013, 12 (7): 815 – 824.

[159] FREEMAN R E. Strategic Management: A Stakeholder Approach [M]. Boston, MA: Pitman Publishing, 1984.

[160] FREEMAN R E, DMYTRIYEV S. Corporate Social Responsibility and Stakeholder Theory: Learning From Each Other [J]. Symphonya. Emerging Issues in Management, 2017 (1): 7 – 15.

[161] FREEMAN E, MOUTCHNIK A. Stakeholder Management And CSR: Questions and Answers [J]. Uwf Umweltwirtschaftsforum, 2013, 21 (1 – 2): 5 – 9.

[162] FREY B S, JEGEN R. Motivation Crowding Theory [J]. Journal of Economic Surveys, 2001, 5 (5): 589 – 611.

[163] FRIEDMAN M. Capitalism and Freedom [M]. Chicago: University of Chicago Press, 1962.

[164] FRIEDMAN R S, FORSTER J. The Effects of Promotion and Prevention Cues on Creativity [J]. Journal of Personality and Social Psychology, 2001, 81 (6): 1001.

[165] FREIDMAN T. The World Is Flat [M]. New York: Farrar, Straus, and Giroux, 2005.

[166] FRIESTAD M, WRIGHT P. The Persuasion Knowledge Model: How People Cope with Persuasion Attempts [J]. Journal of Consumer Research, 1994, 21 (1): 1 – 31.

[167] FROSTENSON M, PRENKERT F. Sustainable Supply Chain Management When Focal Firms Are Complex: A Network Perspective [J]. Journal of Cleaner Production, 2015, 107 (Nov. 16): 85 – 94.

[168] GALBREATH J. Corporate Social Responsibility Strategy: Strategic Options, Global Considerations [J]. Corporate Governance, 2006, 6 (2): 175 – 187.

[169] GODDARD J U, GLASS J, DAINTY A, NICHOLSON I. Implementing Sustainability in Small and Medium-Sized Construction Firms: The Role of Absorptive Capacity [J]. Engineering, Construction and Architectural Management, 2016 (4): 407 – 427.

［170］GODFREY P C, MERRILL C B. HANSEN J M. The Relationship Between Corporate Social Responsibility and Shareholder Value: An Empirical Test of The Risk Management Hypothesis ［J］. Strategic Management Journal, 2009, 30 (4): 425 – 445.

［171］GOINS S, GRUCA T S. Understanding Competitive and Contagion Effects of Layoff Announcements ［J］. Corporate Reputation Review, 2008, 11 (1): 12 – 34.

［172］GORB P. Robert Owen as a businessman ［J］. Bulletin of the Business Historical Society, 1951, 25 (3): 127 – 148.

［173］GORDON A. The Evolution of Labor Relations in Japan: Heavy Industry, 1853 – 1955 ［M］. Cambridge, MA: Harvard University Press, 1985.

［174］GRAAFLAND J J, EIJFFINGER S C W, SMID H. Benchmarking of Corporate Social Responsibility: Methodological Problems and Robustness ［J］. Journal of Business Ethics, 2004, 53 (1/2): 137 – 152.

［175］GREGORY J, JULIA B, EMMA A, DANIEL K, JETTE S K. Mandatory Non-Financial Disclosure, And Its Influence on CSR: An International Comparison ［J］. Journal of Business Ethics, 2020, 162 (2): 323 – 342.

［176］HAB F B. Concept of Corporate Social Responsibility in Strategies of SMEs ［J］. Club of Economics in Miskolc TMP, 2016, 12 (1): 19 – 26.

［177］HABEK P, WOLNIAK R. Assessing the Quality of Corporate Social Responsibility Reports: The Case of Reporting Practices in Selected European Union Member States ［J］. Quality & quantity, 2016, 50 (1): 399 – 420.

［178］HAM C D, KIM J. The Effects of CSR Communication in Corporate Crises: Examining the Role of Dispositional and Situational CSR Skepticism in Context ［J］. Public Relations Review, 2020 (2): 101792.

［179］HANDELMAN J M, ARNOLD S T. The Role of Marketing Actions with A Social Dimension: Appeals to The Institutional Environment ［J］. Journal of Marketing, 1999, 63 (3): 33 – 48.

［180］HARON H, ISMAIL I, ODA S. Ethics, Corporate Social Responsibility, And the Use of Advisory Services Provided by SMEs: Lessons Learnt from Japan ［J］. Asian Academy of Management Journal, 2015, 20 (1): 71 – 100.

［181］HASAN M N. Measuring and Understanding the Engagement of Bangladeshi SMEs with Sustainable and Socially Responsible Business Practices: An ISO 26000 Perspective [J]. Social Responsibility Journal, 2016, 12 (3): 584 –610.

[182] HAZEN B T, BOONE C A, EZELL J D, JONES-FARMER L A. Data Quality for Data Science, Predictive Analytics, And Big Data in Supply Chain Management: An Introduction to The Problem and Suggestions for Research and Applications [J]. International Journal of Production Economics, 2014, 154 (8): 72 –80.

[183] HEIDER F. The Psychology of Interpersonal Relations [M]. New York: Wiley, 1958.

[184] HELIN S, BABRI M. Travelling with A Code of Ethics: A Contextual Study of a Swedish MNC Auditing a Chinese Supplier [J]. Journal of Cleaner Production, 2015 (107): 41 –53.

[185] HEMINGWAY C A, MACLAGAN P W. Managers' Personal Values as Drivers of Corporate Social Responsibility [J]. Journal of Business Ethics, 2004, 50 (1): 33 –44.

[186] HEMPHILL T A, LAURENCE G A. Employee Social Responsibility: A Missing Component in The ISI 26000 Social Responsibility Standard [J]. Business Social Review, 2018, 123 (1): 59 –81.

[187] HIRSCHMEIER J. The Japanese Spirit of Enterprise, 1867 – 1970 [J]. Business History Review, 1970, 44 (1): 13 –38.

[188] HOFFERBERTH M. The Binding Dynamics of Non-Binding Governance Arrangements. The Voluntary Principles on Security and Human Rights and The Cases of BP and Chevron [J]. Business and Politics, 2011, 13 (4): 1 – 30.

[189] HOEJMOSE S U, ADRIEN-KIRBY A J. Socially and Environmentally Responsible Procurement: A Literature Review and Future Research Agenda of a Managerial Issue in the 21st Century [J]. Journal of Purchasing and Supply Management, 2012, 18 (4): 232 –242.

[190] HONG S Y, RIM H. The Influence of Customer Use of Corporate Websites: Corporate Social Responsibility, Trust, And Word-Of-Mouth Communication [J]. Public Relations Review, 2010, 36 (4): 389 –391.

[191] HUESEMANN M, HUESEMANN J. Techno-Fix: Why Technology Will Not Save Us or The Environment [M]. Gabriola Island: New Society Publishers, 2011.

[192] HUMMEL K, SCHLICK C. The Relationship Between Sustainability Performance and Sustainability Disclosure-Reconciling Voluntary Disclosure Theory and Legitimacy Theory [J]. Journal of Accounting and Public Policy, 2016, 35 (5): 455 –476.

[193] JAMMULAMADAKA N. The Responsibility of Corporate Social Responsibility in SMEs [J]. International Journal of Organizational Analysis, 2013, 21 (3): 385 –395.

[194] JAWAHAR I M, MCLAUGHLIN G L. Toward A Descriptive Stakeholder Theory: An Organization Life Cycle Approach [J]. Academy of Management Review, 2001, 26 (3): 397 –414.

[195] JENSEN M C, MECKLING W H. Theory of The Firm: Managerial Behavior, Agency Costs and Ownership Structure [J]. Journal of Financial Economics, 1976 (4): 305 –360.

[196] JONES P, COMFORT D & HILLIER D. Corporate Social Responsibility and Marketing Communications Within Stores: A Case Study of U. K. Food Retailers [J]. Journal of Food Products Marketing, 2008, 14 (4): 109 –119.

[197] JONES T M. Instrumental Stakeholder Theory: A Synthesis of Ethics and Economics [J]. Academy of Management Review, 1995, 20 (2): 404 –437.

[198] JUNIOR R M, BEST P J, COTTER J. Sustainability Reporting and Assurance: A Historical Analysis on A World-Wide Phenomenon [J]. Journal of Business Ethics, 2014, 120 (1): 1 –11.

[199] JUSTYNA S, SEBASTIAN S. Implementation of CSR Concept in Manufacturing SMEs [J]. Management, 2014, 18 (1): 71 –82.

[200] KALER J. Differentiating stakeholder theories [J]. Journal of Business Ethics, 2003, 46 (1): 71 –83.

[201] KALER J. Evaluating Stakeholder Theory [J]. Journal of Business Ethics, 2006, 69 (3): 249 –268.

[202] KALER J. Morality and Strategy in Stakeholder Identification [J].

Journal of Business Ethics, 2002, 39 (1 – 2): 91 – 100.

[203] KANTER R M. Global Competitiveness Revisited [J]. Washington Quarterly, 1999, 22 (2): 37 – 58.

[204] KAPLAN A M, HAENLEIN M. Users of The World, Unite! The Challenges and Opportunities of Social Media [J]. Business Horizons, 2010, 53 (1): 59 – 68.

[205] KELL G, LEVIN D. The Global Compact Network: An Historic Experiment in Learning and Action [J]. Business and society review, 2003, 108 (2): 151 – 181.

[206] KENT M L, TAYLOR M. Toward A Dialogic Theory of Public Relations [J]. Public Relations Review, 2002, 28 (1): 21 – 37.

[207] KHAN M, G SERAFEIM, A YOON. Corporate Sustainability: First Evidence on Materiality [J]. The Accounting Review, 2016, 91 (6): 1697 – 1724.

[208] KIM C H, AMAESHI K, HARRIS S, SUH C J. CSR and the National Institutional Context: The Case of South Korea [J]. Journal of Business Research, 2013, 66 (12): 2581 – 2591.

[209] KIM J, KIM H, CAMERON G T. Making Nice May Not Matter: The Interplay of Crisis Type, Response Type and Crisis Issue on Perceived Organizational Responsibility [J]. Public Relations Review, 2009, 35 (1): 86 – 88.

[210] KIM M, PARK H. W. Measuring Twitter-Based Political Participation and Deliberation in The South Korean Context by Using Social Network and Triple Helix Indicators [J]. Scientometrics, 2012, 90 (1): 121 – 140.

[211] KIM S. Corporate Ability or Virtue? Relative Effectiveness of Prior Corporate Associations in Times of Crisis [J]. International Journal of Strategic Communication, 2013, 7 (4): 241 – 256.

[212] KIM S, CHOI S M. Congruence Effects in Post-Crisis CSR Communication: The Mediating Role of Attribution of Corporate Motives [J]. Journal of Business Ethics, 2018, 153 (2): 447 – 463.

[213] KIM Y H, DAVIS G F. Challenges for Global Supply Chain Sustainability: Evidence from Conflict Minerals Reports [J]. Academy of Management Journal, 2016, 59 (6): 1896 – 1916.

[214] KIRON D, UNRUH G, REEVES M, KRUSCHWITZ N, RUBEL H, & ZUMFELDE A M. CORPORATE SUSTAINABILITY AT A CROSSROADS [J]. MIT Sloan Management Review, 2017, 58 (4).

[215] KOCMANOVÁ A, ŠIMBEROVÁ I. Determination of environmental, social, and corporate governance indicators: framework in the measurement of sustainable performance [J]. Journal of Business Economics and Management, 2014, 15 (5): 1017 – 1033.

[216] KREBS C J. The Ecological World View [M]. California: Berkeley University of California Press, 2008.

[217] KUO L, CHIN-CHEN Y, HUI-C Y. Disclosure of Corporate Social Responsibility and Environmental Management: Evidence from China [J]. Corporate Social Responsibility and Environmental Management, 2012, 19 (5): 273 – 287.

[218] LADZANI M W, SEELETSE S M. Business Social Responsibility: How Are SMEs Doing in Gauteng, South Africa [J]. Social Responsibility Journal, 2012, 8 (1): 87 – 99.

[219] LANGWELL C, HEATON D. Using Human Resource Activities to Implement Sustainability in SMEs [J]. Journal of Small Business and Enterprise Development, 2016, 23 (3): 652 – 670.

[220] LAPLUME A O, SONPAR K, LITZ R A. Stakeholder Theory: Reviewing A Theory That Moves Us [J]. Journal of Management, 2008, 34 (6): 1152 – 1189.

[221] LEE H Y, KWAK D W, PARK J Y. Corporate Social Responsibility in Supply Chains of Small and Medium-Sized Enterprises [J]. Corporate Social Responsibility and Environmental Management, 2017, 24 (6): 634 – 647.

[222] LEE J, GRAVES S B, WADDOCK S. Doing Good Does Not Preclude Doing Well: Corporate Responsibility and Financial Performance [J]. Social Responsibility Journal, 2018.

[223] LEE MIN-DONG PAUL. A Review of The Theories of Corporate Social Responsibility: Its Evolutionary Path and The Road Ahead [J]. International Journal of Management Reviews, 2008, 10 (1): 53 – 73.

[224] LEVY H. Equilibrium in An Imperfect Market: A Constraint on The

Number of Securities in The Portfolio［J］. American Economic Review，1978，68（4）：643 –658.

［225］LI D. LIN H，YANG Y W. Does The Stakeholders-Corporate Social Responsibility（CSR）Relationship Exist in Emerging Countries? Evidence from China［J］. Social Responsibility Journal，2016（1）：147 –166.

［226］LINDBLOM C K. The Implications of Organizational Legitimacy for Corporate Social Performance and Disclosure［C］. Critical Perspectives on Accounting Conference，New York，1994.

［227］LIU Y S，LI Y H. Revitalize the World's Countryside［J］. Nature，2017（548：7667）：275 –277.

［228］LONDON STOCK EXCHANGE GROUP. Revealing the Full Picture. Your Guide to ESG Reporting-Guidance for Issuers on the Integration of ESG into Investor Reporting and Communication［R］. London，2017.

［229］LOVE E G，KRAATZ M. Character，Conformity，Or the Bottom Line? How And Why Downsizing Affected Corporate Reputation［J］. Academy of Management Journal，2009，52（2）：314 –335.

［230］MACNEIL I，LI X. Comply or Explain：Market Discipline and Non-Compliance with The Combined Code［J］. Corporate Governance：An International Review 2006，14（5）：486 –496.

［231］LYON T P，MONTGOMERY A W. Tweetjacked：The impact of social media on corporate greenwashes［J］. Journal of business ethics，2013，118（4）：747 –757.

［232］MAIGNAN I，HILLEBRAND B，MCALISTER D. Managing Socially Responsible Buying：How to Integrate Non-Economic Criteria into The Purchasing Process［J］. European Management Journal，2002，20（6）：641 –648.

［233］MARGOLIS J D，ELFENBEIN H A，WALSH，J. P. Does It Pay to Be Good? A Meta-Analysis and Redirection of Research on The Relationship Between Corporate Social and Financial Performance［C］. Paper presentation at the Academy of Management Meetings，Philadelphia，PA，2007.

［234］MARKOPOULOS E，KIRANE I S，GANN E L，VANHARANTA H. A Democratic，Green Ocean Management Framework for Environmental，Social and Governance（ESG）Compliance［C］. In International Conference on Human

Interaction and Emerging Technologies. Springer, Cham: 2020.

[235] MAROUN W. A Conceptual Model for Understanding Corporate Social Responsibility Assurance Practice [J]. Journal of Business Ethics, 2020, 161 (1): 187 – 209.

[236] MAROUN W, ATKINS J. The Challenges of Assuring Integrated Reports: Views from The South African Auditing Community [R]. London: The Association of Chartered Certified Accountants, 2015.

[237] MATTHEW H J, JOHNSON P S. Implementation of Sustainability Management and Company Size: Acknowledge-Based View [J]. Business Strategy and the Environment, 2015, 24 (8): 765 – 779.

[238] MAYER F, GARY G. Regulation and Economic Globalization: Prospects and Limits of Private Governance [J]. Business and Politics 2010, 12 (3): 1 – 25.

[239] MCWILLIAMS A, DONALD S. Profit Maximizing Corporate Social Responsibility [J]. Academy of Management Review, 2001, 26 (4): 504 – 505.

[240] MEYER J W, ROWAN B. Institutionalized Organizations: Formal Structure as Myth and Ceremony [J]. American Journal of Sociology, 1977, 83 (2): 340 – 363.

[241] MICHAEL B, JEDRZEJ F G. Setting New Agendas: Critical Perspectives on Corporate Social Responsibility in The Developing World [J]. International Affairs, 2005, 81 (3): 499 – 513.

[242] MICHELON G, ANTONIO P. The Effect of Corporate Governance on Sustainability Disclosure [J]. Journal of management & governance, 2012, 16 (3): 477 – 509.

[243] MICHELON G, PILONATO S, RICCERI F. CSR Reporting Practices and The Quality of Disclosure: An Empirical Analysis [J]. Critical Perspectives on Accounting, 2015 (33): 59 – 78.

[244] MICKELS A. Beyond Corporate Social Responsibility: Reconciling the Ideals of a For-Benefit Corporation with Director Fiduciary Duties in The US and Europe [J]. Hastings International & Comparative Law Review, 2009 (32): 271 – 303.

［245］MICHELSON G, WAILES N, VAN DER LAAN S, FROST G. Ethical Investment Processes and Outcomes ［J］. Journal of Business Ethics, 2004, 52 (1): 1 – 10.

［246］MIGUEL A, STIJN S, GUIDO VAN H. Corporate Social Responsibility Applied for Rural Development: An Empirical Analysis of Firms from The American Continent ［J］. Sustainability, 2016 (8): 102.

［247］MILES S. Stakeholder Theory Classification: A Theoretical and Empirical Evaluation of Definitions ［J］. Journal of Business Ethics, 2017, 142 (3): 437 – 459.

［248］MITCHELL R K, AGLE B R, WOOD D J. Towards A Theory of Stakeholder Identification and Salience: Defining the Principle of Who and What Really Counts ［J］. Academy of Management Review, 1997 (22): 853 – 886.

［249］MOHAN A. Corporate Citizenship: Perspectives from India ［J］. Journal of Corporate Citizenship, 2001 (2): 107 – 117.

［250］MOHAN L. Integration of CSR Strategy Model in Organizations ［J］. International Journal of Innovative Technology and Exploring Engineering, 2019 (12S): 796 – 801.

［251］MORIMOTO R, ASH J, HOPE C. Corporate Social Responsibility Audit: From Theory to Practice ［J］. Journal of Business Ethics, 2005, 62 (4): 315 – 325.

［252］MORSING M, SPENCE L J. Corporate Social Responsibility (CSR) Communication and Small and Medium Sized Enterprises: The Governmentality Dilemma of Explicit and Implicit CSR Communication ［J］. Human Relations, 2019, 72 (12): 1920 – 1947.

［253］MUROTA Y. Culture and The Environment in Japan ［J］. Environmental Management, 1985, 9 (2): 105 – 112.

［254］MURPHY P R, POIST R F. Socially Responsible Logistics: An Exploratory Study ［J］. Transportation Journal, 2002 (41): 23 – 36.

［255］MYLAN J, GEELS F W, GEE S, MCMEEKIN A, FOSTER C. Eco-Innovation and Retailers in Milk, Beef and Bread Chains: Enriching Environmental Supply Chain Management with Insights from Innovation Studies ［J］. Journal of Cleaner Production, 2015 (107): 20 – 30.

[256] NEJATI M, AMRAN A. Corporate Social Responsibility and SMEs: Exploratory Study on Motivations from A Malaysian Perspective [J]. Business Strategy Series, 2009, 10 (5): 259 – 265.

[257] NEVEROV A, DAVYDENKOVA E. Social Responsibility of Organizations of Small and Medium Business in Russia [J]. Vestnik of the Russian University of Friendship of Peoples, 2016, 16 (1): 130 – 140.

[258] NICHOLAS D E. SAP Ariba's Platform Strategy [R]. CIO, 2018.

[259] NORONHA C, TOU S, CYNTHIA M I, GUAN J J. Corporate Social Responsibility Reporting in China: An Overview and Comparison with Major Trends [J]. Corporate Social Responsibility and Environmental Management, 2013, 20 (1): 29 – 42.

[260] NORRIS G, BRENDAN O. Motivating Socially Responsive Decision Making: The Operation of Management Controls in A Socially Responsive Organization [J]. The British Accounting Review 2004, 36 (2): 173 – 196.

[261] NYBAKK E, PANWAR R. Understanding Instrumental Motivations for Social Responsibility Engagement in A Micro-fiRm Context [J]. Business Ethics: A European Review, 2015, 24 (1): 18 – 33.

[262] OBERMILLER C, SPANGENBERG E. Development of A Scale to Measure Consumer Skepticism Toward Advertising [J]. Journal of Consumer Psychology, 1998, 7 (2): 159 – 186.

[263] O'DONOVAN G. Environmental Disclosures in The Annual Report: Extending the Applicability and Predictive Power of Legitimacy Theory [J]. Accounting, Auditing and Accountability Journal, 2002, 15 (3): 344 – 371.

[264] O'DWYER B. The case of sustainability assurance: Constructing a new assurance service [J]. Contemporary Accounting Research, 2011, 28 (4): 1230 – 1266.

[265] ONYIDO T B C, BOYD D, THURAIRAJAH N. Developing SMEs as Environmental Businesses [J]. Construction Innovation, 2016, 16 (1): 30 – 45.

[266] OSAGIE E R, WESSELINK R, BLOK V, LANS T, MULDER M. Individual Competencies for Corporate Social Responsibility: A Literature and Practice Perspective [J]. Journal of Business Ethics, 2016, 135 (2): 233 – 252.

[267] PEARSON R. Beyond Ethical Relativism in Public Relations: Co-ori-

entation, Rules, And the Idea of Communication Symmetry [J]. Journal of Public Relations Research, 1989, 1 (1 – 4): 67 – 86.

[268] PENROSE E T. The Theory of The Growth of The Firm [M]. Oxford: Oxford University Press, 1959.

[269] PENG L, W XIONG. Investor Attention, Overconfidence and Category Learning [J]. Journal of Financial Economics 2006, 80 (3): 563 – 602.

[270] PRAHALAD C K. The Role of Core Competencies in the Corporation [J]. Research Technology Management, 1993 (6): 40 – 47.

[271] PFARRER M D, DECELLES K A, SMITH K G, TAYLOR M S. After The Fall: Reintegrating the Corrupt Organization [J]. Academy of Management Review, 2008, 33 (3): 730 – 749.

[272] PIRNEA I C, OLARU M, ANGHELUTA T. Study on The Impact on Promoting Social Responsibility in Business Performance for SMEs [J]. Economy Trans disciplinarity Cognition, 2012, 15 (1): 203 – 212.

[273] PIRSCH J, GUPTA S, GRAU S L. A Framework for Understanding Corporate Social Responsibility Programs as A Continuum: An Exploratory Study [J]. Journal of Business Ethics, 2007, 70 (2): 125 – 140.

[274] PONTE S, GIBBON P, VESTERGAARD J. Governing Through Standards: Origins, Drivers and Limitations [M]. New York: Palgrave Macmillan, 2011.

[275] POPOWSKA M M. CSR and Small Business from The International and National Perspective [J]. Social Responsibility of Organizations, Directions of Changes, 2015, 30 (387): 443 – 444.

[276] POPPO L, SCHEPKER D J. Repairing Public Trust in Organizations [J]. Corporate Reputation Review, 2010, 13 (2): 124 – 141.

[277] PORTER M E, KRAMER M R. Strategy & Society: The Link Between Competitive Advantage and Corporate Social Responsibility [J]. Harvard Business Review, 2006, 84 (12): 76 – 93.

[278] PRAHALAD, C K. The Fortune at The Bottom of The Pyramid: Eradicating Poverty with Profits [M]. Philadelphia: Wharton Business Publishing, 2004.

[279] QUALMAN E. Socialnomics: How Social Media Transforms the Way

We Live and Do Business [M]. Hoboken: Wiley, 2010.

[280] RAWLINS B. Give the Emperor A Mirror: Toward Developing a Stakeholder Measurement of Organizational Transparency [J]. Journal of Public Relations Research, 2008, 20 (1): 71 –99.

[281] RAYNARD P, FORSTATER M. Corporate Social Responsibility: Implications for Small and Medium Enterprises in Developing Countries [R]. Geneva: UNIDO, 2002.

[282] RENNEBOOG L, J. TER HORST, C. ZHANG. The Price of Ethics and Stakeholder Governance: The Performance of Socially Responsible Mutual Funds [J]. Journal of Corporate Finance, 2008, 14 (3): 302 –322.

[283] RIBEIRO S D, WAGNER M E, ALVES H, et al. A Model for Stakeholder Classification and Stakeholder Relationships [J]. Management Decision, 2013, 50 (10): 1861 –1879.

[284] RIM H, KIM J, DONG C. A Cross-National Comparison of Transparency Signaling in Corporate Social Responsibility Reporting: The United States, South Korea, and China Cases [J]. Corporate Social Responsibility and Environmental Management, 2019, 26 (6): 1517 –1529.

[285] RITVALA T, SALMI A, ANDERSSON P. MNCs and Local Cross-Sector Partnerships: The Case of a Smarter Baltic-sea [J]. International Business Review, 2014, 23 (5): 942 –951.

[286] ROBERTS R W. Determinants of Corporate Social Responsibility Disclosure, Accounting, Organizations and Society [J]. 1992, 17 (6): 595 –612.

[287] ROWLEY T, BERMAN S A. Brand-New Brand of Corporate Social Performance [J]. Business & Society, 2000, 39 (4): 397 –418.

[288] ROXAS B, CHADEE D. Environmental Sustainability Orientation and Financial Resources of Small Manufacturing Firms in The Philippines [J]. Social Responsibility Journal, 2012, 8 (2): 208 –226.

[289] ROZENDAAL E, OPREE S, BUIJZEN M. Development of Validation of a Survey Instrument to Measure Children's Advertising Literacy [J]. Media Psychology, 2016, 19 (1): 72 –100.

[290] ROZENDAAL E, SLOT N, VAN REIJMERSDAL E A. BUIJZEN M.

Children's Responses to Advertising in Social Games [J]. Journal of Advertising, 2013, 42 (2 – 3): 142 – 154.

[291] RUGGIE J G. Reconstituting the Global Public Domain—Issues, Actors, And Practices [J]. European Journal of International Relations, 2004, 10 (4): 499 – 531.

[292] SAEED M, ARSHAD F. Corporate Social Responsibility as A Source of Competitive Advantage: The Mediating Role of Social Capital and Reputational Capital [J]. Database Marketing & Customer Strategy Management, 2012, 19 (4): 219 – 232.

[293] SAID-ALLSOPP M, TALLONTIRE A. Pathways to Empowerment? Dynamics Of Women's Participation in Global Value Chains [J]. Journal of Cleaner Production, 2015, 107 (Nov. 16): 114 – 121.

[294] SALCIUVIENE L, HOPENIENE R, DOVALIENE A. Perceived Corporate Social Responsibility and Its Implementation in Practice: The Case of Lithuanian Small and Medium-Sized Enterprises [J]. Engineering Economics, 2016, 27 (4): 479 – 490.

[295] SCHELTEMA M W. Assessing Effectiveness of International Private Regulation in The CSR Arena [J]. Richmond Journal of Global Law & Business, 2014 (13): 263 – 375.

[296] SCHMIEMANN M. Enterprises by Size Class-Overview of SMEs in the EU [R]. EU, 2008.

[297] SCHREMPF-STIRLING J, WETTSTEIN F. Beyond Guilty Verdicts: Human Rights Litigation and Its Impact on Corporations' Human Rights Policies [J]. Journal of Business Ethics, 2017, 145 (3): 545 – 562.

[298] SCHULTZ F, UTZ S, GORITZ A. Is The Medium the Message? Perceptions Of and Reactions to Crisis Communication Via Twitter, Blogs and Traditional Media [J]. Public Relations Review, 2011, 37 (1): 20 – 27.

[299] SCOTT C, CAFAGGI F, SENDEN L. The Conceptual and Constitutional Challenge of Transnational Private Regulation [J]. Journal of Law and Society, 2011, 38 (1): 1 – 19.

[300] SETHI S P. Globalization and The Good Corporation: A Need for Proactive Co-Existence [J]. Journal of Business Ethics, 2003, 43 (1 – 2): 21 – 31.

[301] SEURING S, GOLD S. Sustainability Management Beyond Corporate Boundaries: From Stakeholders to Performance [J]. Journal of Cleaner Production, 2013, 56 (Oct. 1): 1 –6.

[302] SHAMIR R. The Age of Responsibilization: On Market – Embedded Morality [J]. Economy and Society, 2008, 37 (1): 1 –19.

[303] SINHA R, DATTA M, ZIOLO M. Inclusion of ESG Factors in Investments and Value Addition: A Meta-Analysis of the Relationship [C]. In: TARCZYŃSKI W. , NERMEND K. (eds) Effective Investments on Capital Markets. Springer Proceedings in Business and Economics. Springer, Cham, 2019.

[304] SIOMKOS G J, KURZBARD G. The Hidden Crisis in Product Harm Crisis Management [J]. European Journal of Marketing, 1994, 28 (2): 30 – 41.

[305] SKOVGAARD J. European Union's Policy on Corporate Social Responsibility and Opportunities for The Maritime Industry [J]. International Journal of Shipping and Transport Logistics, 2014, 6 (5): 513 –530.

[306] SMELTZER L R, JENNINGS M M. Why An International Code of Business Ethics Would Be Good for Business [J]. Journal of Business Ethics, 1998, 17 (1): 57 –66.

[307] SPARKES R. Socially Responsible Investment: A Global Revolution [M]. London: John Wiley & Sons, 2002.

[308] STARIK M. Should Trees Have Managerial Standing? Towards Stakeholder Status for Nonhuman Nature [J]. Journal of Business Ethics, 1995, 14 (3): 207 –217.

[309] STATMAN, M. Socially Responsible Mutual Funds [J]. Financial Analysts Journal, 2000 (56): 30 – 39.

[310] STONEY C, WINSTANLEY D. Stakeholding: Confusion or Utopia? Mapping The Conceptual Terrain [J]. Journal of Management Studies, 2001, 38 (5): 603 –626.

[311] STRAND R. Corporate Responsibility in Scandinavian Supply Chains [J]. Journal of Business Ethics, 2009, 85 (1 suppl. ): 179 –185.

[312] STULTZ R. Risk Management and Derivatives [M]. New York: Southwestern College Publications, 2002.

［313］SUN W, YAO S, GOVIND R. Reexamining Corporate Social Responsibility and Shareholder Value：The Inverted-U-Shaped Relationship and The Moderation of Marketing Capability ［J］. Journal of Business Ethics, 2019, 160 (4)：1001 – 1017.

［314］TAN K H, ZHAN Y Z, JI G, YE F, CHANG C. Harvesting Big Data to Enhance Supply Chain Innovation Capabilities：An Analytic Infrastructure Based on Deduction Graph ［J］. International Journal of Production Economics, 2015 (165)：223 – 233.

［315］TATA J, PRASAD S. CSR Communication：An Impression Management Perspective ［J］. Journal of Business Ethics, 2015, 132 (4)：765 – 778.

［316］TISHLER C, BARTHOLOMAE S. The recruitment of normal healthy volunteers：a review of the literature on the use of financial incentives ［J］. The Journal of Clinical Pharmacology, 2002, 42 (4)：365 – 375.

［317］TRAN A N, JEPPESEN S. SMEs in Their Own Right：The Views of Managers and Workers in Vietnamese Textiles, Garment, and Footwear Companies ［J］. Journal of Business Ethics, 2016, 137 (3)：589 – 608.

［318］United Nations Conference on Trade & Development. Integrating Environmental and Financial Performance at the Enterprise Level A Methodology for Standardizing Eco-efficiency Indicators ［M］. United Nations Publication, 2003.

［319］UTTING P. Corporate Responsibility and The Movement of Business ［J］. Development in Practice, 2005, 15 (3 – 4)：375 – 388.

［320］VAN OPIJNEN M, OLDENZIEL J. Responsible Supply Chain Management：Potential Success Factors and Challenges for Addressing Prevailing Human Rights and Other CSR Issues in Supply Chains Of EU-Based Companies ［R］. European union：In Centre for Research of multinational corporations, 2011.

［321］VAN WIJK R, JUSTIN JP, MARJORIE A. Inter-and Intra-Organizational Knowledge Transfer：A Meta-Analytic Review and Assessment of Its Antecedents and Consequences ［J］. Journal of Management Studies, 2008, 45 (4)：830 – 853.

［322］VANHAMME J, GROBBEN B. Too Good to Be True! The Effectiveness of CSR History in Countering Negative Publicity ［J］. Journal of Business Ethics, 2009, 85 (2)：273 – 283.

[323] VARADARAJAN P R, MENON A. Cause-Related Marketing: A Co-Alignment of Marketing Strategy and Corporate Philanthropy [J]. Journal of Marketing, 1988, 52 (3): 58 – 74.

[324] VELLEMA S, VAN WIJK J. Partnerships Intervening in Global Food Chains: The Emergence of Co-Creation in Standard-Setting and Certification [J]. Journal of Cleaner Production, 2015, 107 (Nov. 16): 105 – 113.

[325] VELTE P, STAWINOGA M. Empirical Research on Corporate Social Responsibility Assurance (CSRA): A Literature Review [J]. Journal of Business Economics, 2017, 87 (8): 1017 – 1066.

[326] VURRO C, RUSSO A, PERRINI F. Shaping Sustainable Value Chains: Network Determinants of Supply Chain Governance Models [J]. Journal of Business Ethics, 2009, 90 (suppl. 4): 607 – 621.

[327] WADDOCK S A, CHARLES B, SAMUEL B G. Responsibility: The New Business Imperative [J]. Academy of Management Perspectives, 2002, 16 (2): 132 – 148.

[328] WALLAGE P. Assurance on Sustainability Reporting: An Auditors' View [J]. Auditing: A Journal of Practice & Theory, 2000, 19 (s – 1): 53.

[329] WALSH J P. Taking Stock of Stakeholder Management [J]. Academy of Management Review, 2004, 30 (2): 1 – 22.

[330] WANG G, GUNASEKARAN A, NGAI E W T, PAPADOPOULOS T. Big Data Analytics in Logistics and Supply Chain Management: Certain Investigations for Research and Applications [J]. International Journal of Production Economics, 2016 (176): 98 – 110.

[331] WARD J C, OSTROM A L. Complaining to The Masses: The Role of Protest Framing in Customer-Created Complaint Web Sites [J]. Journal of Consumer Research, 2006, 33 (2): 220 – 230.

[332] WATTS R L, ZIMMERMAN J L. Agency problems, auditing, and the theory of the firm: some evidence [J]. Journal of Law and Economics, 1983, 26 (3): 613 – 633.

[333] WETTSTEIN F. Beyond Voluntariness, Beyond CSR: Making A Case for Human Rights and Justice [J]. Business and Society Review, 2009, 114 (1): 125 – 152.

[334] WETTSTEIN F. Normativity, Ethics, And the Un Guiding Principles on Business and Human Rights: A Critical Assessment [J]. Journal of Human Rights, 2015, 14 (2): 162 – 182.

[335] WETTSTEIN F. Silence as Complicity: Elements of A Corporate Duty to Speak Out Against the Violation of Human Rights [J]. Business Ethics Quarterly, 2012 (1): 37 – 61.

[336] WICKERT C. "Political" Corporate Social Responsibility in Small-And Medium-Sized Enterprises: A Conceptual Framework [J]. Business & Society, 2016, 55 (6): 792 – 824.

[337] WONG C W Y. Leveraging Environmental Information Integration to Enable Environmental Management Capability and Performance [J]. Journal of Supply Chain Management, 2013, 49 (2): 114 – 136.

[338] WOOD D J. Business & Society [M]. New York: Harper Collins, 1994.

[339] WOOD D J. Social Issues in Management: Theory and Research in Corporate Social Performance [J]. Journal of Management, 1991, 17 (2): 383 – 406.

[340] WU Z, PAGELL M. Balancing Priorities: Decision-Making in Sustainable Supply Chain Management [J]. Journal of Operations Management, 2011, 29 (6): 577 – 590.

[341] YOON Y, GURHAN-CANLI Z, SCHWARZ N. The Effect of Corporate Social Responsibility (CSR) Activities on Companies with Bad Reputations [J]. Journal of Consumer Psychology, 2006, 16 (4): 377 – 390.

[342] ZADEK S. Going to Scale: Aligning Corporate Responsibility to Strategies for Business and National Competitiveness [J]. Institute Ethos Reflex, 2005, 6 (14): 1 – 28.

[343] ZHAO X, MURRELL A J. Revisiting the Corporate Social Performance-Financial Performance Link: A Replication of Waddock and Graves [J]. Strategic Management Journal, 2016, 37 (11): 2378 – 2388.

# 后　记

　　写这本书，计划了很久。特别是在大大小小成果积累了不少，七七八八的感想也形成了无数之后。但，谈何容易？每每开始动笔，均以半途而废告终。直至2020年，这个年份改变了世界，也改变了我，让我终于有了提笔完成这个写作心愿的强烈冲动。

　　一方面，2020年的新冠肺炎疫情，虽然引发了不同价值观的冲突与共鸣，但全球对构建人类命运共同体和地球生命共同体形成了更深刻的共识，企业社会责任的理念更加深入人心，社会责任方面的创新也受到了越来越多的关注。

　　另一方面，一半源于努力，另一半源于运气，2020年，我以企业社会责任为视角申报的国家社会科学项目成功立项，使我有了迫切为前期研究做一个小结，一切归零，重新出发的念头。

　　即便如此，真正动起笔来，也是困难重重。幸好，我不是一个人在战斗。感谢兰州财经大学，特别是会计学院提供的优质研究氛围，感谢来自同仁、家人和朋友的理解和支持。特别感谢以我为傲的妈妈，2021年元旦都没能在一起度过；还有我的研究生，可爱的白兴宇同学，书中的图，大多都是在忍受着我的百般挑剔之后经她手画好的……

　　最后，需要特别说明的是，企业社会责任发展至今，已异常纷繁庞杂，根本不是区区十几万字能够说得清道得明的。好在，坚信伏尔泰说的那句话："我所做的一切，是何等微不足道。但我去做这一切，却是何等重要。"祈愿企业皆能肩负起社会责任，世界和平，商业美好。

作者

2021年5月

于兰州